Adrian Plass

Das Tour-Tagebuch des frommen Chaoten

Adrian Plass

Das Tour-Tagebuch des frommen Chaoten

Aus dem Englischen
von Christian Rendel

Bibliografische Information Der Deutschen Bibliothek
Die Deutsche Bibliothek verzeichnet diese Publikation in der
Deutschen Nationalbibliografie; detaillierte bibliografische Daten
sind im Internet über http://dnb.ddb.de abrufbar.

Originaltitel: The Sacred Tour of Adrian Plass

Einbandgestaltung: Georg Design, Münster
Titelgrafik: Thomas Georg
Satz: Satz & Medien Wieser, Stolberg
ISBN 3-87067-992-1
www.brendow-verlag.de

Dieses Buch ist Ben Ecclestone gewidmet,
in Erinnerung an zahllose gewanderte Meilen
und viele köstliche indische Schlemmereien

• *Wie alles begann* •

Anne scheint der Meinung zu sein, es wäre eine gute Idee, einige der Tagebucheinträge, die ich im Zuge unserer soeben abgeschlossenen siebentägigen Vortragstournee verfasst habe, der staunenden Öffentlichkeit zu präsentieren. Auf halber Strecke hatten wir einen Tag frei, sodass es eigentlich nur sechs Abendveranstaltungen und das eine oder andere Nebenprogramm während des Tages waren, aber wir hatten in vieler Hinsicht eine Menge Spaß.

Andererseits war ich mir nicht sicher, ob das Ganze interessant genug wäre, um andere daran teilhaben zu lassen, und vielleicht hätte ich auch mit ihr darüber debattiert, aber das hat ja nun eigentlich nicht viel Sinn. Ihre Bilanz zeigt, dass sie bis zum heutigen Tag mir gegenüber mit beängstigender Unerbittlichkeit ausnahmslos im Recht ist. Gemeinsam scheinen sie und Gott sich ihren Adrian Plass genau dahin manövriert zu haben, wo sie ihn haben wollen. Nicht, dass ich mich beschweren wollte, wie ich eilends hinzufüge. Ich bin lieber mit Anne verheiratet als mit irgendjemandem sonst auf der Welt und im Großen und Ganzen waren wir immer sehr glücklich miteinander.

Wohlgemerkt, nicht jeder würde das bestätigen. Vor ein paar Monaten übernachtete ein gläubiges Ehepaar aus Amerika bei uns. Sie hießen Todd und Wilma Valance, waren beide ausgesprochen kräftig und gesund, lächelten mit vor lauter Weisheit und Einsicht gekräuselten Augenwinkeln und hatten tiefe, aufrichtige Stimmen und riesige, blendend weiße Zähne. Nachdem wir uns von ihnen verabschiedet hatten, fanden wir auf dem Tisch in unserer Diele ein Buch mit dem Titel: „Wo ist Gott, wenn die Ehe auseinander bricht?“. Der Umschlag zeigte ein Bild des platonischen Ideals von Mann und Frau, wie sie einander hingebungsvoll in die Augen schauen. Wenn ich's recht bedenke, hatten die beiden Porträts starke Ähnlichkeit mit den Valances. Auf das erste Blatt hatte einer unserer Gäste geschrieben: „Von Todd und Wilma, mit Agape-Liebe und der Glaubenszuversicht, dass sich in den kommenden glücklichen Tagen die Sonne von neuem über die lange Nacht eurer Beziehung erheben möge."

Anne lächelte und sagte: „O je, so weit ist es schon mit uns gekommen. Ich schätze, wir müssen uns eine UV-Lampe und zwei falsche Riesengebisse zulegen. Du nennst dich Buzz und ich könnte Lois heißen. Was meinst du?"

Wir lachten ausgiebig über Todd und Wilma und ihre beeindruckende Gabe der Entmutigung, aber dann fragte ich doch noch Anne, was die beiden ihrer Meinung nach auf den Gedanken gebracht haben könnte, dass unsere Ehe auf Grund gelaufen sei.

„Na ja", sagte sie, „sie haben einfach nicht erkannt, dass unsere Ehe inzwischen eine Ebene erreicht hat, die sie sich nicht einmal erträumen können. Ich meine, denk bloß mal daran, dass wir heutzutage mitten im Streit eine Pause zum Kaffeetrinken und Klönen einlegen, bevor wir uns weiter gegenseitig anschreien. Das nenne ich Fortschritt in einer Beziehung."

Wie auch immer, Todd und Wilma mögen denken, was sie wollen: Gott hat uns beiden eine glückliche Ehe geschenkt und er hat mir eine Frau gegeben, die voller sehr guter Ratschläge steckt, auch wenn ich die nicht immer hören will.

Und wenn ich darüber nachdenke, muss ich zugeben, dass diese Tournee schon manches Bemerkenswerte an sich hatte, über das es sich zu schreiben lohnen könnte. Das Bemerkenswerteste war vielleicht, dass unser Sohn Gerald uns begleiten und sogar selbst an den Abenden etwas sagen konnte. Gerald ist zurzeit Vikar in einer lebhaften Gemeinde in London. Eigentlich hatte er uns während seines Urlaubs für eine Woche besuchen wollen, bevor wir abreisten, um dann während der Tour noch eine Woche lang allein unser Haus zu hüten.

Doch durch eine weitere Besonderheit konnten wir es uns leisten, die Kosten dafür zu übernehmen, dass Gerald mit uns kam. Ein neues Mitglied unserer Gemeinde, ein Mann namens Barry Ingstone, den wir bisher nur vom Sehen kannten, wollte unbedingt mit seiner christlichen Druckerei unsere Tournee sponsern, damit, wie er es in einem Brief an mich ausdrückte, „in diesen unseren Zeiten das Evangelium gepredigt und Seelen für Gott errettet werden mögen." Die ersten Worte sollen wohl so viel wie „jetzt" heißen. Seine Vorstellung war, dass er die Kosten für die Tournee übernehmen würde und wir ihm alles erstatten würden, was wir durch Kartenverkäufe oder Sammlungen einnahmen. Für eine etwaige Differenz würde er dann aufkommen.

So wichtig diese Zielsetzung auch war, muss ich ehrlicherweise zugeben, dass meine ersten Gedanken, als ich diese Worte las, nichts mit Gerald zu tun hatten. Sie betrafen die rein eigennützige, zutiefst wunderbare Aussicht, dass wir nicht privat bei den Leuten würden übernachten müssen! Wenn die Finanzierung ausreichte, würden wir alle sieben Nächte in Gasthäusern und kleinen Hotels verbringen können, bis auf die eine in der Mitte, wo wir nahe genug der Heimat sein würden, um am frühen Morgen nach Hause zu kommen und uns einen Tag und eine Nacht frei zu nehmen.

Was für eine Erleichterung!

Ich sollte vielleicht erklären, dass ich – nun, sagen wir – unterschiedliche Erfahrungen mit privaten Übernachtungen bei den Leuten gemacht habe, in deren Gemeinden ich sprach. Manchmal war es prima. Oft aber nicht. Anne kann das viel besser als ich. Sie sagt, ich mache immer ein Riesenbrimborium um Dinge, die doch eigentlich ganz einfach seien. Kann ja sein, aber das liegt daran, dass diese Dinge mir nun einmal so viel Kopfzerbrechen machen.

Das fängt schon damit an, sich in einem *fremden* Badezimmer fertig machen zu müssen. Entsetzlich! Ich finde das unerträglich.

Zum Beispiel erinnere ich mich, wie ich einmal im Norden bei einer Familie namens Davenport übernachtete. Es waren nette Leute. Doch, sicher, es waren furchtbar nette Leute, aber – nun ja, sie waren nun einmal ganz und gar nicht *meine* Familie, wenn Sie wissen, was ich meine.

Am Abend zuvor hatte ich erfahren, dass außer mir nur noch drei Leute im Haus übernachteten. Da war zuerst Geoff Davenport, der Vater, herzlich, gutmütig und sehr darauf bedacht, dass ich mich bei ihm wie zu Hause fühlte und tat, was immer mir beliebte. Dann war da die Mutter, Vera Davenport, eine clevere, sehr effiziente Frau, die darauf bestand, dass ich mich entspannte, vorausgesetzt, wie ich argwöhnte, dass ich in ihrem unglaublich sauberen und aufgeräumten Haus nichts kaputt machte oder durcheinander brachte. Und schließlich war da die Tochter, Sally Davenport, ein ausgelassenes, hübsches Mädchen von etwa vierzehn Jahren, das viel zu sehr mit sich selbst beschäftigt war, um die Existenz anderer Leute, geschweige denn der meinen, mehr als ganz am Rande wahrzunehmen. Sie schien mehr oder weniger höflich allem zuzustimmen, was ich sagte, ohne je von sich aus etwas zum Gespräch beizusteuern. Nur drei Leute. In Worten: drei. Mehr waren nicht da. Ich schwöre es.

Als ich am Morgen nach meinem Vortrag in dem nahezu perfekten Gästezimmer der Davenports erwachte, blieb ich noch einen Augenblick liegen und lauschte. Ein Blick auf den reich verzierten Gästewecker neben mir verriet mir, dass es erst sieben Uhr war. Eine tiefe, tickende Stille lag über dem Haus.

Großartig!

Rasch stieg ich aus dem Bett, machte dabei so wenig Geräusche wie möglich und beglückwünschte mich dazu, dass ich vor allen anderen Hausbewohnern wach geworden war. Wenn ich mich beeilte, konnte ich ins Bad gehen, meine Dusche nehmen und sicher wieder zurück im Gästezimmer sein, bevor einer der anderen auch nur aufgestanden war. Schnell ging ich noch einmal den Lageplan der Zimmer im Obergeschoss durch, den ich mir am Vorabend im Geiste gezeichnet hatte. Links von mir befanden sich zwei Zimmer, eines davon ein weiteres Gästezimmer, das andere Geoffs und Veras Schlafzimmer, und zu meiner Rechten kamen das Bad und Sallys Zimmer.

Es war unabdingbar, auf dieser Etappe der vor mir liegenden

Reise keinen Fehler zu machen, ermahnte ich mich streng. Um sieben Uhr morgens, nur mit einem Handtuch um die Lenden, auf Zehenspitzen in das Zimmer der heranwachsenden Tochter meines Gastgebers zu schleichen, war vielleicht doch nicht genau das, was Geoff sich vorgestellt hatte, als er mich so leutselig aufforderte, zu tun, was immer mir beliebte.

Ich hatte bereits die Klinke meiner Zimmertür heruntergedrückt und schob sie unter äußerster Konzentration Millimeter für Millimeter auf, als mit einem lauten Krachen die Tür des Schlafzimmers von Geoff und Vera aufflog.

Mit zusammengebissenen Zähnen verschloss ich meine Tür wieder, so lautlos ich es vermochte, und hüpfte voller Schrecken zurück in den sicheren Hort meines Bettes. Auf einem fremden Treppenabsatz unangezogen Leuten zu begegnen, die ich kaum kenne, ist für meine Begriffe so ziemlich der absolute Abgrund.

Elend hockte ich auf dem Bett und legte mir eine klar durchdachte, vernünftige Vorgehensweise zurecht. Okay, sagte ich mir, offensichtlich ist eine Person auf dem Weg ins Badezimmer. Wenn die fertig ist, kommen noch zwei andere. Angesichts dessen werde ich also einfach ganz still hier auf meinem Bett sitzen bleiben und warten, bis alle andern Bewohner des Hauses fertig sind mit Duschen und Zähneputzen und was sie sonst noch alles morgens tun, und dann, wenn kein Zweifel mehr besteht, dass sie nach unten gegangen sind und die Luft rein ist – bin ich an der Reihe. Scheint doch ganz einfach zu sein.

Aber dann fing sie an. Die endlose, unerklärliche, ununterbrochene Wanderung menschlicher Wesen von einem Ende des Korridors zum anderen und wieder zurück. Mir schien, als wäre aufgrund einer gewaltigen Naturkatastrophe in Geoffs und Veras Schlafzimmer ein riesiger Flüchtlingsstrom unterwegs über den Korridor in die Sicherheit des Badezimmers. Als der Strom versiegte und sich schon Hoffnung in mir regte, meine Stunde könnte nun gekommen sein, kamen sie plötzlich aus Sallys Zimmer, einer nach dem anderen, ganze Horden von Menschen, die ins Badezimmer stapften,

Wasser laufen ließen, mit allem möglichen Zeug klapperten, husteten, gurgelten, wieder heraus stapften, Türen aufrissen und zuknallten und es mir unmöglich machten, mein Zimmer zu verlassen. Soweit ich es ermessen konnte, musste der Korridor vor meiner Tür erfüllt sein von einer wogenden, drängenden Masse ungewaschener und gewaschener Menschen, die unerklärlicherweise ein Haus durchströmten, das noch am Abend zuvor nur drei Personen beherbergt zu haben schien.

Als ich mich schon allmählich damit abfand, den Rest meines Lebens in diesem Gästezimmer zuzubringen, trat plötzlich Stille ein, gefolgt von einem vorsichtigen Klopfen an meiner Tür.

„Bad ist frei!“, flötete Vera Davenport mit der Unbekümmertheit einer vollkommenen Gastgeberin.

„Oh, ja, gut, danke!“, gurgelte ich zurück.

Argwöhnisch öffnete ich meine Tür mit äußerster Behutsamkeit und spähte in beide Richtungen den Korridor entlang. Niemand in Sicht. Die Flüchtlinge und all die anderen Horden waren verschwunden. Mit bis zum Zerreißen angespannten Nerven trat ich meine Reise zum Ende des Korridors an und hatte es schon fast erreicht, als sich die Zimmertür direkt neben mir zu öffnen begann. Ich stürzte mit einem kleinen Aufschrei ins Badezimmer, knallte die Tür hinter mir zu und drehte den Schlüssel herum.

Nachdem ich mich so weit erholt hatte, dass ich mich umschauen konnte, machte ich die beunruhigende Entdeckung, dass das Badezimmer der Davenports so perfekt war, wie ich es befürchtet hatte. Wie konnte es auch anders sein? In diesem Badezimmer funkelten tausend kleine Lichtpunkte. Es schimmerte. Es glänzte mich selbstgefällig an. Stumm forderte es mich heraus, ich möge es nur wagen, dort irgendetwas zu tun, was dazu führen würde, dass es weniger sauber und hygienisch war als vor meiner Ankunft. Es gab nur eine Richtung, die dieses Paradebad von seinem gegenwärtigen Zustand aus nehmen konnte: abwärts. Offensichtlich war Vera Davenport hier gewesen, nachdem die anderen fünfzehntausend Mitglieder ihrer Familie fertig waren, und hatte alle besudelnden Spuren menschlicher Aktivität durch Wischen und Scheuern und Sprühen beseitigt. Ich versuchte, mir innerlich eine Fotografie des Zimmers zu machen, bevor ich die Dusche betrat, um sicher zu gehen, dass ich es genauso zurückließ, wie ich es vorgefunden hatte. Als ich fertig war, schrubbte ich wie ein Derwisch auf jeder Fläche herum, die ich, soweit ich mich erinnern konnte, berührt hatte, und wusste dabei doch, dass ich mir Mühe geben konnte, so viel ich wollte, eine Tatsache würde unverrückbar bestehen bleiben – dieses Badezimmer würde, nachdem ich es verlassen hatte, weniger perfekt sein als vor meinem Eintritt.

Als ich nach dieser Reise wieder nach Hause kam und Anne erzählte, was passiert war, lachte sie nur und sagte, ich müsse lernen, zwischen meinen Problemen und denen anderer Leute zu unterscheiden. Wenn Vera Davenport ein Badezimmer haben wollte, das so aussah, als wäre es noch nie benutzt worden, dann war das ihr Problem, nicht meines. Wenn ich es nicht mochte, am frühen Morgen in den Häusern anderer Leute herumzuschleichen, dann war das mein Problem, nicht ihres.

Ich musste ihr zustimmen und kam mir plötzlich sehr albern vor bei dem Gedanken, wie fieberhaft ich dieses Badezimmer poliert und versucht hatte, es auf einen unmöglichen Standard zu bringen, von dem sowieso niemand wirklich etwas hatte. Wenn ich das nächste Mal privat bei Leuten übernachte, bin ich entschlossen, die ganze Sache viel reifer und selbstbewusster anzugehen.

Aber *Mann*, war ich froh, dass wir in Hotels übernachten konnten!

Freilich hatte ich Barry Ingstones Angebot schon mehr oder weniger angenommen, bevor ich von einem Faktor erfuhr, der die Sache erheblich komplizierter machte. Er hatte nämlich vor, uns zu begleiten!

Als wir uns eines Samstagnachmittags trafen, um über die Tournee zu sprechen, setzte Barry gleich zu Beginn Anne und mich mit der Großzügigkeit seines Angebots in Erstaunen. Er sah aus wie Mr. Bean unter Beruhigungsmitteln, als er uns unter überraschend häufiger Anführung biblischer Verse erläuterte, er sei bereit, die Reisekosten in Form eines Mietwagens mit allen Spesen sowie die Unterbringung von sechs Personen – *sechs!* – zu finanzieren, je nachdem wie groß mein „Team" sei.

Natürlich hatte ich kein eigentliches „Team", aber ich fing einen Blick von Anne auf und entschied kurzerhand, dass Gerald und Leonard Thynn für die vor uns liegende Aufgabe unverzichtbar waren. Gerald haben wir immer gern bei uns und Leonard ist immer so einsam, wenn wir beide unterwegs sind. Ich kam mir ziemlich gierig vor. Behutsam deutete ich Barry gegenüber an, wir würden gern noch einen Projektor und eine Leinwand mitnehmen, falls das Budget es zuließ, um Dias zeigen zu können. An bestimmten Stellen der Vorträge, die ich geplant hatte, würde es hilfreich sein, gewisse Bilder auf einer großen Leinwand zu zeigen, doch ganz abgesehen davon, dass wir so unseren Abenden eine weitere Dimension geben konnten, hatte ich noch einen ganz bestimmten Grund, diesen Vorschlag zu machen.

Der alte Zak Chambers, ein Mitglied unserer Gemeinde, der erst im letzten Jahr mit Mitte achtzig gestorben war, war früher von Beruf Kunstmaler gewesen. Er hatte naturgetreue Aquarelle von Dorfkirchen und alten Mühlen und dergleichen produziert und, soviel ich weiß, alles verkauft, was er je gemalt hatte. Seit einem schweren Schlaganfall, den er vor einigen Jahren erlitten hatte, war Zak an den Rollstuhl gefesselt und konnte seine rechte Hand nicht mehr gebrauchen. Wir alle dachten damals wohl automatisch, dass es nun mit seinem Malen vorbei wäre.

War es aber nicht.

Wie Zaks liebende, aber äußerst unverblümte Gattin Bernadette immer gern gesagt hatte, war er ein alter Sturkopf. Mit viel Mühe brachte er sich bei, mit der linken Hand zu malen, und die Ergebnisse waren – nun, sie waren außergewöhnlich. Es war, als hätte der alte Mann jetzt, ganz am Ende seiner Malerkarriere, eine ganz neue Freiheit gefunden. Er malte vor allem die Hügel, die man in der Ferne aufsteigen sah, wenn man sich ans hintere Ende seines Gartens setzte, aber das Interessante war, dass sein neuer, linkshändiger Stil Lichtjahre von dem alten entfernt war. Es waren keine abstrakten Bilder im eigentlichen Sinn, aber sie schienen geradezu lebendig zu sein vor Licht und Bewegung und aufregenden Möglichkeiten, wie unser Gemeindeältester Edwin es ausdrückte. Die Liebe dieses alten Mannes zur Natur leuchtete aus ihnen. Wenn er diese Bilder malte, spielte er richtig mit der Farbe. Anne meinte, er bereitet sich auf den Himmel vor.

Ich hatte schon öfter daran gedacht, wie toll es wäre, ein paar Dias von Zaks späten Bildern zu machen und sie als Hintergrund zu Gedichten und Bibellesungen und dergleichen zu verwenden. Wenn Barry es mit dem Geld ernst meinte, war dies die Gelegenheit, das umzusetzen. Abgesehen davon konnten wir auch, falls Bernadette einverstanden war, ein paar Originale mitnehmen und sie bei den Veranstaltungen zum Verkauf ausstellen. Zaks Witwe war einigermaßen gut gestellt, sodass sie das Geld nicht nötig hatte, aber ich wusste, wie gut es ihr tun würde, zu wissen, dass die Bilder ihres geliebten Mannes geschätzt wurden und dass manche von ihnen sozusagen ein gutes neues Zuhause finden würden.

All dies erklärte ich Barry und wies ihn darauf hin, dass Leonard, wenn er uns begleitete, die Aufgabe übernehmen könne, die Leinwand aufzubauen und bei den Veranstaltungen die Bilder zu zeigen.

Barry schleuderte noch ein paar Bibelverse um sich wie Granatsplitter und meinte, das wäre kein Problem. Ich schüttelte ihm die Hand und juchzte innerlich vor Begeisterung, endlich einmal ein paar Veranstaltungen „richtig" machen zu können.

In diesem Moment ließ Barry die Bombe hochgehen.

Er würde mit uns kommen!

Er wolle Anteil an der Freudigkeit der Verkündigung haben, sagte er, und mit eigenen Augen sehen, wie das Brot, das er aufs Wasser warf, während unserer siebentägigen Tournee und danach zu ihm zurückkehren würde.

Natürlich waren wir einverstanden. Was blieb uns auch anderes übrig? Was hätten Sie getan? Um es weniger biblisch, aber ebenso treffend auszudrücken, Barry war der Pfeifer, und es war sein gutes Recht, zu bestimmen, welche Melodie er spielen wollte. Also sagten wir ja.

Tief im Innern, glaube ich, war meine Hauptsorge nicht so sehr Barrys Sucht nach Schriftzitaten, so lästig uns diese Gewohnheit auch voraussichtlich werden würde, sondern die Angst davor, was passieren würde, wenn Gerald ihm begegnete. Man kann nie wissen, was mein Sohn anstellen oder sagen wird, wenn er es mit Leuten wie Barry zu tun hat. Wir konnten nur beten, dass alles gut klappen würde.

Noch am selben Tag schaute ich bei Bernadette vorbei, um sie zu fragen, was sie von meinem Plan hielte. „Gebauchpinselt" dürfte eine treffende Beschreibung ihrer Reaktion sein. Ich glaube, wenn sie zehn Jahre jünger wäre, hätte sie darauf bestanden, mit uns zu kommen. Wir verbrachten ein paar sehr angenehme Stunden damit, die Bilder zu sichten und uns zu überlegen, wie viel wir von den Leuten, die sie „adoptieren" würden, dafür verlangen sollten. Bernadette sagte, ihr Enkel, ein halbprofessioneller Fotograf, würde die Dias für uns herstellen, sodass auch das geklärt war.

Leonard war natürlich außer sich vor Freude, uns wieder einmal auf einer Tournee zu begleiten, als er von alledem hörte, und gab mächtig damit an, mit welcher traumwandlerischen Leichtigkeit er den Diaprojektor und die Leinwand handhaben würde, die wir mieten wollten. Wie Sie später sehen werden, war diese Zuversicht vielleicht ein wenig verfrüht.

Übrigens hatte eine weitere höchst bemerkenswerte Sache, die passierte, mit Leonard zu tun und sie führte dazu, dass noch eine weitere Person zu meinen „Team" dazustieß. Ihr Name war – aber nein, jetzt ist gerade der richtige Moment, um damit anzufangen, Ihnen Einblick in meine Tagebucheinträge zu geben. Unsere Tournee sollte am 17. September beginnen und der erste Eintrag entstand genau eine Woche vorher am Freitag. Zwischen dem ersten und dem zweiten Eintrag traf Gerald ein, und wie immer war es so, als wäre er nie weg gewesen.

Freitag, 10. September

Heute Morgen rief Leonard Thynn im Büro an, hat mich schier umgehauen. Er sagt, er hat eine Freundin! Nicht zu fassen! Fragte ihn, wie sie heiße.

„Sie heißt Angels Twitten", sagte Leonard, der sich schon lange nicht mehr so aufgeregt angehört hat. „Also, wenn wir heiraten, dann heiße ich Leonard Twitten, oder?"

„Nein, Leonard, normalerweise nimmt die Frau den Namen des Mannes an. Also, wenn ihr heiraten würdet, hieße sie . . ."

„Leonard Twitten?"

„Nein, die Frau behält ihren Vornamen, übernimmt aber den Nachnamen des Mannes. Verstehst du?"

„Ach, jetzt kapiere ich. Das wusste ich nicht. Ja, ich verstehe."

Kurze Pause, während die Zahnräder in seinem Hirn leise surrten.

„Adrian, ich hab's jetzt verstanden, aber – wie soll ich denn ohne Nachnamen auskommen?"

Umklammerte den Hörer fester.

„Nein, Leonard, du hast überhaupt nichts verstanden. Du *behältst* doch deinen Nachnamen."

„Aber du sagtest doch gerade, die Frau übernimmt ihn."

„Ja, ich weiß, aber ich meinte doch nicht – hör mal, ist es nicht sowieso noch ein bisschen früh, um ans Heiraten zu denken, Leonard? Du kennst die Dame doch bestimmt noch gar nicht so lange. Seid ihr schon mal – du weißt schon – ausgegangen und so?"

„Klar, wir haben gestern Abend 'ne Riesensause gemacht."

„Was habt ihr denn unternommen – was Besonderes?"

„Ja, wir hatten wirklich einen sehr netten Abend, vielen Dank. Wir sind mit dem Bus zu Tesco's gefahren und haben uns die Videos angeschaut."

„Wirklich? Ich weiß, es gibt ein Café bei Tesco's. Aber dass man da auch Videos schauen kann, wusste ich nicht."

„Na klar, gestern haben sie zwei richtig gute gezeigt. Eins hat mir besonders gefallen; das lief am Ende von dem Gang mit den Haushaltswaren und handelte von einem neuen Wischmop, der doppelt so viel Schmutzwasser aufnimmt, wegen so einem revolutionären neuen Schwammgewebe, das größer als normal ist, wenn es trocken ist, aber viel, viel kleiner, wenn es nass ist."

„Leonard..."

„Das haben wir uns dreimal angeschaut. Meine Lieblingsstelle war die, wo diese Frau das Ende des Mops hochhebt und anschaut, als könnte sie gar nicht glauben, wie viel Wasser der aufgesaugt hat. Angel mag am liebsten die Stelle, wo die kleine Tochter reinkommt und sagt: ‚Meine Güte, Mami, wie hast du denn unseren Fußboden so glänzend sauber gekriegt?', und die Frau schaut sie an und sagt: ‚Mit dem neuen Miracle Mop, Schätzchen, da brauche ich nur noch die halbe Zeit zum Bodenwischen.' Und das andere..."

„Leonard..."

„Das andere hatten wir beide schon mal gesehen, in der Mitte des ‚Küche-und-Haushalt'-Gangs. Da ging es um so ein spezielles Plastikteil, mit dem man Obst und Gemüse in alle möglichen verschiedenen Formen schneiden kann, indem man bloß immer ein anderes Plastikteil auf das Plastikteil steckt, das man in der Hand hat, zum Beispiel sternförmige Tomaten und so. Ach ja, und da kommt am Ende eine richtig gute Stelle – na ja, es kommt nicht mehr so gut, wenn man das Ende schon kennt, so wie wir, aber es ist wirklich verblüffend, wenn man es zum ersten Mal sieht, und es macht Spaß, sich die Gesichter der anderen Leute anzuschauen, die es noch nicht gesehen haben – wo es so aussieht, als wäre der Mann fertig, und dann sagt er plötzlich: ‚Natürlich kann der Magic Multi-Cutter nicht Ihre Pommes Frites schneiden, oder? Das wäre wirklich zu viel verlangt. Sind Sie da so sicher? Schauen Sie her!'"

„Leonard..."

„Und dann, wenn man gerade denkt, nein, das ist nicht möglich – wenn man es noch nicht gesehen hat, meine ich –, steckt er ein neues Plastikteil auf das andere Plastikteil, schnappt sich eine große Kartoffel, und ehe du dich umsiehst, hat er einen Haufen Pommes auf dem Tisch und du weißt, dass der Magic Multi-Cutter *sehr wohl* Pommes Frites schneiden kann! Ich könnte jedes Mal stehend applaudieren!"

„Aber ihr applaudiert nicht wirklich, oder, Leonard? Bitte sag mir, dass Angels und du nicht am Ende des Videos geklatscht habt."

„Ach, komm schon, Adrian!", sagte Leonard. „Ts-ts-ts!", machte er, als hätte ich einen unaussprechlich abwegigen Gedanken geäußert. „Tesco's ist ein Supermarkt und kein Theater. Man klatscht doch nicht im Supermarkt, oder? Es sei denn, man ist völlig übergeschnappt."

„Nein", sagte ich, „tut mir Leid, Leonard – blöd von mir, ich weiß nicht, was mir in den Sinn gekommen ist. Also, Angels verbringt gern einen Abend im Supermarkt. Steht sie nicht auf Kino oder Essen gehen oder so was?"

„Na ja, unser Geld hat nur für den Bus gereicht und außerdem mögen wir Tesco's, weil wir uns da zum ersten Mal begegnet sind. Gestern Abend war unser zehntes Jubiläum."

„Was! Zehn Jahre? Warum hast du uns denn nie von ihr erzählt?"

„Zehn Tage", korrigierte mich Leonard, „fünfzehn Stunden und vierundzwanzig Minuten. Bei den Sekunden bin ich mir nicht ganz sicher. Ja, wir trafen uns um sechs Uhr an einem Dienstagabend bei Tesco's im Wein- und Spirituosengang. Ich bitte Gott schon seit einer Ewigkeit, eine Freundin für mich zu finden, aber ich hatte ein bisschen Angst und deshalb habe ich immer gesagt, er solle doch jemanden aussuchen, mit dem ich irgendetwas Großes gemeinsam habe. Tja, und das hat er auch. Es ist einfach super! Wir sind beide Alkoholiker."

„Ihr seid beide ..."

„Und an dem Tag, als wir uns trafen, dachten wir beide genau dasselbe. Wir standen nebeneinander und schauten uns die vielen verschiedenen Whiskysorten an und dachten: ‚Das ist es, was ich am meisten will!' Und dann war es wie in einem von diesen Videos – ich meine jetzt nicht die über Mops und Gemüseschneider. Ich meine die, die man sich im Kino immer nicht anschaut, weil das zu teuer ist. Wir drehten uns um und schauten einander an und – wie soll ich das sagen, Adrian – in ein und demselben Augenblick sahen wir beide etwas, was wir vielleicht noch mehr wollten. Es war wie Zauberei. Also, ich meine nicht Zauberei. Ich meine – du weißt schon – Zauberei. Darf ich morgen mit ihr vorbeikommen und sie dir und Anne vorstellen? Ich habe ihr gesagt, dass ihr meine besten Freunde seid."

Brachte kaum einen Ton heraus.

„Ja, natürlich könnt ihr kommen, Leonard. Wir freuen uns darauf, Angels kennen zu lernen. Kommt um sieben, dann können wir zusammen essen."

„Okay. Ach, übrigens, ich habe ihr noch nicht gesagt, dass ich Christ bin. Will nicht gleich alles vermasseln. Also kein Wörtchen darüber, ja? Bis dann!"

Ojemine ...

Samstag, 11. September

Große Freude heute Morgen: Gerald kam nach Hause. Er hat es sich immer noch nicht abgewöhnt, mich zu behandeln, als wäre ich ein ziemlich abständiger Neunzigjähriger, aber wir lieben ihn sehr. Was für ein Wiedersehen! Mir fällt es immer noch schwer, zu glauben, dass diese eigenständige, erwachsene, kompetente Persönlichkeit *mein* Sohn ist. Er sagt, er freut sich sehr auf die Tournee und mir würde es sehr gut tun, Anne und ihn bei mir zu haben, damit ich den Bodenkontakt nicht verliere. Anne nickte zustimmend. Hmm ...

Er hat auch angeboten, selbst ein paar Worte zu sagen, wenn ich wollte, und meinte, er hätte ein paar Sachen in petto, die er jederzeit darbieten könnte. Großartig! Wir haben Gerald eigentlich noch nie in der Öffentlichkeit reden hören, jedenfalls nicht so richtig, aber bei seinem Verstand ist es bestimmt interessant, was immer es auch ist. Den Nachmittag über besprachen wir die Pläne für die verschiedenen Vortragstermine.

Heute Abend überkam uns alle drei eine völlig kindische Aufregung, als wir auf Leonard und seine Freundin warteten. Jede Menge Spekulation von Seiten Geralds und meiner Wenigkeit bezüglich ihres Aussehens, ihres Alters und der Art und Weise, wie Leonard sich wohl in einer Beziehung machte. Anne meinte, wir müssten alles vergessen, was Leonard mir am Telefon über sie erzählt hatte, und sie einfach als Freundin eines guten Freundes willkommen heißen. Gerald sagte, er freue sich riesig, dass Leonard eine Freundin gefunden habe, und finde die Vorstellung, dass er sich „in ein Paar verwandelt", zutiefst faszinierend.

„Komischer Name allerdings, oder?", sagte er. „Angels Twitten. Ich habe noch nie gehört, dass jemand mit Vornamen Angels hieß."

Punkt sieben klingelte es an der Tür. Als ich die Tür aufmachte, stand vor mir allein eine Dame, die ich noch nie gesehen hatte. Sie war Mitte dreißig, klein, zierlich und durchaus hübsch, aber sie hatte große, traurige Augen und trug ziemlich grellbunte, löchrige Hippie-Kleidung. In ihrem krausen, dunkelbraunen Haar trug sie ein Haarband, das mit lauter kleinen blauen Plastikblüten verziert war. In einer Hand hielt sie eine Milchflasche mit eingedrücktem Foliendeckel. Weiche, schöne Stimme, etwas nervös, aber sehr klangvoll.

Sie sagte: „Hallo, ich heiße Angels Twitten und komme zum Abendessen mit meinem Verlobten Leonard Thynn."

„Willkommen! Schön, Sie kennen zu lernen, Angels. Kommen Sie bitte herein. Äh, Sie sagten, Sie kommen *mit* Leonard, aber er scheint gar nicht, äh ..."

Wurde vom Klingeln des Telefons unterbrochen, als ich sie gerade in die Diele manövriert und die Tür geschlossen hatte. Es war Thynn. Klar, wer denn sonst.

„Hallo, Adrian, ich rufe aus der Telefonzelle neben der Heilsarmeestation am oberen Ende der Stadt an."

„Aber warum ..."

„Ich wollte mich für unsere Verspätung entschuldigen."

„Aber ihr habt euch nicht verspätet. Zumindest hat Angels sich nicht verspätet. Es ist jetzt sieben Uhr und sie ist schon hier. Ich habe sie gerade hereingelassen."

„Oh, gut, da bin ich froh. Ja, weißt du, ich war gerade noch mit ihr zusammen in der Parallelstraße unterhalb von eurer. Die Sache ist die, dass ich mich verspätet haben werde, bis ich von hier wieder bei euch bin."

„Ja, aber wieso bist du denn den ganzen Weg bis zur Heilsarmee gegangen?"

„Ich hab ein Telefon gesucht, das funktioniert."

Spürte den vertrauten Kopfschmerz nahen.

„Und warum bist du dann nicht einfach hereingekommen und hast unser Telefon benutzt?"

„Na, euch wollte ich doch anrufen."

Mir war nach Schreien zumute.

„Aber wenn du mit mir sprechen wolltest, wieso bist du dann nicht einfach hereingekommen und hast mit mir geredet?"

„Weil wir zu früh dran waren. Wir haben um die Ecke gewartet, bis es Zeit war. Dann kam mir der Gedanke, ich könnte euch doch kurz anrufen und fragen, ob wir ein bisschen früher kommen könnten, aber das nächste Telefon war demoliert, vor dem nächsten stand eine Schlange, und bis ich ein Telefon gefunden hatte, das frei war und funktionierte, war ich so weit gegangen, dass es schon zu spät war, um zu früh zu kommen, sodass es keinen Sinn mehr hatte, dich anzurufen und zu fragen, ob wir früher kommen könnten; tja, und dann habe ich eben beschlossen, dich anzurufen und mich dafür zu entschuldigen, dass ich ziemlich spät dran sein werde, bis ich wieder bei dir bin."

„Leonard! Du hast dir bisher noch nie Gedanken darüber gemacht, ob du zu früh oder zu spät oder ungelegen oder überhaupt nicht kommst. Wie kommst du bloß darauf, dass es uns stören könnte, wenn du heute Abend ein paar Minuten früher gekommen wärst?"

Kurze Pause.

„Na ja, weißt du – es ist irgendwie anders, weil – du weißt schon, wegen ...“

Seufzte und sagte mit schwacher Stimme: „Na schön, Leonard, mach dir keine Gedanken darüber, dass du zu spät kommst. Komm einfach jetzt her, so schnell du kannst, und alles ist in bester Ordnung. Bis gleich.“

Legte auf und drehte mich um. Angels hielt mir die Milchflasche entgegen.

„Für Sie und Anne“, sagte sie.

Ich sagte: „Oh, danke schön. Haben wir die auf der Treppe vergessen?“

„Nein, Leonard meinte, wir sollten eine Flasche zum Abendessen mitbringen, aber wir hatten jeder nur eine halbe Flasche Milch und kein Geld, um was anderes zu besorgen. Also haben wir alles in eine Flasche umgeschüttet und den Deckel wieder draufgemacht. Ich fand es ja ein bisschen komisch, so was mitzubringen, aber Leonard meinte, Sie mögen Milch sehr gerne, und da ...“

„Ach so, natürlich, vielen Dank. Eine Flasche Milch. Wie nett. Leonard hat absolut Recht. Wir lieben Milch. Ganz herzlichen Dank ...“

Zehn Minuten später war alles wieder in Butter. Leonard saß (einigermaßen nervös) neben Angels auf dem Sofa, als wären sie beide bei einem Vorstellungsgespräch. Angels scheint eine ulkige Mischung als allem Möglichen zu sein. Intelligent, selbstbewusst, unbehaglich, vage, pragmatisch, verträumt.

Nachdem wir alle gegessen und dabei ungewöhnlich gute Manieren an den Tag gelegt hatten, ließen wir uns wieder im Wohnzimmer nieder und Gerald sagte: „Angels, ich hoffe, es stört Sie nicht, wenn ich danach frage, aber ich musste bei Ihrem Namen etwas stutzen. Ich meine, Angels ist ziemlich ungewöhnlich, oder? Wenn ich es recht bedenke, erinnere ich mich auch nicht, schon jemals von jemandem mit Ihrem Nachnamen gehört zu haben. Ist Angels Twitten Ihr Geburtsname?“

„Es stört mich überhaupt nicht“, sagte Angels ernsthaft und fixierte Gerald mit ihren großen, dunklen Augen. „Eigentlich ist mein Geburtsname Angela Pathway, aber mein Vater hat es als kleiner Junge in der Schule sehr schwer gehabt, weil ein paar andere ihm den Spitznamen ‚Hundeparadies‘ angehängt haben. Da er nicht wollte, dass mein Bruder und ich das auch durchmachen mussten, änderte er seinen Namen in ‚Twitten‘. So nennen sie unten in Kent eine schmale Gasse, die einen Häuserblock mit dem nächsten verbindet. Und dann habe ich meinen Namen von Angela in Angels geändert, weil ein Mann bei der Stadtverwaltung sich mal vertippt hat, als er mir einen Brief schrieb, und als ich das sah, gefiel es mir so gut, dass ich beschloss, mich von da an Angels zu nennen.“

„Ach so, natürlich“, nickte Gerald lächelnd, „das ‚a‘ und das ‚s‘ liegen gleich nebeneinander, stimmt's? Also, ich finde, Sie haben völlig Recht. Angels ist viel hübscher als Angela. Aber wie ist es Ihnen in der Schule mit ‚Twitten‘ ergangen?“

„Furchtbar!“ Angels lächelte plötzlich. „Hört sich alles ziemlich albern an, nicht wahr?“

„Auch nicht alberner als die Sachen, die sich die meisten Eltern leisten“, sagte Gerald, wobei er aus irgendeinem Grund mich ansah.

„Angels schreibt Gedichte“, sagte Thynn stolz. „Ich habe sie gebeten, uns heute Abend eins vorzulesen.“

Obligatorischer Chor des Entzückens und der Ermutigung. Stimmte natürlich aus Höflichkeit ein, aber ehrlich gesagt, mir krampft sich immer der Magen zusammen, wenn Leute selbst verfasste Gedichte vortragen wollen. Meistens ist es so, dass ich das, was sie dann vorlesen, völlig undurchdringlich finde und nicht die leiseste Ahnung habe, ob es undurchdringlich gut oder undurchdringlich schlecht oder einfach nur grauenhaft ist, und dann habe ich den Stress, mir irgendeinen Kommentar dazu einfallen zu lassen, der den Betreffenden nicht verletzt, aber auch nicht dazu ermutigt, noch die anderen dreizehn Gedichte vorzulesen, die er zufällig bei sich hat. Machte mich auf das Schlimmste gefasst.

Angels zog ein zusammengefaltetes Blatt Papier aus ihrer Handtasche. Ein halb schläfriger, abwesender Ausdruck trat in ihre Augen.

„Eigentlich ist es noch nicht fertig", sagte sie entschuldigend, „das heißt, nichts, was ich mache, ist jemals wirklich fertig, aber ich werde es euch vorlesen. Es heißt ‚Regenbogen'."

Ich habe es mir abgeschrieben.

Mit unverschämter Bescheidenheit
Schwelgerischer Schlichtheit
Einzigartiger Normalität
Stürzen wir, die wir über den Erdboden fliegen
Kopfüber ins springende Meer
Aufgetürmt zu bodenloser Tiefe am stillen, rastlosen
Himmel
Grob liebkost von monströser Schönheit
Gefangen in der Freiheit des verdunkelnden Lichts
Selbstsüchtiges Geschenk der Mitternachtssonnen
Verbrannt vom Eis
Verraten von der Treue
Entfesselt in unseren Ketten
Aus dem Kern geschüttelt
In den sengenden Schatten
Wir, die abgerissenen Reichen, liegen aufgebahrt
Und sehnen uns nach Unerfüllung
Und dem blühenden Tod
Verfluchen voller Freude die donnernde Stille
In die wir tragisch, tödlich geboren sind
Heilige Weltlichkeit
Uralte Frische
Ermüdend Neues
Solch gigantische Details
In Gold gefasst und düster
Weichen auf uns zu durch den Nebel, der alles offenbart
Bis der Regenbogen wie ein Traum vom Krieg

In strahlender Einfarbigkeit
Sich schnurgerade wie ein Pfeil
Unsichtbar
Ins Blickfeld schwingt.

Eine widerhallende, verdatterte Stille legte sich über uns, als Angels ihre Lesung beendete.

Hörte Gerald tonlos murmeln: „Weichen auf uns zu? Entfesselt in unseren Ketten? Heilige Weltlichkeit? Hmm ..."

Kam zu dem Schluss, dass dieses Gedicht definitiv zur undurchdringlichen Sorge gehörte, wahrscheinlich zur undurchdringlich schlechten, denn, wie Gerald später sagte, es schien auf so etwas wie einem verbalen Zaubertrick zu bestehen, wo man einfach eine lange Liste von Begriffspaaren macht, die nicht zusammenpassen, und sie dann trotzdem zusammenstellt. Auf der anderen Seite hatte das Ganze irgendwie einen grandiosen Klang an sich. Sehr eigenartig. Fragte hinterher Anne, wie sie es gefunden habe. Sie sagte, für sie habe es sich angehört wie das Werk einer sehr intelligenten Person, deren Gehirn durch irgendetwas, was nicht gut für sie war, durcheinander gebracht worden sei. Fragte mich, ob ich bemerkt hätte, dass Angels die meiste Zeit gesprächig und normal und fröhlich war, aber immer dann, wenn sie anfing, über Kunst oder irgendein anderes abstraktes Thema zu sprechen, in eine andere Welt abzudriften schien, in der man ihr nicht mehr recht folgen konnte. Dachte darüber nach und kam zu dem Schluss, dass sie Recht hatte. Später am Abend zum Beispiel teilte uns Leonard noch etwas über seine neue Freundin mit.

„Angels ist Tänzerin, nicht wahr, Angels?"

„Nun, ja, das stimmt – das ist mein Beruf."

„Wirklich!", rief Anne. „Wie interessant. Davon haben wir so gut wie keine Ahnung. Darf ich fragen, was Tanz für Sie bedeutet, Angels?"

Wieder dieser abwesende Ausdruck in ihren Augen, aber auch noch etwas anderes – eine Furcht, etwas Drängendes. Beim Sprechen machte sie elegante, wedelnde Bewegungen mit ihren Fingern, doch die Worte kamen aus ihrem Mund wie tote Blätter, die ziellos im Wind wehen.

„Was Tanz bedeutet? Nun, für mich geht es beim Tanzen im Wesentlichen darum, die philosophischen Parameter eines spezifischen kreativen Prozesses zu erfassen und dann den Mut aufzubringen, sie mit künstlerisch kohärenten Kommunikationslinien miteinander zu verknüpfen. Ich sehe den Tanz als eine fundamentale Neuausrichtung spiritueller Energie, die sich verbindet mit der Vision eines konkreten Anderen oder auch innerhalb der eigenen selektiven Vorstellungswelt. Für Tänzer ist es wichtig, sowohl den Fluss als auch die Unterströmungen des menschlichen Herzens als Schöpfer von Wellen und Gezeiten auf dem Ozean der menschlichen Erfahrung zu empfinden. Das ist es, künstlerisch ausgedrückt, was Tanz für mich bedeutet."

Erneute widerhallende Stille. Dann sagte Thynn: „Dann geht es also nicht darum, nach einem bestimmten Muster die Beine zu bewegen?"

Angels machte die Augen wieder weit auf und sah ihn schmachtend an. „Doch, Leonard, das hast du sehr gut ausgedrückt. Du bist ein Mann mit außerordentlichem Einsichtsvermögen."

„Bin ich das?", sagte Leonard und machte ein überraschtes, geschmeicheltes Gesicht. „Bisher haben mir eigentlich alle zu verstehen gegeben, dass ich alles andere bin als das. Mein alter Schuldirektor sagte mir, ich sei das primitivste Überbleibsel neandertalischer Begriffsstutzigkeit, dem er je zu begegnen das Missgeschick gehabt habe."

Er lächelte nicht ohne einen gewissen Stolz.

„Das habe ich mühelos auswendig gelernt. Er hat es mich nämlich hundertmal abschreiben lassen, nachdem er so kleine weiße Flecken in den Mundwinkeln bekommen hatte, weil er mir etwas partout nicht beibringen konnte – irgendetwas mit einer x Zentimeter tiefen Badewanne, die sich in y Stunden füllte, wenn z Liter Wasser alle was weiß ich für ein Buchstabe Minuten hineinflossen."

„Wisst ihr was? Das ist doch großartig!", sagte Anne. „Wir könnten eine Tänzerin für unsere Tournee gebrauchen, meinst du nicht, Adrian? Besonders jetzt, wo Barry uns so ein großzügiges Angebot gemacht hat?"

„Äh, ja – ja, warum nicht?"

Versuchte, mir gegenüber Anne nicht anmerken zu lassen, wie sehr mich dieser angedeutete Vorschlag erschreckte. Ich habe gelernt, den Instinkten meiner Frau zu vertrauen, aber ich muss zugeben, dass ich mit Tänzern in der Kirche selbst unter günstigsten Voraussetzungen nicht viel anfangen kann. Mir kommt es immer so vor, als ob sie sich in Gewänder hüllen, die verhindern, dass man sieht, was für Bewegungen sie machen oder welchen Geschlechtes sie sind, und dann mit einer von ungefähr vier verschiedenen flehenden Gesten nach oben deuten und mit einem Knie in der Luft anbetend auf die Lampenschirme starren. Außerdem konnte ich mich des Gedankens nicht erwehren, dass Angels, wenn ihr Tanz von der gleichen Qualität war wie ihre Lyrik, sich vermutlich in der Tat gleichzeitig vorwärts und rückwärts bewegen sowie in die Luft springen und zu Boden fallen würde. Vermutlich würden wir nicht einmal eine Chance haben, Angels selbst tanzen zu sehen, bevor die Tournee begann.

„Sagen Sie, Angels", fragte Anne, als hätte sie meinen letzten Gedanken gelesen, „treten Sie in den nächsten Tagen irgendwo auf, damit wir kommen und Sie tanzen sehen können?"

Angels blickte zu Boden. Ihre Stimme hörte sich deutlich leiser an.

„Ich habe schon seit langem nicht mehr viel gemacht. Es war schwierig. Aber morgen Nachmittag mache ich etwas bei den alten Leuten im Seniorenstift Clay House. Keine große Sache, aber wenn Sie wirklich Lust haben ..."

Vereinbarten, morgen Nachmittag zum Zuschauen zu kommen.

„Übrigens", sagte Angels, „was ist das eigentlich für eine Tournee, auf die Sie gehen?"

Thynn wurde bleich und sah Anne und mich beschwörend an.

„Es ist eine christliche Vortragsreise“, sagte Anne freundlich, aber bestimmt. „Wir sind Christen. Adrian schreibt christliche Bücher, die die Leute – nun, sie finden sie ziemlich witzig und manchmal auch hilfreich. Die Tournee ist für uns eine Gelegenheit, den Leuten mehr über Jesus zu erzählen.“

„Ach so“, sagte Angels. Sie runzelte die Stirn und wandte sich an Leonard. „Dann bist du auch Christ, Leonard?“

„Manchmal“, sagte Thynn unglücklich, „aber nicht wirklich – na ja, ich schätze schon.“ Plötzlich geriet er in Panik: „Aber ich kann jederzeit damit aufhören, wenn du mich deswegen nicht mehr magst! Mir ist es egal, was ich bin, ehrlich! Was bist du? Ich werde auch einer.“

„Warum hast du mir das nicht gesagt?“, fragte Angels. „Ich bin froh, dass du einer bist. Wahrscheinlich hilft dir das dabei, so ein guter Mensch zu sein.“

Schaute zu, wie Erleichterung, Verwirrung und Verlegenheit auf Thynns Gesicht Ringelreihen tanzten.

„Und Sie, Angels?“, fragte Anne. „Haben Sie auch irgendeinen Glauben?“

Wieder der abwesende Blick.

„Ich glaube an eine heilige Verantwortung, sich auszustrecken und die Berührung des schlechthin Anderen zu empfangen, und ich glaube, wir sollten stets danach streben, die ätherischen Stränge zu zelebrieren, die in das wahre Menschsein eingewoben sind.“

„Methodistin also“, sagte Gerald.

Alle lachten, Angels genauso wie wir anderen.

Fragte Anne beim Schlafengehen, was sie von Angels hielte.

„Ich mag sie sehr“, sagte sie, „und es ist schön, Leonard so glücklich zu sehen. Sie hat wohl ziemlich schwere Zeiten hinter sich und es fällt ihr schwer, gewissen Dingen ins Gesicht zu sehen. Wir sollten sie in unsere Reihen aufnehmen, meinst du nicht? Vielleicht ist sie genau das, was wir brauchen, um unserer Tournee mal einen anderen Touch zu geben. Warten wir mal ab, wie es morgen ist.“

Hmm! Ich mag Angels auch. Kann aber einfach die leise Sorge

nicht abschütteln, dass die „philosophischen Parameter eines spezifischen kreativen Prozesses“ sich am Ende als ein bisschen Herumhüpfen und Mit-den-Armen-wedeln entpuppen werden. Wir werden sehen.

Sonntag, 12. September

Anne, Gerald und ich machten uns heute Nachmittag auf zum Seniorenstift, um Angels beim Tanzen zuzuschauen. Riefen vorher noch mal an, um uns zu erkundigen, ob das geht. Die verantwortliche Person meinte, das sei kein Problem. Ihre alten Damen und Herren sähen gern mal neue Gesichter, sagte sie uns, aber wir müssten darauf gefasst sein, dass sie ein bisschen komisch reden und sich benehmen würden, da etliche von ihnen schon ziemlich abständig seien.

„Wie Tante Felicity im ‚Eight Bells‘“, sagte Anne, als ich ihr davon erzählte.

Die Erinnerung an unsere früheren Ausflüge ins Eight-Bells-Wohnheim für Matrosenwitwen machte mich ein bisschen nervös. Die gute Tante Felicity, inzwischen längst dahingeschieden, behauptete immer stocksteif, ich sei vor einigen Jahren gestorben, und wenn Anne und ich sie besuchten, schien sie mein Aussehen als endgültige Bestätigung dieser fest verwurzelten Überzeugung aufzufassen. Einmal, als ich selbst im Zimmer stand, sogar direkt vor ihr, gab sie Anne den dringenden Rat, mich kremieren zu lassen, bevor ich anfinge zu stinken.

Clay House, das Seniorenstift, machte innen einen angenehm freundlichen und heiteren Eindruck, obwohl einige der alten Leutchen, denen wir heute begegnet sind, mich ein bisschen traurig gemacht haben. Gleich jenseits der sorgfältig verschlossenen Eingangstür stießen wir auf eine Dame mit rosigen Wangen, die wohl Ende achtzig, Anfang neunzig sein musste. Unterm Arm hielt sie einen ebenso antik aussehenden Teddybär an sich geklammert.

„Hallo", sagte sie in freundlichem, etwas nervösem Tonfall. „Ich heiße Elizabeth. Ich warte hier auf meine Mami und meinen Papi. Sie kommen bald, um mich abzuholen."

„Oh, das ist aber schön", sagte Anne. „Aber wollen Sie nicht erst noch beim Tanzen zuschauen, Elizabeth?"

Wie ein kleines Kind nahm Elizabeth Annes Hand und wir gingen einen langen, breiten Korridor entlang zu einem sonnendurchfluteten, rechteckigen Aufenthaltsraum, in dem zwanzig oder dreißig Heimbewohner auf ringsum an den Wänden aufgestellten Lehnstühlen saßen. An einer Seite des Raums, in der Nähe einer Durchreiche zu einer kleinen Küche, kniete Angels auf dem Boden und hantierte mit einem tragbaren CD-Spieler. Als wir hereinkamen, blickte sie auf und sah uns. Sie winkte, wurde ein bisschen rot und lächelte; dann kümmerte sie sich weiter um ihre Musik.

Wenige Minuten später stand Mrs. Banyon, die Dame, mit der ich telefoniert hatte, auf und klatschte in die Hände, um die Aufmerksamkeit auf sich zu lenken.

„Nun, meine Damen und Herren", sagte sie schwungvoll, „heute Nachmittag haben wir etwas ganz Besonderes. Angels Twitten ist hier und wird für uns tanzen – Sie erinnern sich doch alle an Angels, nicht? Sie hat uns schon einmal besucht."

Ihre Frage rief zustimmendes Gemurmel und hier und da ein Lächeln von einigen der betagten Heimbewohner hervor, doch etliche fuhren einfach fort, auf ihrem Stuhl zu schaukeln oder vor sich hin zu starren oder zu schlafen, während ein gebückt gehender Mann, in dessen Gesicht sich tiefe Unmutsfalten eingegraben hatten, einen Ausfall zur Tür machte und dabei mürrisch vor sich hin knötterte, er hasse „dieses blöde Rumgehopse". Zwei Pfleger geleiteten ihn sanft zurück zu seinem Platz. Sie gingen sehr freundlich mit ihm um, aber ich konnte nicht umhin, Mitleid mit dem alten Mann zu empfinden.

„Und außerdem", fuhr Mrs. Banyon fort, „haben wir noch drei weitere Gäste unter uns – Adrian, Anne und Gerald Plass, Freunde von Angels, die wir sehr herzlich hier begrüßen wollen."

Wieder Gemurmel, Lächeln und hier und da ein Brummen. Dann war Angels mit ihrer Tanzdarbietung an der Reihe.

Inzwischen graute mir davor. Ich war richtig sauer auf Anne, weil sie von der Tournee gesprochen hatte, bevor wir Angels überhaupt hatten tanzen sehen. Falls ihr „künstlerischer Ausdruck", wie ich vermutete und fürchtete, sich als eher gekünstelt und schlecht erweisen sollte, würde es scheußlich peinlich für uns alle werden. Irgendwie mussten wir es dann hinkriegen, nicht mehr von der Tournee zu sprechen, und sie würde natürlich genau wissen, warum nicht, und die Situation würde auf der ganzen Linie angespannt und unangenehm sein. Als die Musik begann und Angels ihre Ausgangsposition in der Mitte des Raums einnahm, war mir das Herz schwer.

Sie war fantastisch.

Das erste Musikstück, zu dem sie tanzte, war ein Orchesterstück im Staccato mit einem Chor, dessen vereinte Stimmen die Funktion eines zusätzlichen Musikinstruments zu haben schienen. Das Stück hatte einen drängenden, jagenden Rhythmus und einen leicht hysterischen Unterton, der einen aufregenden, fast gefährlichen Eindruck hinterließ. Angels begann mit langsamen, forschenden Bewegungen, als ob sie umhertastete und nach der Quelle der Musik suchte, wurde dann schneller und bewegte sich nach außen und wieder zurück in die Mitte, als ob sie sich ganz allmählich bewusst wurde, dass diese Quelle in ihr selbst war. Jede Bewegung, langsam oder schnell, war so konzentriert und zielgerichtet, dass mir der Atem wegblieb und ich einen fast schmerzhaften Drang verspürte, Anteil zu haben an dem, was mit der Tänzerin geschah. Es war eine Geschichte. Es war voller Intelligenz, voller Kraft und voller Gefühl.

Keine Ahnung, was in den Köpfen der alten Leute vor sich ging, die ringsum den Raum saßen, aber es bestand kein Zweifel, dass die meisten von ihnen zumindest fasziniert und gefesselt waren von dem, was sie sahen und hörten. Auf dem Stuhl neben mir hatte Elizabeth während des ganzen Tanzes reglos gesessen, doch sobald er endete, drehte sie sich inmitten des dünnen Applauses zu mir um und bedeutete mir mit dem Finger, mein Ohr dicht vor ihren Mund zu halten.

„Mein Papi ist Doktor“, sagte sie, „und er kommt bald nach Hause.“

Angels bot noch drei weitere Tänze dar, jeder davon ebenso intensiv und faszinierend wie der erste. Ich nehme an, da sie ja wusste, dass wir kommen würden, hatte sie ihre besten Tänze ausgesucht, aber das hätte jeder andere genauso gemacht, ich auch. Als wir uns hinterher an dem Tee und dem Kuchen ergötzten, der durch die Durchreiche serviert wurde, sagten wir ihr, wie großartig wir sie gefunden hatten. Sie wurde wieder rot und machte ein sehr erfreutes Gesicht.

Nachdem wir allen zum Abschied gewunken hatten, kehrten wir durch den Korridor zurück zur Eingangstür, immer noch begleitet von unserer neuen Freundin und ihrem Teddybär. Als Mrs. Banyon uns die Tür aufhielt und dabei Elizabeth behutsam daran hinderte, mit uns hinauszugehen, schaute die alte Dame hinauf in Annes Gesicht und wiederholte, was sie bei unserer Ankunft zu uns gesagt hatte.

„Mein Name ist Elizabeth. Ich warte auf meine Mami und meinen Papi. Sie kommen bald und holen mich ab.“

Anne schaute in das müde alte Gesicht, kreuz und quer durchzogen von feinen Linien wie altes Porzellan, und auf den gebrechlichen Körper, der so leicht und substanzlos war, dass man kaum glauben konnte, dass er noch Leben enthielt.

„Das wird schön, Elizabeth“, sagte sie, „und Sie haben ganz bestimmt Recht. Sie werden sehr bald kommen und Sie abholen.“

♦ ♦ ♦

Bin enorm erleichtert, dass Angels so eine großartige Tänzerin ist. Anne, Gerald und ich verbrachten den Nachmittag zum Teil damit, darüber zu sprechen, wie sehr ihre Darbietung unsere geplanten Abende bereichern würde.

„Und noch etwas", sagte Anne, „das eine oder andere von Zaks Bildern passt hervorragend zu den Tänzen. Ich sehe es schon vor mir! Ich kann es gar nicht erwarten."

„Ganz zu schweigen davon, dass Leonard völlig aus dem Häuschen sein wird", sagte Gerald, „dass er seine Angebetete mitnehmen kann, statt sie zurückzulassen. Die beiden sind total verschossen ineinander, stimmt's?"

Fragte Anne, wieso sie so sicher gewesen war, dass wir keine Enttäuschung erleben würden.

Sie sagte: „Weiß ich nicht genau, nur hatte ich das Gefühl, hinter dem ganzen bedeutungslosen Gerede einem erwachsenen Menschen zu begegnen, als ich Angels kennen lernte. Das Problem ist nur, dass irgendetwas in dem Teil von ihr, der sich mit der Welt auseinander setzen muss, offenbar durch Dinge, die uns eigentlich nichts angehen, ein bisschen durcheinander geraten ist. Mann muss schon genau hinhören, um heraushören zu können, was für ein Mensch sie im Herzen ist. Als sie mit diesen ganzen Sprüchen anfing, was das Tanzen ihr bedeutet, habe ich gar nicht so sehr auf die Worte gehört, sondern beobachtet, was in ihren Augen vor sich ging."

Ich nickte. Sogar mir war so ein gewisses Leuchten in Angels' Augen aufgefallen, als sie vom Tanzen sprach.

„Ich denke", fuhr Anne fort, „die Wahrheit ist, dass ich *spüren* konnte, wie ein echter Tanz in ihr mitschwang. Hört sich das sehr albern an?"

„Überhaupt nicht. Aber ich wundere mich immer noch darüber, dass du gleich am ersten Abend etwas von der Tournee gesagt hast. Ehrlich gesagt, ich war ein bisschen sauer. Ich meine, wir hatten noch keine Gelegenheit gehabt, darüber zu reden, und es hätte dazu führen können, dass Leonard und Angels furchtbar verletzt und enttäuscht gewesen wären. War das nicht ein bisschen riskant?"

„Ich habe gewusst, dass du sauer warst, Liebling, aber . . ."

„Woher willst du gewusst haben, dass ich sauer war? Ich dachte, das hätte ich für mich behalten."

Anne und Gerald brachen in Gelächter aus.

„Ach, Schatz, so etwas könntest du beim besten Willen nicht für dich behalten. Wenn du sauer bist, legst du immer den Kopf schief und presst deine Lippen zusammen und ziehst die Mundwinkel nach unten ..."

„Und du schnaufst durch die Nase", fügte Gerald hinzu.

„Das ist ja ein reizendes Bild, das ihr zwei da von mir malt. Wie ein Walross, das schlechte Laune hat. Aber wir kommen vom Thema ab. Ich hatte dich gefragt, Anne, wieso du es riskiert hast, Angels gegenüber die Tournee zu erwähnen, bevor wir sie hatten tanzen sehen?"

„Na ja", sagte Anne zögernd, „auf die Gefahr hin, dass sich das wieder ziemlich albern anhört, ich glaube, ich habe es getan, weil es Momente gibt – nicht so oft, aber hin und wieder –, wo man einfach mal einen Umriss in die Luft zeichnen muss, damit Gott ihn ausmalen und in ein richtiges Bild verwandeln kann. Das glaube ich wirklich. Aber du hast Recht, es ist riskant, und falls sich herausstellt, dass ich mich geirrt habe, hättest du wirklich allen Grund zu deiner Walrossnummer."

„Ich frage mich", sagte ich, „ob wir dieses Bild mit dem Walross vielleicht wieder vergessen könnten."

„Kein Problem, Paps", sagte Gerald und grinste mich an, wie er es immer getan hat, schon seit er ein Dreikäsehoch war, „du brauchst nur nie wieder sauer zu sein."

Rief nach dem Tee bei Barry an, um zu fragen, ob es okay wäre, noch eine weitere Person mitzunehmen, und als Angels und Leonard heute Abend vorbeikamen, sagten Anne und ich ihr noch einmal, wie sehr uns ihr Tanz gefallen hatte, und fragten sie, ob sie nicht Lust hätte, mit uns auf die Tournee zu kommen und jeden Abend zwei oder drei Tänze zum Programm beizusteuern. Habe selten gesehen, wie Freude, Furcht und Begeisterung einander im Kreis herum jagten, wie sie es in Angels' Gesicht taten, als wir das sagten. Thynn konnte fast nur noch lallen vor Freude bei dem Gedanken, dass sein Schatz uns begleiten würde, aber er bekam, wen wundert's, fast augenblicklich einen seiner crescendoartig anschwellenden Panikanfälle.

„Das ist ja toll!", sagte er. „Das hätte ich nie gedacht, dass wir auf der Tournee zusammen sein könnten! Moment! Wartet mal, was ist denn mit den Hotels und so? Die sind doch alle ausgebucht. Da sind bestimmt keine Zimmer mehr frei. Und im selben Zimmer schlafen können wir nicht, weil ich doch Christ bin, so ein Pech! Nun kann sie doch nicht mitkommen. Moment mal! Sie kann doch mein Zimmer haben und ich komme nicht mit. Nein, das hilft auch nichts; dann wären wir ja auf der Tournee nicht zusammen, und ich habe ihr doch nur mein Zimmer angeboten, damit sie mit auf die Tournee kann, damit wir auf der Tournee zusammen sind, und wenn ich nicht mitkomme, hat es ja keinen Sinn, auf mein Zimmer zu verzichten, weil wir ja nicht ..."

„Mein lieber Leonard", unterbrach Anne, die sehr gut wusste, dass solche Tiraden bis in alle Ewigkeit weitergehen können oder zumindest so lange, bis Leonard platzt oder vor Erschöpfung in Ohnmacht fällt. „Es ist bestimmt gar kein Problem, ein zusätzliches Zimmer zu buchen, und wenn doch, finden wir garantiert eine Lösung. Schlimmstenfalls kann sich Gerald in unserem Zimmer ein Feldbett aufstellen lassen oder so. Stimmt doch, Gerald?"

„Na klar", sagte Gerald lächelnd, „und für ein mitreisendes Kind gibt es ja auch meistens Ermäßigung, oder? Allerdings muss Paps dann versprechen, mir eine Gutenachtgeschichte vorzulesen, wie in den alten Zeiten."

„Adrian", warf Angels mit sorgenvoll gerunzelter Stirn ein, „ich würde wirklich gern mitkommen. Ich werde sicher ganz schrecklich nervös sein, aber es wäre toll, mit Leonard und euch allen zusammen zu sein und mal ein paar richtige Tänze zeigen zu können." Sie wurde rot. „Ich meine – das soll natürlich nicht heißen, dass das im Clay House keine richtigen Tänze waren. Aber – na ja, ihr wisst schon ... Das Einzige, was mir Sorgen macht, ist – nun ja, ihr seid alle Christen und die Abende werden sich um lauter christliche Sachen drehen und es ist nun einmal so, dass ich kein Christ bin."

Fragend sah sie Anne und mich mit ihren großen, hellbraunen Augen an.

„Seid ihr sicher, dass ihr jemanden wie mich dabeihaben wollt? Wird das – wird das die Sache nicht irgendwie verderben?“

Manchmal ist es, als ob Anne und ich genau im selben Augenblick dasselbe erkennen. Nicht oft. Nur manchmal. Diesmal war es so.

Ich sagte: „Angels, ich bin ganz sicher, dass Gott möchte, dass Sie mit uns kommen, ob Sie an ihn glauben oder nicht.“

„Sie tanzen wie ein Engel“, sagte Anne, „und Gott hat schon immer Engel benutzt, um den Leuten Botschaften zu überbringen. Sie sind genau das, was er braucht und was wir brauchen. Ich bin so froh, dass Sie mitkommen.“

Den Rest des Abends verbrachte Anne am Telefon, und als wir ins Bett gingen, hatte sie die Unterbringungsfrage geklärt.

„Und das“, sagte Anne, während sie ihr Nachtlicht ausschaltete, „ohne dass du dem kleinen Gerald Gutenachtgeschichten vorlesen musst.“

Warum empfand ich einen kleinen Stich der Trauer, als sie das sagte?

Mittwoch, 15. September

Versprach Leonard, mich heute Abend im Gemeindesaal mit ihm zu treffen, um die Aufstellung und Bedienung des Projektors und der Leinwand zu üben. Er hatte die Sachen im Lauf des Tages bei einem Laden in der Stadt namens „Sights & Sounds“ abgeholt und heute Abend war unsere einzige Gelegenheit, sie auszupacken und einen Blick darauf zu werfen, bevor am Freitag die Tournee beginnt.

Als ich ankam, stand Thynn in einer Ecke des Saals, presste die Hände gegen die Schläfen und starrte gebannt auf einen großen, quadratischen Metallrahmen, der mitten im Saal auf dem Boden lag und an dem an einigen Stellen eine große Bahn eines naturweißen, leinenähnlichen Materials befestigt war.

Ging vorsichtig auf Leonard zu und fragte ihn, was los sei.

„Also, ich habe dieses längliche Metalldingens zu einem Quadrat gemacht", sagte er mit bebender, kaum hörbarer, traumatisierter Stimme, den Blick immer noch starr in die Mitte des Saals gerichtet. „Es wollte sich irgendwie nicht zu einem Quadrat machen lassen, weißt du. Es hat mich gebissen und gekniffen und versucht, sich wieder länglich zu machen, aber ich habe mit ihm gekämpft und es angeschrien und mich damit auf dem Boden gewälzt, und am Ende hat es nachgegeben. Jetzt ist es ein Quadrat. Schau!" Er gab ein kleines, irres Lachen von sich und deutete mit wedelndem Arm auf das Ding. „Es ist ein Quadrat. Das habe ich gemacht! Ich war es, der das lange, gerade Metalldingens zu einem Quadrat gemacht hat."

„Sehr schön, wunderbar!", sagte ich, so freundlich und aufmunternd ich konnte. „Gut gemacht, Leonard. Du hast Recht, es ist ein großes Quadrat, genau wie es sein sollte, und jetzt müssen wir nur noch das Leinwandtuch befestigen, indem wir es auf all diese Metallknöpfe am Innenrand draufdrücken."

„Habe ich schon versucht", sagte Thynn, wandte mir seinen Blick zu und verdrehte die Augen wie eine Figur aus einem jener melodramatischen alten Stummfilme, die der Hölle einen Besuch abgestattet haben und für immer davon gezeichnet sein werden. „Ich habe es versucht, Adrian, aber dieses Monster von einer Leinwand – es hat es auf mich abgesehen. Es will mich zum Wahnsinn treiben und am Ende umbringen."

Er drehte den Kopf und schaute auf die Uhr über der Durchreiche.

„Ich bin extra früher gekommen, weißt du, weil ich mal gucken wollte, ob ich alles fertig kriege, bevor du kommst. Ich habe eine halbe Stunde gebraucht, um dieses lange Metalldingens zum Quadrat zu machen, und seitdem versuche ich, das Tuch zu befestigen."

Argwöhnisch tat er einen Schritt auf die Mitte des Saals zu.

„Es sah ganz einfach aus, weißt du. Ich habe zuerst eine Ecke befestigt – das war gar kein Problem – und dann habe ich einfach an einer Seite weitergemacht und einen Knopf nach dem anderen hineingedrückt. Eine ganze Seite habe ich geschafft. Hat richtig Spaß gemacht. Ich war ganz happy. Und dann habe ich eine andere Seite gemacht. Ich dachte, das läuft ja alles wie am Schnürchen. Aber als ich mit der dritten Seite anfing, ging es plötzlich nicht mehr. Die Leinwand ließ sich nicht weit genug dehnen, und als ich auf die Knie gegangen bin und kräftig gezogen habe, ist die ganze erste Seite wieder abgegangen, und als ich dann die dritte Seite bis zum Ende zugeknöpft hatte, reichte die erste Seite nicht mehr bis an die Knöpfe. Ich habe wieder kräftig gezogen und dann ging die zweite Seite ab. Da bin ich wie verrückt auf dem Tuch herumgesprungen und habe es angeschrien und eine Frau kam herein, um den Saal zu putzen, und lief schreiend wieder hinaus."

„Meine Güte! Und was hast du dann gemacht?"

„Na ja, dann habe ich beschlossen, erstmal tief durchzuatmen und es noch einmal zu versuchen. Ich habe mich an das Tuch angeschlichen wie eine Rothaut, Adrian, und nur einen Knopf zugedrückt und bin dann ganz beiläufig zur Tür hinausgegangen, als wollte ich nach Hause. Dann bin ich unerwartet wieder hereingekommen und habe noch einen Knopf zugemacht. Dann noch einen und dann noch einen, bis ich wieder zwei ganze Seiten zu hatte. Dann bin ich ganz plötzlich über die dritte Seite hergefallen, habe mich mit Gebrüll auf sie gestürzt und so fest an dem Tuch gezogen, wie ich nur konnte, um dieses Ding über den Knopf zu kriegen."

„Und?"

Leonard drehte sich zu mir um, packte mich mit beiden Händen am Revers und redete fieberhaft auf mich ein.

„Sie sind *alle* abgegangen. *Alle*, Adrian. Sie gingen alle auf einmal auf und das Tuch gab so ein komisches, lachendes Geräusch von sich und sprang in die Luft, wickelte sich um meinen Kopf und versuchte, mich totzupeitschen und zu ersticken. Aber ich konnte mich irgendwie befreien und seitdem stehe ich hier in dieser Ecke und warte auf dich, damit wir es gemeinsam erwürgen können, falls es noch mehr Ärger macht."

„Leonard", sagte ich und löste behutsam seine Hände von meiner Jacke, „diese Leinwand ist ein lebloser Gegenstand. Sie hat kein Gehirn. Es ist nur eine Frage der richtigen Technik, um das Tuch zu befestigen. Das ist sicher knifflig, weil es sehr straff gespannt werden muss, weißt du. Sonst wären die Dias nicht richtig scharf."

Thynn schüttelte langsam und zynisch den Kopf und sah mich an wie ein Mann, der mit knapper Not der Verfolgung einer wilden, angeblich ausgestorbenen Kreatur entkommen ist und nun Mühe hat, den Menschen daheim in der Zivilisation plausibel zu machen, was ihm passiert ist.

„Na, dann versuch du es mal", sagte er. „Ich gehe nicht mehr in die Nähe dieses Dings. Es hasst mich."

Während Thynn aus sicherem Abstand zuschaute, ging ich auf das Monster in der Mitte des Saals zu und musterte es einen Augenblick lang. Zufällig kannte ich den Trick, wie man die Leinwand an dem Rahmen befestigte, weil ich das schon einmal für eine Gemeindeveranstaltung gemacht hatte. Im Grunde war es geradezu lächerlich einfach, wenn man wusste, wie. Einen Moment lang liebäugelte ich mit dem inneren Anblick meiner selbst, wie ich mit links etwas erledigte, was Leonard nicht zustande gebracht hatte. Eigentlich lachhaft, die ganze Sache, wenn man bedenkt, wie chronisch unfähig ich zu allen praktischen Dingen bin.

Lass Leonard das machen.

Ulkig, wie einem manchmal so kleine Dinge in den Kopf kommen, nicht wahr? Kleine Eingebungen, die einerseits von Gott stammen, andererseits aber auch nur ein Haufen Blödsinn sein können, wie zum Beispiel bei jener denkwürdigen Gelegenheit, als ich dachte, Gott hätte mir vielleicht gesagt, ich solle mir einen Laubfrosch kaufen und ihn Kaiser Bill nennen. Ich dachte schon, die Geschichte würde mich bis ans Grab verfolgen. Wenn ich es recht bedenke, kann es durchaus noch so weit kommen. Die anderen wärmen diese Sache immer noch jedes Mal auf, wenn sie finden, dass ich mal wieder auf den Teppich geholt werden müsste.

Lass Leonard das machen.

„Weißt du was, Leonard? Wie wär's, du versuchst mal, die Knöpfe an zwei diagonalen Ecken festzumachen und dann von da aus weiterzuarbeiten?"

„Meinst du, das funktioniert?"

„Einen Versuch wäre es wert."

Wie ein Jäger beim Anpirschen an einen waidwunden Büffel tastete er sich behutsam bis zu der Leinwand vor und löste, ein Auge zugekniffen, die beiden Knöpfe, die nach seiner letzten Attacke noch gehalten hatten. Wenige Minuten später hatte Leonard mit für seine Verhältnisse beängstigender Leichtigkeit alle Knöpfe befestigt und die Leinwand fest in den Rahmen eingespannt.

„Na so was", sagte Thynn, als er zurücktrat und die Stätte seines Triumphes begutachtete, „das war der richtige Trick! Ich glaube, während der Tournee sollte lieber ich mich um solche Dinge kümmern, Adrian. Man braucht ein bisschen Fingerspitzengefühl dafür. Am besten überlässt du das mir. Schließlich," fügte er frotzelnd hinzu, „wollen wir ja nicht, dass etwas kaputtgeht, oder?"

Spielte mit dem Gedanken, einen Teil der Saalbestuhlung auf seinem Schädel zu zerschlagen, beschloss aber dann, diese Segnung für mich zu behalten ...

Donnerstag, 16. September

Morgen beginnt die Tournee!

Heute Abend kamen alle bei uns zum Kaffee zusammen, um letzte Absprachen zu treffen und Barry mit den anderen bekannt zu machen. Edwin, unser Gemeindeältester, war auch da, sozusagen als Abordnung meiner Unterstützergruppe in der Gemeinde.

War ein bisschen nervös, bevor unser Wohltäter eintraf, und noch nervöser, nachdem er schon eine Weile da war. Fing ernsthaft an, mich zu fragen, ob es nicht doch besser wäre, die ganze Sache mit kleinem Budget durchzuziehen. Ich glaube, die Tatsache, dass er das Ganze finanziert, ist ihm ein bisschen zu Kopf gestiegen. Am Anfang des Abends ging eine Menge Zeit damit drauf, dass Ingstone uns Vorträge darüber hielt, wie wir leben, denken und fühlen sollten, natürlich untermauert von einer Vielzahl von Versen aus einem verwirrenden Arsenal biblischer Bücher.

Angels starrte ihn an, als käme er vom Mars. Edwin machte ein leicht verwundertes Gesicht. Anne kniff die Lippen zusammen und atmete durch die Nase. Leonard bekam solche Kulleraugen, dass er tatsächlich einem Marsianer zum Verwechseln ähnlich sah. Gerald sagte lange Zeit überhaupt nichts. Eigentlich machte er kaum den Mund auf, bis Ingstone, der vielleicht merkte, dass er das ganze Gespräch allein bestritt, in seinem bibelkundlichen Vortrag lange genug innehielt, um Gerald zu fragen, wie denn die Dinge in seiner Gemeinde stünden.

Spürte, wie sich mein Nacken spannte, als Gerald anfing, in jenem bierernsten Tonfall zu sprechen, der, wie Anne und ich nur zu gut wissen, meistens bedeutet, dass er vorhat, absoluten Blödsinn zu reden.

„Tja, nun, Barry, in unserer Gemeinde liegt einer der großen Parks von London", sagte er, „sodass wir eine Menge mit Leuten zu tun haben, die – nun ja, Sie wissen schon."

„Mit Leuten, die ...?"

Gerald blies die Backen auf, hielt sich eine Hand zu einer Schale geformt einige Zentimeter vors Gesicht und ballte dann die andere zur Faust, streckte den Arm aus, so weit es ging, um ihn dann wieder zurückzuziehen.

„Verstehen Sie ..."

Barry machte Augen, so groß wie Tortenplatten.

„Oh – Sie meinen Leute, die ..."

„Genau."

„Ach, solche Leute meinen Sie."

„Ja, so ist es – Leute, die im Leben keine wirkliche Erfüllung finden ohne regelmäßige Gelegenheiten, wahllos zu einem Blasinstrument zu greifen."

„Ohne ..."

„Ich weiß nicht, ob es Ihnen bewusst ist, Barry, aber Untersuchungen zeigen, dass mindestens jeder fünfundzwanzigste Mann und ein unbekannter Prozentsatz der Frauen ein irgendwie geartetes Blasinstrument besitzt. Man stelle sich das vor. Die meisten verstecken sie natürlich irgendwo. So sehr haben sich die Zeiten noch nicht geändert. Es gibt immer noch eine Menge Intoleranz. Manchmal sind ganze Familien außer sich vor Staunen, wenn sie entdecken, dass der Vater, Bruder, Sohn oder Großvater, den sie doch so gut zu kennen glaubten, seit Jahren ein Waldhorn, ein Flügelhorn oder vielleicht sogar eine Tuba in seinem Schrank versteckt hält."

„Ein Flügelhorn ..."

„Und die Grünanlage in der Nähe unserer Gemeinde ist der Ort, den solche Leute aufsuchen, um andere zu finden, die dieselben – nun, dieselben Bedürfnisse und Probleme haben."

„Tatsächlich?!"

„Oh ja. Wenn man an einem späten Sommerabend nach Einbruch der Dunkelheit dort entlanggeht, hört man es allenthalben im Unterholz und in den Büschen rascheln. Man erhascht Blicke auf undeutliche Gestalten, die von Schatten zu Schatten huschen, jeder ein irgendwie geartetes Blasinstrument in der Hand, in der Hoffnung, jemanden mit ähnlichen Neigungen zu finden, der zu einem flüchtigen Duett in einer dunklen Ecke bereit ist, ohne groß auf die Pauke zu hauen – was ja auch mit Blasinstrumenten nicht geht, nicht wahr? Das funktioniert so: Sagen wir, ein Mann mit einem Tenorfagott trifft hinter einem Baum einen anderen mit einer Tuba. Man flüstert sich nur ein paar Worte zur Begrüßung zu und einigt sich auf eine Tonart, und ehe man sich versieht, haben sie den Radetzky-Marsch angestimmt. Ein paar Minuten später ist alles vorbei. Beide huschen im Schutz der Dunkelheit davon und werden sich vermutlich nie wiedersehen. Denn leider, Barry, ist es nur die kurzfristige Harmonie, auf die sie aus sind, nicht irgendein längerfristiges musikalisches Engagement. Wenn man um Mitternacht dort entlanggeht, hört man in manchen Nächten von überall her kurze musikalische Ausbrüche. Ist es nicht ein Segen, Barry, dass wir wissen, wie wir als Christen solchen Menschen begegnen müssen?"

Barry schien von Geralds todernster Miene völlig hypnotisiert zu sein.

„Wissen wir das? Ich meine – ja, ja, natürlich wissen wir das. Ich meine – wie meinen Sie das?"

„Ach, das wissen Sie doch so gut wie ich, Barry. Wir hassen die Posaune, aber wir lieben den Posaunisten, ist es nicht so?"

„Lieben den Posaunisten ...", wiederholte Ingstone benommen.

„Mir persönlich fällt das nicht leicht", fuhr Gerald fort. „Ich habe mit einem tiefen inneren Abscheu gegen solche wahllos herummusizierenden Leute zu kämpfen. Es würde mir viel leichter fallen, wenn sie schwul wären. Finden Sie nicht auch?"

Barry war buchstäblich sprachlos. War nicht das erste Mal, dass Gerald diese Wirkung auf jemanden hatte. Er trägt derartigen höheren Blödsinn mit solch fließender Ernsthaftigkeit vor, dass ein argloser Zuhörer in eine Art Trance geraten kann und sich erst einmal in Gedanken auseinander klamüsern muss, was er da eigentlich gerade gehört hat, bevor er das Risiko auf sich nimmt, eine Antwort zu geben. So war es auch heute Abend bei Barry. Ich glaube nicht, dass er damit auf die Dauer unterzukriegen ist, aber zumindest hat es ihm für den Rest des Abends die Sprache verschlagen.

Danach gab es noch lebhafte Diskussionen über die Tournee. Angels ist sichtlich nervös, aber auch begeistert. Leonard kann sich immer noch nicht einkriegen darüber, dass er eine ganze Woche lang mit seiner Liebsten zusammen sein kann, wo er doch damit gerechnet hatte, sie während dieser Zeit überhaupt nicht zu sehen.

Edwin sprach ein Gebet für die Tournee, aber nur ein kurzes. Ich glaube, er merkte, dass die arme Angels schon von Ingstone eine ziemliche Überdosis abbekommen hatte. Anne flüsterte mir zu, sie werde Angels irgendwann morgen mal auf die Seite nehmen und ihr erklären, dass Barry nicht gerade dem platonischen Ideal eines christlichen Mannes entspreche.

Gegen Ende des Abends sagte Edwin mit einem leisen Lächeln um die Mundwinkel: „Und, Gerald, was hast du sonst noch getrieben außer deinem unschätzbar wertvollen Dienst unter einsamen Musikern?“

„Ach, ich bin immer noch dabei, mich in die Gemeinde hineinzufinden“, sagte Gerald. „Inzwischen ist es gar nicht so übel, aber als ich ankam, musste ich mich erstmal mit dem einen oder anderen herumschlagen, der mir immerzu sagte, wie wunderbar doch mein Vorgänger gewesen sei und dass sie so jemanden sicherlich nie wieder finden würden. Freilich betonten diese Verehrer des vorigen Vikars stets, ich sei ihnen trotzdem sehr willkommen, auch wenn ich nur ein jämmerlich minderwertiger Ersatz sei. Weißt du, der Typ vor mir scheint so eine Art Kreuzung zwischen Billy Graham und Popeye gewesen zu sein – mit einem Schuss Cary Grant dabei, wenn man die älteren Damen in der Gemeinde so hört. Ich war anfangs richtig eingeschüchtert.“

„Aber jetzt kommst du gut zurecht, nicht wahr?“, fragte Anne.

„Na ja, ich habe einige Zeit im Gebet verbracht“, erwiderte Gerald, „und Gott hat mir eine Eingebung geschenkt – eine Möglichkeit, in der Gemeinde den Durchbruch zu schaffen.“

Barry nickte beifällig. Jetzt sprach Gerald seine Sprache.

„Und in welcher Form wurde die Antwort auf Ihr Gebet offenbar?“, erkundigte er sich.

„Ach“, sagte Gerald, „das war eigentlich sehr interessant. Sie kam in Form von – wie wär’s, wollen Sie nicht mal raten? Kommen Sie – raten Sie mal!“

„Ich stelle mir vor“, versuchte es Barry, „dass der Herr Ihr Augenmerk auf ein inspiriertes Wort der Schrift lenkte, mit dem Sie die Herzen und Gedanken der Anwesenden erreichen und sie davon überzeugen konnten, dass ein neuer Morgen am Horizont ihrer geistlichen Wahrnehmung im Anbruch war.“

„Nun ja, das hört sich sehr beeindruckend an“, sagte Gerald, „aber eigentlich waren es bloß Kräppel.“

„Oh, lecker!“, rief Angels.

„Ja, ich habe eine Riesenladung gefüllte Kräppel gekauft und sie nach dem Gottesdienst am Sonntag mit den Getränken verteilt. Das hat offenbar gewirkt.“

Edwin lehnte sich lachend auf seinem Sessel zurück und klatschte in die Hände.

„Welch ein Vorrecht ist es für uns“, schmunzelte er, „einem Gott dienen zu dürfen, der Gebete mit Kräppeln beantwortet. Finden Sie nicht auch, Barry?“

„Äh, ja“, sagte Barry mit zweifelnd gerunzelter Stirn, „ja, das ist es wohl.“

„Eigentlich“, sagte Gerald, „hatte ich bloß einen einzigen Kräppel, aber den habe ich gesegnet und er schien für alle zu reichen. War natürlich billiger so.“

„Das war ein Scherz, Barry“, sagte Anne.

„Ach so, verstehe“, erwiderte Barry.

Hoffe sehr, dass Barry am Ende dieser Woche nicht den Eindruck hat, sein Geld zum Fenster hinausgeschmissen zu haben.

Wir werden sehen.

Freitag, 16. September

Und los geht's!

Sämtliche Ausrüstung einschließlich Gepäck und Gemälde sorgfältig im Laderaum unseres großen Mietwagens verstaut. Auch für menschliche Insassen jede Menge Platz!

Freue mich sehr, dass Gerald bei dieser Tournee auch mal das Steuer übernehmen kann. Er scheint nie wie ich müde zu werden und wir können schön miteinander reden, wenn ich vorne neben ihm sitze. Das einzige Problem dabei ist, dass mein Sohn keinen großen Respekt vor meinen Kartenlesekünsten hat.

Fünfzehn Minuten nach der Abfahrt heute Morgen schaute er zu mir herüber, als ich mich gerade mit der Reiseroute beschäftigte, und sagte: „Aha. Du hast also die Wegbeschreibungen, ja, Paps?"

Hörte sich an wie ein viel beschäftigter Chirurg, der gerade erfahren hat, dass Dracula die Leitung der Blutbank übernommen hat.

„Ja", erwiderte ich würdevoll, „ich habe die Wegbeschreibungen und ich habe auch den Straßenatlas. Hast du ein Problem damit? Dann darf ich vielleicht in aller Bescheidenheit darauf hinweisen, dass ich ebenso gut Karten lesen kann wie jeder andere in diesem Auto."

„Klar doch, Paps, kein Grund, die Nackenhaare aufzustellen. Du kannst prima Karten lesen, nur – tja, wie soll ich es ausdrücken? Jetzt habe ich's. Du kennst doch diese Talkshows im Fernsehen, wo Leute erzählen, sie hätten sich hoffnungslos in das Frettchen ihrer Großmutter verliebt und die ganze Familie sei daran zerbrochen, und das Frettchen ist auch da und die Großmutter auch und alle streiten sich vor laufenden Kameras?"

„Nein, nie gesehen."

„Ach, komm! Diese Nachmittagssendungen, wo immer irgendjemand sagt, dass es aufs Innere ankommt, nicht darauf, wie man nach außen hin wirkt, und alle applaudieren, obwohl eigentlich keiner wirklich daran glaubt. Und wo die Leute aus irgendeinem Grund immer darüber reden, was sie am Ende des Tages machen werden. Weißt du, was ich meine?"

„Ich bin mal zu so was eingeladen worden", warf Thynn von hinten ein.

„Wirklich, Leonard?", fragte Angels. „Was war das denn für eine Sendung?"

„Sie hieß Spinne oder so ähnlich und die wollten lauter Leute zusammenbringen, die ein total schlechtes Gedächtnis haben, damit sie sich darüber unterhalten, wie sie damit im Alltag klarkommen."

„Und wie war das, im Fernsehen zu sein?"

„Keine Ahnung. Ich habe vergessen hinzugehen."

Gerald kicherte.

„Na, na, Leonard", rief er über die Schulter zurück. „Ich glaube, das ist mal wieder eine deiner unterhaltsamen keinen Lügengeschichten, so wie die, die du uns mal über deinen irischen Cousin erzählt hast – Finnegan Thynn hast du ihn genannt, glaube ich –, der angeblich in den Sechzigern Bibeln aus China *heraus*geschmuggelt hat."

„Leonard!" Angels gab sich zutiefst schockiert. „Du erzählst Lügengeschichten? Das ist aber ungezogen!"

Geräusche einer spielerischen Rangelei drangen von der hintersten Bank nach vorn.

„Entschuldige bitte, wenn ich versuche, das Gespräch wieder zurück zum Thema zu navigieren, Gerald, aber ..."

„Sehr gut, Paps", unterbrach mich Gerald ernst, „das Gespräch zurück zum Thema navigieren – sehr gut."

„Vielleicht wärst du so nett, mir zu sagen, was solche albernen Sendungen mit meiner Art, Karten zu lesen, zu tun haben?"

„Ach richtig! Ja, natürlich. Nun, die Sache ist die, dass ich glaube, irgendwo gelesen zu haben, dass diese so genannten Livesendungen immer mit einer oder zwei Minuten Verzögerung ausgestrahlt werden, für den Fall, dass mal jemand wirklich etwas ganz Furchtbares sagt."

„Ja, und? Was heißt das?"

„Na ja, bei deinem Kartenlesen ist es so ähnlich. Man könnte es retrospektive Navigation nennen."

„Retrospektive Navigation? Was zum Kuckuck soll das den heißen?"

„Es heißt, dass du immer genau weißt, wo wir vor zwei Minuten hätten abbiegen sollen. Idealerweise solltest du also damit anfangen, dass du mir die übernächste Anweisung gibst – nur, dass die ganze Sache völlig aus dem Ruder laufen würde, weil du mir ja die nächste Anweisung nicht gegeben hast, sodass danach sowieso nichts mehr stimmen kann."

Fand das ein bisschen garstig.

Ich sagte: „Das mag ja alles sehr witzig sein, Gerald, aber Tatsache ist, dass ich seit vielen Jahren Karten lese. Ich weiß genau, wo wir hinwollen und wann und wo wir abbiegen müssen."

„Hier links, Gerald!", rief plötzlich Anne von hinten.

„Oh, danke, Mama! Gerade rechtzeitig. Entschuldige, Paps, was sagtest du gerade?"

Trotz des albernen Gelächters, mit dem dieser Unsinn aufgenommen wurde, gibt es durchaus jemanden, der als Kartenleser noch weniger zu gebrauchen ist als ich. Hätte Leonard nicht mit im Auto gesessen, so hätte ich Gerald die Geschichte erzählt, wie Thynn zum ersten und letzten Mal für mich den Franz machen durfte. Wenn ich mich recht erinnere, sagte er ungefähr Folgendes:

„Also, Adrian, wir sind auf einer langen roten Linie, die mitten durch einen rosa Fleck führt, und in der Nähe schlängeln sich ein paar weiße Würmer herum. Bald müssten wir zu einem großen Wort in schwarzen Großbuchstaben kommen, das quer über einen runden Kreis neben einem grauen Klecks geschrieben ist. Und wenn wir dann zu einer blauen Wellenlinie mit ein paar Zahlen darüber kommen, wissen wir, dass wir uns verfahren haben."

Hatte in diesem Moment angehalten und ihm für immer die Karte abgenommen. Wie ich mich erinnere, erreichten wir den grauen Klecks ohne Leonards weitere Hilfe.

Doch Schwamm über das alles! Es ist toll, unterwegs zu sein. Es geht los! Die Tournee beginnt! Wir sind on the road! Rock 'n' Roll! Na ja, zumindest eine Reihe christlicher Vorträge ...

♦ ♦ ♦

Mittagspause in Bowlstoke. Während die anderen aßen, nutzte ich die Gelegenheit, bei meinem Verlag vorbeizuschauen und nach dem Rechten zu sehen. Näherte mich dem Büro von Harry Waits-Round, dem Leiter der Abteilung „Christliche Bücher" bei Wringem, Dooley & Stitch. Klopfte an. Von innen ertönte eine Stimme voller Frustration, Verzweiflung, Ärger und Hass auf alle Menschen: „Mein Gott! Ja doch! Was ist denn jetzt schon wieder los, zum Kuckuck?"

Öffnete die Tür und wurde Zeuge eines Wunders. Harry Waits-Round verwandelte sich vor meinen Augen in eine sprudelnde Quelle der Freude und des Optimismus.

„Adrian!", rief er. „Wie schön, Sie zu sehen! Was für eine wunderbare Überraschung! Nehmen Sie Platz, ich besorge Ihnen einen Kaffee."

Dachte schon, er würde an die Decke schweben, so aufgeblasen war er scheinbar vor lauter Freude darüber, mein Gesicht zu sehen. Muss ehrlicherweise gestehen, dass ich sonst nicht so auf die Leute wirke. Vielleicht erkennt er Qualitäten in mir, die andere übersehen.

„Wie läuft das neue Buch?", erkundigte ich mich, nachdem wir uns mit einer Tasse Kaffee niedergelassen hatten und Harry sein Entzücken etwas besser unter Kontrolle hatte.

Frage mich oft, ob Verleger wohl auf eine besondere Fachschule gehen müssen, um die Sprache zu erlernen, die sie sprechen. Ich nehme an, es ist eine Art Code, aber wenn man ihn nicht gelernt hat, kann man viel Zeit damit verbringen, nie ganz richtig zu verstehen, wovon der andere eigentlich redet.

„Wir sind *sehr* ermutigt", sagte Harry mit langsamem, ernsthaftem Nicken, „doch, das sind wir."

„Und das bedeutet ...?"

„Wir sind stolz darauf, es in unserem Sortiment haben zu dürfen, und es verkauft sich sehr anständig aus."

„Ausverkauft? Großartig! Sie meinen, Sie haben die ganze Auflage verkauft?"

„Nein, nein, noch besser! Ich meine, es verkauft sich sehr anständig an die Buchhandlungen aus."

„Ach so, aha. Aber – ich verstehe nicht ganz, wieso das besser ist, als die ganze Auflage zu verkaufen?"

„Nun ja, weil wir meiner Ansicht nach hier ein Buch mit einem langen Regalleben vor uns haben." Er wedelte verächtlich mit einer

Hand zu der Bestsellerliste an der Wand hinüber. „Dieses Buch ist keines von diesen Drei-Wochen-Wundern, das zwanzig- oder dreißigtausend Mal verkauft wird und von dem man dann nie wieder etwas hört."

Insgeheim gefiel mir die Vorstellung, mein Buch könnte ein Drei-Wochen-Wunder sein, das zwanzig- oder dreißigtausend Mal verkauft wird und von dem man dann nie wieder etwas hört. Wollte das aber nicht so sagen. Schließlich ist er ja der Verleger. Er muss wissen, wovon er spricht.

„Und wie viele sind tatsächlich an die Leser verkauft worden – aus den Buchhandlungen *heraus*, meine ich?"

„*Aus* den Buchhandlungen?", fragte Harry, zog die Brauen zusammen und blinzelte, als hätte ich ihn mit einem verwirrenden neuen Gedankengang konfrontiert. „Aus den *Buchhandlungen*? Ach so, ich verstehe, was Sie meinen. Nun, dazu muss ich zunächst sagen, dass wir die Rückläufe noch nicht bekommen haben."

„Die Rückläufe?"

„Ja, wissen Sie, die Buchhandlungen schicken die Bücher zurück, die sie nicht verkaufen, und ..."

„Auch solche mit einem langen Regalleben?"

„Äh, ja. Ach, übrigens! Da fällt mir ein, wir haben Post für Sie in der nächsten Kabine."

„Kabine?"

„So nennen wir hier die Arbeitsplätze. Kabinen. Kommen Sie!"

In der „Kabine" neben Harrys Büro befanden sich drei oder vier Leute. Meine Post bestand aus drei Briefen. Einer davon fühlte sich komisch weich und nachgiebig an.

Eine der jungen Damen sagte: „Wir haben uns schon gefragt, was da wohl drin ist."

Öffnete ihn an Ort und Stelle vor aller Augen. Peinlich, peinlich. In dem Umschlag war ein BH. Schockiertes Schweigen. Nahm den Begleitbrief aus dem Umschlag und las ihn laut vor:

Lieber Adrian Plass,
ich lese gern Ihre Bücher und erzähle auch immer anderen, wie gut sie sind. In einem Ihrer Bücher schreiben Sie Folgendes:

„Kürzlich las ich irgendwo, dass man als reisender christlicher Redner vor allem mit drei Versuchungen rechnen muss. Diese sind, ungeachtet der Reihenfolge, Sex, Macht und Geld. Nun, ich kann nur sagen, dass ich offensichtlich irgendetwas falsch mache. Ich halte ständig Ausschau nach Gelegenheiten, mich heldenhaft dem Ansturm verführerischer Versucherinnen zu erwehren, die eigentlich vor meiner Hoteltür lauern müssten, aber bisher hat sich keine von ihnen blicken lassen. Ich will mich nicht beklagen, Herr – ehrlich!"

Ich dachte mir, da Sie etwas enttäuscht darüber sind, dass Sie nie die Chance haben, gegen die Versuchung anzukämpfen, schicke ich Ihnen meinen BH als eine Art Trostpreis. Ich hoffe, das hilft Ihnen weiter.

Herzliche Grüße,
Eileen

Wieder schockiertes Schweigen. Dann legte ein sehr fromm dreinblickender Mann, der an seinem Schreibtisch saß, den Kopf ein wenig schief und sagte: „Hmm, ja ..."

Fast unmöglich, die ganz besondere Nuance dieses „Hmm, ja ..." wiederzugeben. Mit diesen zwei Lauten schaffte er es, die Botschaft zu übermitteln: „Schauen Sie, wir Christen sind so gern bereit und in der Lage, uns einen Spaß zu machen, wie jeder andere auch. Tatsache ist jedoch, dass manche Dinge einfach ein bisschen zu weit außerhalb der Grenzen liegen, als dass wir sie ernsthaft als witzig betrachten könnten, und ich befürchte sehr, dass dies hier, auch wenn es vielleicht durchaus seine komische Seite zu haben scheint, eines dieser Dinge ist."

So viel zum Thema Code!

Wir standen alle da, starrten trübsinnig auf den BH in meiner Hand und versuchten, die Botschaft dieses „Hmm, ja ..." nachzuempfinden, bis Harry Waits-Round plötzlich in schallendes Gelächter ausbrach und alle anderen damit ansteckte, einschließlich des Mannes am Schreibtisch. Erleichterung!

War schon zur Tür hinaus und auf dem Weg zurück zu den anderen, als mir einfiel, dass ich immer noch keine Ahnung hatte, wie viele Exemplare meines Buches verkauft worden waren. Werde Harry Waits-Round in den nächsten Tagen noch mal anrufen und diesmal wirklich festnageln.

♦ ♦ ♦

Unsere erste Abendveranstaltung ist gelaufen! Fing schlecht an, endete aber gut.

Ich glaube eigentlich nicht, dass ich wirklich eine mörderische Ader in mir habe, aber wenn ich jemals in einem Wutanfall jemanden tatsächlich körperlich angreifen sollte, dann wird es vermutlich einer von den Leuten sein, die sich in ihrer Gemeinde ehrenamtlich um die Tontechnik kümmern. Dabei gebe ich gern zu, dass die meisten von ihnen gute, kompetente, nette Leute sind, die ihr Bestes geben, aber unter ihnen ist auch eine kleine Minderheit, die entweder vom Teufel dazu benutzt wird, mich zur Sünde zu verleiten, oder von Gott, um mich Vergebung und Selbstbeherrschung zu lehren. Der Mann, der an unserem ersten Abend in der Kirche des Heiligen Jakobus des kaum Sichtbaren die Tontechnik betreute, muss wohl zur ersten Kategorie gehört haben.

Schon vorher gab es Probleme. Ich ließ die anderen im Hotel zurück und ging allein frühzeitig los, um mir den Veranstaltungsort anzuschauen. Nachdem ich an eine Reihe kahler, unnachgiebiger Türen geklopft hatte, die aussahen, als wären sie seit 1870 nicht mehr geöffnet worden, ließ mich endlich jemand ein, in dem ich den Küster zu erkennen glaubte; ein vierschrötiger, schwergewichtiger Mann mit Kahlkopf und langen Armen, dessen Miene indignierter Verständnislosigkeit sich von diesem Moment (so weit ich sehen konnte jedenfalls) bis zum Moment unseres Abschieds keinen

Deut veränderte. Er stierte mich an, als wäre ich ein dreizehnjähriger Vandale mit einer Farbsprühdose in der Hand. Seine ersten Worte waren auch nicht gerade ermutigend.

„Wat soll dat Jeklopfe?“

Ich sagte: „Tut mir wirklich Leid, ich wollte mich nur bemerkbar machen. Ich gehöre zu der Gruppe, die hier heute Abend den Vortrag hält. Man sagte mir, ich könnte schon früher vorbeikommen, um mich umzuschauen.“

Er schüttelte finster-genüsslich den Kopf.

„Da hat mir keener nüscht von jesacht, dat da jemand früher kommt, und ick bin hier der Küster.“

„Oh, das tut mir aber Leid. Ich hatte angenommen, der Pfarrer hätte Sie informiert. Mein Name“, fügte ich bescheiden hinzu, „ist Adrian Plass.“

Konnte keinen Eindruck schinden.

„Mein Name ist Mr. Purbeck und mir isset schnuppe, obse Mutter Teresa sind. Mir hat keener keen Sterbenswörtchen nich von jesacht, dat da jemand ...“

„Nun, wie auch immer, dürfte ich denn jetzt kurz hereinkommen, um – Sie wissen schon – die Lage zu peilen?“

„De Lage zu peilen? Wat für ’ne Lage wollense denn peilen?“

„Na ja, Sie wissen schon, was ich meine. Ich muss gucken, wo die Bücher hinkommen und ...“

„Mir hat keener nüscht von irjendwelchen Büchern jesacht. De Tische für de Bücher sind alle wechjeschlossen innem jroßen Schrank hinten.“

„Verstehe. Nun, hätten Sie dann vielleicht bitte den Schlüssel zu dem Schrank?“

Er schnaufte ein wenig. Es widerstrebte ihm sichtlich zuzugeben, dass das Universum möglicherweise etwas anderes sein könnte als ein finsterer, hoffnungsloser, schlüsselloser Ort.

„Ob ick’n Schlüssel habe? Dat wollense von mir wissen?“

„Äh, ja, haben Sie einen Schlüssel zu dem Schrank, in dem die Tische sind?“

„Klar *hab* ick'n Schlüssel", sagte er, als ob die Tatsache, dass sich der Schlüssel in seinem Besitz befand, ein winziger und fast unwesentlicher Faktor bei der Beantwortung der Frage wäre, wie man den Schrank aufbekommen konnte. „Ich hab'n *Schlüssel*, aber ..." Eine plötzliche Eingebung. „Ick hab noch wat anderet zu tun. Mir hat keener nüscht davon jesacht, dat ick hier den janzen Nachmittach Tische aus'm Schrank schleppen soll."

„Na schön, wenn Sie dann bitte so nett wären, mir einfach nur den Schrank aufzumachen, dann hole ich die Tische selber heraus. Ich mache Ihnen keine Mühe, das verspreche ich. Oder wollten Sie gerade nach Hause gehen?"

In Mr. Purbecks griesgrämigen Zügen tobte einige Sekunden lang ein erbitterter Kampf zwischen der Wahrheit und dem Wunsch, mir zu sagen, er habe in der Tat gerade nach Hause gehen wollen. Die Wahrheit obsiegte mit knappem Vorsprung.

„Nee, ick wollte nich jehn – jedenfalls nich nach *Hause*."

Mr. Purbecks Tonfall schien anzudeuten, dass er zwar nicht im Begriff gewesen war, nach Hause zu gehen, aber unmittelbar davor gestanden hatte, etwas anderes zu tun, was dem Nachhausegehen so ähnlich war, dass man es kaum davon unterscheiden konnte.

Ich sagte: „Na, dann ist es ja gut; ich möchte Ihnen nämlich keinesfalls Mühe machen. Ich hole nur schnell die Tische heraus und dann werfe ich ganz still einen Blick in die Kirche, um mir eine Vorstellung zu machen ..."

„Ha! Inner Kirche sind de Lichter aus."

„Ach ja? Nun, könnte ich sie nicht einfach – nun ja – einschalten?"

Ein triumphaler Glanz der Befriedigung leuchtete in den Augen des Küsters auf, während er zutiefst beleidigt die Kiefermuskeln spielen ließ. Paradoxerweise gewann ich den deutlichen Eindruck, dass ich auf irgendeine unbegreifliche Weise mit Abstand das Beste war, was ihm seit langer Zeit passiert war. Andere mochten ihn ständig aufs Jämmerlichste enttäuschen, indem sie zur richtigen Zeit das Richtige taten und darauf achteten, ihm vorher Bescheid zu sagen. Ich dagegen war die leibhaftige Bestätigung seiner angeborenen Überzeugung, dass die gesamte Bevölkerung der Welt jeden Morgen mit einem einzigen brennenden Verlangen erwachte, nämlich Mr. Purbeck auf die Nerven zu gehen, indem sie ihn um Dinge bat, von denen ihm keener nüscht nich jesacht hatte.

„De Schalter sind im Sicherungskasten einjeschlossen. Ick hab hier jenuch zu tun, ohne dat ick in eener Tour mit'm Schlüsselbund hinter irjendwelchen Leuten hinterherscharwenzeln muss, bloß weil die irjendwat mir nix, dir nix auf haben wollen, schon gar, wenn mir da keener nüscht nich ..."

„Aber ich möchte doch gar nicht, dass Sie mit Ihrem Schlüsselbund herumscharwenzeln, Mr. Purbeck – schon gar nicht hinter mir her. Nur den Schrank, wo die Tische sind, und den Sicherungskasten. Wenn Sie mir nur diese beiden öffnen könnten, wäre ich Ihnen unaussprechlich dankbar und ich gebe Ihnen mein Ehrenwort, dass ich Sie nicht bitten werde, mir noch irgendetwas aufzuschließen, bis die Zeit gekommen ist, von der man Ihnen gesagt hat, dass wir kommen würden."

„Da werd ick aber noch mal mit'm Herrn Pfarrer drüber reden", sagte Mr. Purbeck drohend.

Nachdem er mir den Schrank und den Sicherungskasten aufgeschlossen hatte, drückte er sich noch eine Weile in meiner Nähe herum und sortierte irgendwelche Sachen, vermutlich in der Hoffnung, ich würde ihm noch weitere Scherereien machen. Ich fürchte, ich muss ihn sehr enttäuscht haben. Ich bat ihn um nichts weiter, bis die anderen auftauchten. Hoffte, er würde mir vergeben können.

Sehnte mich nach ein paar vernünftigen Menschen, als die anderen eintrafen. Stattdessen musste ich mich mit Thynn auseinander setzen, der nun zwar den Aufbau der Leinwand gemeistert hatte, aber mitten in der Kirche in hysterisches Geschrei ausbrach, weil es nirgends einen Platz gab, wo er seinen Rückprojektor mit zweieinhalb Metern Abstand zur Leinwand installieren konnte. Dann wurde Angels bei ihrem Eintreffen kalkweiß vor Entsetzen, als sie sah, dass es nun wirklich passieren würde. Sie brach in Tränen aus und sagte, das Ambiente sei völlig verkehrt, die Decke zu hoch, der Boden zu hart und die Lichter nicht hell genug. Dann hob sie zu einer weiteren langen Ansprache an über direktionale Querströmungen und spirituelle Schwingungen und atavistische Hemmnisse und weiß der Geier was sonst noch alles. Zum Schluss sagte sie, sie könne unmöglich, *unmöglich* auf der winzigen Fläche tanzen, die ich ihr zugemessen hatte, und sie würde gern wissen, ob ich ihr damit zu verstehen geben wolle, dass ich eigentlich gar nicht wolle, dass sie tanze, denn in diesem Fall wäre es ja wohl besser für alle Beteiligten, wenn sie einfach nach Hause fahren würde?

Hört sich nicht gerade an wie die Apostelgeschichte, nicht wahr?

Löste Thynns Problem, indem ich ihn unauffällig zur Seite nahm und ihm drohte, ihn umzubringen, und indem ich die Leinwand am Rand des Podestes im vorderen Bereich der Kirche auf eines jener obskuren kirchlichen Möbelstücke stellte (das mir Mr. Purbeck zur Verfügung stellte, obwohl ihm keener nüscht nich jesacht hatte, dat keen Mensch irjendwelche obskuren kirchlichen Möbelstücke benötigen würde). Überließ es Leonard, das Ding zu installieren und die Dias ins Magazin einzuordnen.

Angels überließ ich Anne, die mit Gerald, einer Flasche Milch, einer Tüte Zucker, einer Thermosflasche Tee und vor allem mit sich selbst eintraf.

Atmete gerade auf, erleichtert über die wieder eingekehrte Ruhe, als der Tontechniker erschien. Dünn, mit glatten Haaren, elegant gekleidet, aber etwas unfrisiert, machte er den Eindruck eines Mannes, der noch nicht seinen Gin Tonic bekommen hat, nachdem er in einem überfüllten Zug von der Arbeit nach Hause gekommen ist. Schüttelte mir forsch die Hand und sagte: „Verne Fowler. Ich mache die Tontechnik hier in der Kirche. Eigentlich ist es meine eigene Anlage. Sind Sie das Programm heute Abend? Der Pfarrer bat mich, früher zu kommen und einen Soundcheck zu machen."

Gab zu, dass ich das Programm heute Abend war.

Nachdem er dieses und jenes Kabel eingestöpselt, an allen möglichen Knöpfen gedreht und mit viel Geknalle und Geklapper alle möglichen Schränke auf- und zugemacht und Mikrofonständer aufgebaut und eingestellt hatte, hörte Fowler auf zu schnaufen und zu seufzen und geistesabwesend in der Gegend herumzurennen und verkündete, jetzt könnten wir den Soundcheck machen.

„Schön, fangen Sie an", rief er von hinten, wo er hinter seinem Steuerpult stand. „Sprechen Sie einfach deutlich ins Mikrofon, ich regle das dann von hier."

Wusste noch nie, was ich beim Testen ins Mikro sagen soll. War eigentlich schon immer ein bisschen misstrauisch gegenüber den Tonleuten, seit einer von ihnen mir bei einem Festival zurief: „Wollen Sie hinten mehr Rumms haben?" und Gerald, der an der Seite stand, ihn verärgerte, indem er zurückrief: „Für Leute wie dich gibt es spezielle Seminare, Mann!"

Beschloss, diesmal ganz orthodox vorzugehen.

Ich sagte: „Eins, zwei! Test, Test, eins, zwei! Eins, zwei! Eins, zwei, drei!" Gab auch ein paar Schnalz- und Zischgeräusche von mir, wie man das eben so macht. Schließlich las ich ein Stück aus einem Gedicht, das ich später vortragen wollte.

„Okay", rief Fowler. „Alles bestens! Ich fahre nach Hause. Bis später."

Beinahe hätte ich ihn gehen lassen, bevor ich registrierte, dass ich in seinem Soundsystem einen kleinen Fehler bemerkt hatte.

„Äh, Verne, tut mir Leid, wenn ich Sie aufhalte, aber da ist noch eine Kleinigkeit."

Fowler, der schon halbwegs zur Tür hinaus war und vermutlich seinen Gin Tonic vor Augen hatte wie den Heiligen Gral, hob die Hand und schob sich aufgebracht die Haare nach hinten.

„*Was* denn? Hört sich doch gut an."

„Sicher. Aber meine Stimme scheint eigentlich gar nicht verstärkt zu werden."

„Wie meinen Sie das?"

„Wie ich das meine? Nun, meine Stimme wird nicht lauter. Ich meine, bei so einem Soundsystem geht es doch wohl darum, dass die Leute leichter ..."

Er stemmte die Hände in die Hüften und unterbrach mich mit finsterer Miene.

„Die Anlage ist genauso eingestellt wie für den Pfarrer jeden Sonntagmorgen", sagte er verärgert, „und für mich hört es sich völlig in Ordnung an."

Wusste, wenn ich nicht beharrlich blieb, würde ich den ganzen Abend über Leute anschreien müssen, die mir gar nichts getan hatten.

„Ich glaube trotzdem, wir sollten ..."

„Haben Sie schon mal vor Publikum gesprochen? Wenn ja, dann sollten Sie wissen, dass es darauf ankommt, was die Leute hören, nicht darauf, wie laut sich Ihre Stimme Ihrer Meinung nach in Ihren eigenen Ohren anhören sollte. Der Sound ist in Ordnung. Wenn das alles ist, muss ich jetzt wirklich los."

Kämpfte verbissen gegen meine krankhafte Höflichkeit an. Mit Erfolg, fürchte ich.

Ich sagte: „Ich verstehe Sie sehr gut, Mr. Fowler, aber das liegt daran, dass Sie schreien. Ich wüsste nicht, wie die Leute, die heute Abend herkommen, verstehen sollen, was *ich* sage, ohne dass ich herumbrülle wie ein Stier. Bei dem Test eben habe ich mit normaler Stimme gesprochen und es wurde überhaupt nicht lauter. Verzeihen Sie, falls ich mich irren sollte, aber ich bin immer davon ausgegangen, dass eine Verstärkeranlage, welche vorzüglichen Qualitäten sie auch sonst haben mag, immer noch eine Nuance hinter dem Ideal zurückbleibt, solange sie nicht die geringste Verstärkung bewirkt. Oder bin ich naiv? Sind vielleicht meine Erwartungen völlig überzogen?"

Fowler murmelte tonlos etwas von „blöden Amateuren" vor sich hin, stapfte zurück zu seinem Pult und sagte zähneknirschend. „Na los, dann sprechen Sie!"

Fing wieder an zu lesen, unterbrach mich aber, als ich bemerkte, dass Fowler plötzlich krank geworden zu sein schien. Sein Gesicht war tiefrot angelaufen und einen Augenblick später war er abrupt hinter seinem Mischpult zu Boden gesackt. Wollte hin, um zu helfen, doch da tauchte er schon wieder auf, immer noch puterrot, und sagte in völlig verändertem Tonfall: „Okay, versuchen Sie es jetzt noch mal."

Oh, du süßer Wohlklang kräftiger, müheloser, richtiger Verstärkung! Welche Beruhigung! Welcher Trost! Fowler kam mit völlig zerknirschter Miene auf mich zu. Streckte mir müde die Hand entgegen.

„Tut mir Leid, mein Lieber", sagte er, „hatte ganz vergessen, die Anlage einzuschalten. War viel zu beschäftigt damit, das hier so schnell wie möglich hinter mich zu bringen, damit ich schnell nach Hause kann. Jetzt habe ich mich zum kompletten Idioten gemacht. Böse?"

„Böse?", erwiderte ich. „Sie machen wohl Witze. Die Fehler, die andere Leute machen, sind das, was mich auf den Beinen hält. Nein, ich bin bloß froh, dass es funktioniert. Vielen Dank."

Während er ging, musste ich an eine regnerische Nacht zu Hause denken, in der Anne und ich um drei Uhr morgens von einem fürchterlichen Krach draußen auf der Straße geweckt wurden. Zog den Vorhang zur Seite und sah, dass der Lärm von einer Autoalarmanlage vier oder fünf Häuser weiter kam. Musste wohl durch den heftigen Regen ausgelöst worden sein. Wir sahen zu, wie die Dame, der das Auto gehörte, mit zerzausten Haaren im Morgenmantel herausgestürmt kam und einige hektische Minuten damit verbrachte, das Ding zum Verstummen zu bringen. Am nächsten Tag machte sie die Runde in der Nachbarschaft und entschuldigte sich für die Störung, die ihre Autoalarmanlage verursacht haben musste. Keine Ahnung, wie die anderen reagierten, aber meine Antwort war ganz klar.

„Oh nein", sagte ich, „bitte entschuldigen Sie sich nicht. Ich bin von dem Lärm aufgewacht, ja, und zuerst dachte ich, es müsse irgendwie an mir liegen, weil – na ja, es liegt einfach oft an mir. Als ich dann durch die Gardinen schaute und sah, wie sie herauskamen und sich mit Ihrem Auto abmühten, konnte ich nur denken: ‚Oh, danke, Gott! Das bin nicht ich da drüben! Das ist nicht meine Autoalarmanlage, die durch den Regen ausgelöst worden ist. Ich bin hier in meinem warmen, trockenen Zimmer und es ist nicht meine Schuld.' Ehrlich gesagt, ich möchte Ihnen danken. Ich habe es in vollen Zügen genossen!"

War neugierig, wie Gerald mit Mr. Purbeck klarkommen würde. Belauschte die beiden, während ich Thynn half, sein Zeug aufzubauen. Gerald hatte den Mann offenbar richtig eingeschätzt. Der Dialog verlief etwa folgendermaßen:

GERALD: Wir könnten hier ein paar Stufen gebrauchen, Mr. Purbeck, damit die Tänzerin nicht nach vorn von der Bühne gehen muss. Hätten Sie irgendwo eine kleine Trittleiter oder so etwas?

PURBECK: (GLÜCKLICH UND VORHERSEHBAR) Da hat mir keener nüscht nich von jesacht, dat da keener irjendwelche Stufen nich haben will.

GERALD: (NICHT IM GERINGSTEN EINGESCHÜCHTERT UND IN GENAU DEMSELBEN AGGRESSIVEN TONFALL WIE MR. PURBECK) Wat! Also, mir hat keener nüscht nich davon jesacht, dat keener Ihnen nüscht nich davon jesacht hat, dat da keener irjendwelche Stufen nich haben will. Hat Ihnen vielleicht eener jesacht, dat keener mir nüscht nich davon jesacht hat, dat keener Ihnen nüscht nich davon jesacht hat, dat da keener irjendwelche Stufen nich haben will? Wenn nämlich ja, dann hat mir keener nüscht nich davon jesacht, datter Ihnen jesacht hat, dat keener mir nüscht nich davon jesacht hat, dat keener Ihnen nüscht nich davon jesacht hat, dat keener irjendwelche Stufen nich haben will, *dat* steht schomma fest!

PURBECK: (MIT SCHWACHER STIMME, NACHDEM ER EIN PAAR MAL DEN MUND AUF- UND ZUGEMACHT HAT WIE EIN GOLDFISCH) Äh, na ja, also zufällich hab ick da so 'ne kleene Trittleiter drüben im Lagerraum. Ob – ob ick die mal holen jeh?

GERALD: Das wäre prima, ja. Ach, und übrigens, Mr. Purbeck, man hat Ihnen ja sicher gesagt, dass wir auch einen zehn Meter langen Eichenbalken brauchen, mit dem eingeschnitzten Profil von Georg Brandes, dem dänischen Literaturkritiker aus dem neunzehnten Jahrhundert; des Weiteren ein großes Plastikmodell von einem Wal, einen Betonmischer, gefüllt mit Scherben aus rosa Opalglas, ein Faksimile des Teppichs von Bayeux in Originalgröße und zwölf purpurne Ballettröckchen mit aufgestickten spiegelnden Glasperlen im Abstand von fünfzehn Zentimetern entlang des Saums. Ach, und eine Kleinigkeit hätte ich fast vergessen – wir werden die ganze Südwand der Kirche abreißen müssen, um heute Abend ein bisschen mehr Bewegungsspielraum zu haben. Das macht Ihnen doch keine Mühe?"

Von diesem Moment an ging Mr. Purbeck mit einem seltsamen, schiefen kleinen Lächeln auf den Lippen seinen Geschäften nach. Irgendwo in den Tiefen seiner angesäuerten Seele muss sich noch eine verbliebene Spur von etwas befunden haben, was man „Humor" nennt. Indem er maßlos übertrieben hatte, statt wie ich mit schwerfälliger Höflichkeit daherzukommen, schien Gerald es geschafft zu haben, diese dünne Ader zutage zu fördern, die nicht aus lauter Gemecker bestand. Der Küster war sichtlich verdutzt und verwirrt über diese Erfahrung, aber eines war sicher: Von diesem Moment an tat er bereitwillig und widerspruchslos alles, was mein Sohn von ihm wollte.

Für unseren ersten Abend und wenn man bedenkt, welches Trauma ich vorher mit Leonard und Angels durchlebt hatte, war der Abend ein großer Erfolg. Angels tanzte wie – nun ja, wie ein Engel eben, sobald sie einem Publikum gegenüberstand, und Leonard kam einigermaßen mit dem Projektor klar, außer, dass ein paar Dias in der falschen Reihenfolge kamen. Müssen wir das nächste Mal umsortieren. Falls das Publikum es überhaupt bemerkte, ließ es sich nichts anmerken; vielleicht hat es also gar nichts ausgemacht. Zaks Bilder, die wir an einigen Stellwänden aufgehängt hatten, die uns Mr. Purbeck auf Bitten meines Sohnes bereitwillig zur Verfügung gestellt hatte, stießen auf reges Interesse. Verkauft wurden heute Abend noch keine, aber sie schienen den Leuten zu gefallen. Geralds Beiträge wurden *sehr* gut aufgenommen; nicht, dass ich neidisch wäre – na ja, ein bisschen schon, aber schließlich ist er mein Sohn und deshalb bin ich auch ziemlich stolz darauf. Freue mich schon darauf, ihn morgen Abend richtig sprechen zu hören.

Fragte Barry, ob ihm der Abend gefallen habe.

Er sagte: „Ja, ich fand ihn sehr unterhaltsam, wenn auch inhaltlich etwas zu leichtgewichtig."

Erzählte Anne später, wie deprimierend ich Barrys Bemerkung gefunden hatte.

„Mach dir keine Gedanken, Schatz", sagte sie. „Barrys Brille müsste mal geputzt werden. Und überhaupt, denk nur daran, dass wir Leonard und Angels bei uns haben. Klar, die beiden sind ein hartes Stück Arbeit, aber vielleicht ist das das harte Stück Arbeit, das Gott von uns haben möchte. Wer weiß, vielleicht ist diese ganze Tournee mehr für die beiden da als für alle anderen."

Hmmmm ...

♦ ♦ ♦

Als alles vorbei war, wünschte ich mir sehnlichst, wir hätten vorher etwas gegessen. Wir brachen mit dem Wagen auf und stürzten uns in eines jener negativen Verhaltensmuster, die sich unendlich zu wiederholen scheinen, obwohl wir alle wissen, dass sie völliger Schwachsinn sind. Das Muster, das ich meine, heißt: „Sucht nach einem Restaurant und seid dabei so wählerisch und kritisch, dass, wenn ihr es endlich leid seid und zu dem Schluss kommt, dass das erste, das ihr gefunden und verworfen hattet, doch besser war als alle anderen, die ihr gesehen habt, dieses erste Restaurant, das nun in eurem hungrigen Geist leuchtet wie der Heilige Gral, geschlossen hat, ebenso wie alle anderen bis auf das eine, bei dem sich alle einig waren, dies sei der letzte Ort, wo ihr etwas essen wolltet, solange ihr die Wahl hattet."

Betraten das Wirtshaus „Zur borstigen Haxe" und brachen müde an einem Tisch am Fenster zusammen. Schaute mich um. Wir waren die einzigen Gäste. Die einzige sichtbare Vertreterin der Geschäftsleitung kauerte auf einem Stuhl neben der Kasse. Mit rosa zwischen den Zähnen hervorschauender Zungenspitze füllte sie eifrig eines jener Kreuzworträtsel aus, mit deren Hilfe sich jene endlose, langweilige Lücke zwischen Geburt und Tod überbrücken lässt, die viele junge Leute heutzutage mit ihrem Einfallsreichtum und ihrer Fantasie an ihre Grenzen stoßen lässt.

Gerald beschrieb es später so, dass die Ankunft von Leuten, die tatsächlich etwas essen wollten, nur ein kaum merkliches Zittern der Verärgerung auf der Richter-Skala ihrer Aufmerksamkeit hervorrief, aber schließlich klatschte sie doch mit einem schweren Seufzer ihre Zeitschrift auf den Tresen und hievte sich mühsam auf die Beine.

Musterte die junge Dame voller Faszination, als sie sich zu unserem Tisch herüberschleppte und dabei unter Schwierigkeiten einen geknickten und zusammengedrückten Bestellblock aus ihrer engen Gesäßtasche zerrte. Selbst ihre engsten Freunde und Bewunderer hätten nicht im Ernst behaupten können, dass sie vorteilhaft gekleidet war. Ihr einst schlicht weißes T-Shirt, auf dem sich nun eine Auswahl der Angebote aus der Speisekarte präsentierte, reichte bis kurz oberhalb ihres Zwerchfells. Der Bund ihrer abgewetzten schwarzen Jeans umklammerte ihr Becken wie eine Kabelschelle, sodass ihre Leibesmitte herausquoll wie ein kleiner, halb aufgeblasener Luftballon. Sie legte den Kopf schief, um die fettige Haarsträhne vor ihren Augen zur Seite zu schwenken, ließ ihren Kuli über dem Block schweben und sah uns gleichgültig an.

„Ja?"

Entnahm ihrem Tonfall, dass schon unsere bloße Existenz ein unaussprechlich lästiges Ärgernis war. Das Letzte, was sie gebrauchen konnte, waren *Gäste*, die sie mitten in ihrem Kreuzworträtsel unterbrachen. Gaben so heiter wie möglich unsere Bestellung auf, eingedenk der Tatsache, dass sie von Gott geliebt war. Hoffte auf eine Art geistliches Echo in ihr. Sinnlos. Definitiv kein Stoff für das

Zeugnistaschenbuch diesmal. Sie quittierte unsere Bestellung mit einem Grunzen, machte kehrt und stapfte auf ihren Plateausohlen, die offenbar (wie Gerald meinte, völlig berechtigterweise) bei jedem Schritt versuchten, sie der Länge nach hinschlagen zu lassen, in Richtung Küche. Die Lücke in ihrer Bekleidung war schon von vorn kein angenehmer Anblick gewesen. Von hinten betrachtet, senkte sie unsere Stimmung auf den Nullpunkt.

Gerald schüttelte langsam den Kopf und sagte: „Das ist wirkungsvoller als jeder Appetitzügler, den man auf Rezept kriegt."

Als unser Essen etwa drei Tage später immer noch nicht da war, rief Angels ihr zu: „Entschuldigung, wie weit ist denn das Essen?"

Unsere Kellnerin, die nun wieder ihre ursprüngliche Position eingenommen hatte, hob einen verzweifelt genervten Moment lang den Blick von ihrem Rätselheft, spähte durch eine Luke in Richtung Küche und sagte mit ausdrucksloser, vollkommen desinteressierter Stimme: „Wird gerade auf die Teller verteilt."

Als das Essen kam, merkten wir, dass wir uns die Mühe, verschiedene Gerichte zu bestellen, hätten sparen können. Es schmeckte alles genau gleich. Stocherten lustlos auf unseren Tellern herum und schlichen uns dann so schnell wie möglich davon. Natürlich nicht, ohne ein reichliches Trinkgeld zu hinterlassen. Schließlich sind wir unverbesserliche Engländer.

Kann nicht umhin, unser Erlebnis in der „Borstigen Haxe" mit einem Restaurantbesuch in Los Angeles zu vergleichen, als Anne, Gerald, Thynn und ich auf dem Rückweg von Australien einen Zwischenaufenthalt in Amerika einlegten. Unsere Kellnerin an jenem Abend war eine große, breitschultrige, durchtrainierte Blondine namens Mabilene. Diese Frau war angezogen wie aus dem Ei gepellt, hatte ein Lächeln wie ein Scheinwerfer und schien sich auf den ersten Blick unsterblich in jeden Einzelnen von uns zu verlieben. Als sie uns begrüßte, gab sie ihrem leidenschaftlichen, dringenden Wunsch Ausdruck, zu erfahren, wie unser Tag bis zu diesem Moment verlaufen war. Wir alle murmelten, wir hätten einen schönen Tag gehabt, vielen Dank. Diese beruhigende Neuigkeit nahm sie mit überschwänglicher Erleichterung und Freude auf und versprach uns aus tiefster Seele, dass das, was wir in den nächsten zwei Stunden erleben würden, der Beglückung, die uns heute schon seit dem Erwachen am Morgen begleitete, nicht nur gleichkommen, sondern sie noch übertreffen würde. Wieder murmelten wir ein paar dankbare Worte; dann war es Zeit für sie, unsere Bestellung aufzunehmen.

Schon komisch, wenn man ganz alltägliche Bemerkungen macht oder Entscheidungen trifft und damit auf Bewunderung und Staunen stößt. Mabilene schien zum Beispiel zu finden, dass meine bescheidene Wahl eines Steaks mit Champignonsauce bisher ungeahnte Höhen der Kreativität, der Abenteuerlust und der schieren Genialität erklomm. Sie hing voll Ehrfurcht an meinen Lippen wie Boswell an denen Johnsons und notierte sich alles. Jede Bewegung ihres Kugelschreibers drückte Staunen und Entzücken aus. Mabilene war *begeistert* von meiner Wahl.

Ich wollte auch Pommes dazu.

„Hey!"

Und Salat.

„Wow!"

Und so ging es nicht nur mir. Nein, an diesem Abend muss wohl jeder von uns bei seiner Speisenauswahl von einer genialen Eingebung geleitet gewesen sein. Thynns Bitte um ein wenig französischen Senf auf dem Tellerrand war geradezu ein Meisterstück. Wir waren großartig! Es gab wirklich kein anderes Wort dafür.

Als wir uns nach dem Essen erhoben, um das Restaurant zu verlassen, traf es unsere Kellnerin so hart, als ob sie mehrere Todesfälle unter ihren engsten Angehörigen verkraften müsste. Mabilene hatte jeden von uns mit jeder Faser ihrer dynamischen Persönlichkeit geliebt, doch nun war die Tragödie hereingebrochen. Wir gingen und sie musste uns verlieren. So war nun einmal der Lauf der Welt. Um sie zu trösten, mussten wir ihr versprechen, für den Rest unseres Lebens gut auf uns aufzupassen; und wenn die Vorsehung so gütig sein sollte, uns irgendwann einmal einen weiteren Besuch in ihrem

Restaurant zu gewähren – oh, was für ein unaussprechlich süßer Moment würde das sein für diese Frau, deren bisheriges Leben kaum mehr gewesen war als eine einzige Probe für diese ihre Begegnung mit uns.

„Ich wünsche Ihnen eine wunderbare Nacht und ein wunderbares Leben!"

Wir murmelten noch irgendetwas und gingen, nachdem wir ein bescheidenes Trinkgeld hinterlassen hatten.

♦ ♦ ♦

Hochnotpeinlicher Moment heute Abend. Anne und ich entspannten uns vor dem Zubettgehen noch etwas in unserem Zimmer und sie sagte: „Ach, Schatz, hast du noch welche von diesen leckeren Pralinen, die wir vorhin im Wagen hatten?"

Ich sagte: „Klar, in meiner Jackentasche, der mit dem Reißverschluss an der Seite."

Als Anne aufstand und auf die Garderobe neben der Tür zuging, wo meine Jacke hing, fiel mir plötzlich ein, dass ich einen *BH* in meiner Tasche hatte! In all der Hektik war ich noch gar nicht dazu gekommen, den anderen zu erzählen, was im Verlagsbüro passiert war. Während Anne die Hand ausstreckte, um den Reißverschluss meiner Jackentasche zu öffnen, wurde mir klar, dass es im ganzen Universum der Sprache nichts gab, was ich jetzt noch sagen konnte und das sich halbwegs überzeugend anhören würde.

Mit zugeschnürter Kehle stieß ich hervor: „Ach, übrigens, Anne, du wirst dich kaputtlachen! Da ist – da ist ein BH in meiner Tasche! Haha! Du würdest mir nie glauben ..."

„Stimmt", sagte Anne kalt, „das würde ich wohl nicht. Was soll das heißen, da ist ein BH in deiner Tasche? Wessen BH? Warum? Wo warst du heute Mittag?"

Grauenhafter Moment. Am Ende war dann aber alles gut. Zum Glück hatte ich den Brief von der Frau auch in die Tasche gesteckt.

„Und überhaupt", sagte Anne, „sage ich dir ja schon immer, dass ich deine Affäre organisieren müsste, wenn du je eine hättest. Sonst würdest du doch nur alles durcheinander bringen."

Stimmte ihr um des lieben Friedens willen zu.

Anne und ich formulierten zusammen einen Brief an die Dame, die mir ihren BH geschickt hatte. Als Gerald hereinkam, um mir mein Buch vom Nachttisch zu klauen, las er den Brief und brach fast augenblicklich hilflos lachend zusammen. Als wir ihn fragten, wieso, meinte er, wir sollten die erste Zeile noch mal genau lesen. Der Brief begann folgendermaßen:

Liebe Eileen,
zunächst möchten wir Ihnen für Ihre Unterstützung danken ...

Erinnerte später im Bett Anne an unseren Restaurantbesuch in Amerika. Fragte sie, ob sie meint, dass es irgendwo einen Mittelweg zwischen Miss Bauchfrei und Mabilene gibt, wo der Service in einem Restaurant genau richtig ist.

Sie sagte: „Ja. Erinnerst du dich an dieses Hotel oben auf den Klippen in Bournemouth, wo wir mal übernachtet haben? Dieser altmodische Laden, der so aussah, als könnte dort jeden Moment ein Agatha-Christie-Mord passieren? Der war genau richtig. Dort haben sie sich Mühe gegeben, aber sie haben es nicht auf die Spitze getrieben. Freundlichkeit, Charme, gutes Essen und ein bisschen Klimpermusik, mehr ist nicht nötig, Adrian."

Fragte sie, ob sie meint, dass das letzte Abendmahl wohl ein gutes Essen gewesen sei.

Sie antwortete gähnend: „Natürlich! Freundlichkeit, Charme, gute Freunde, ein Laib Brot und eine Karaffe Wein. Keine Klimpermusik, aber jede Menge Freude und jede Menge Traurigkeit. Ein *sehr* gutes Essen." Sie lächelte schläfrig. „Aber nicht ganz so gut wie das nächste, nehme ich an, das am See. Das muss wirklich toll gewesen sein. Nacht, mein Schatz, schlaf gut."

Samstag 17. September

Ziemlich zermürbendes Erlebnis heute.

Nachts schlecht geschlafen. Gegen sieben heute Morgen fuhr ich mit dem Wagen los, um eine Zeitung und ein paar andere Kleinigkeiten zu besorgen, und wurde fast von einem Wagen gerammt, der gerade vor dem Laden losfuhr, als ich rechts heranfahren wollte. Musste ziemlich in die Eisen treten.

Der andere Wagen hielt und der Fahrer, ein junger Mann mit einem offenen, freundlichen Gesicht, steckte den Kopf aus dem Fenster und sagte: „Tut mir wirklich Leid, Mann! Meine Schuld. Ich fürchte, ich war meilenweit weg."

Ich zeige mich morgens nicht unbedingt von meiner besten Seite, besonders, wenn ich nicht geschlafen habe.

Ich sagte: „Schade, dass Sie nicht wirklich meilenweit weg waren. Was fällt Ihnen ein, einfach so loszurasen, ohne nach hinten zu gucken? Das hätte einen Blechschaden geben können oder Schlimmeres! Dann hätte es Ihnen nicht viel genützt, zu sagen, dass es Ihnen Leid tut, oder? Werden Sie wach und denken Sie nach, bevor Sie etwas tun."

Der andere Mann blickte völlig zerknirscht drein.

„Also wirklich, es tut mir ehrlich Leid", sagte er. „Ich weiß nicht, was ich sonst sagen soll."

„Dann sagen Sie eben nichts mehr."

Langsam machte mir die Situation richtig Spaß. Ich habe nicht oft die Gelegenheit, Leuten die Leviten zu lesen.

„Passen Sie eben in Zukunft besser auf, okay?"

Irgendwie war ich richtig zufrieden mit mir. Meistens bin ich es, der sich entschuldigt, wenn jemand mich rammt, ganz zu schweigen davon, wenn ich jemanden ramme. Dem Kerl hatte ich die Meinung gesagt; das würde er nicht so schnell vergessen. Kam mir dadurch irgendwie größer, älter, erwachsener vor.

♦ ♦ ♦

Beim Frühstück im Hotel sagte Gerald heute Morgen: „Barry, Sie kennen sich doch ziemlich gut in der Bibel aus, nicht wahr? Ich meine, Sie sind doch so etwas wie ein Experte, oder?“

Barry unterbrach seine Bemühungen um die gleichmäßige Verteilung der Marmelade auf seinem Toast für einen Moment und schaute Gerald argwöhnisch an.

„Nun, äh, ja, ich denke, man könnte mit Recht sagen, dass ich die Schrift seit vielen Jahren sehr gründlich und, wie ich hoffe, nicht ohne Gewinn für mich und andere studiere.“

„Eben“, sagte Gerald, „und angesichts dessen hätte ich eine Frage an Sie.“

Barrys Augen schimmerten. Er legte sein Messer hin.

„Ah ja, und die wäre?“

„Nun, zunächst einmal werden Sie mir sicherlich zustimmen, dass Jesus ohne Sünde lebte, nicht wahr? Das ist doch richtig? Er hat nie gesündigt, oder?“

Barry sagte: „In der Tat, das ist völlig richtig. Im Hebräerbrief, Kapitel vier, Vers fünfzehn lesen wir, dass wir einen Hohepriester haben, der in jeder Hinsicht versucht wurde wie wir, aber nicht sündigte. Daher müssen wir ...“

„Meine Güte, Sie kennen sich aber *wirklich* gut in der Bibel aus!“, unterbrach Gerald bewundernd. „Nun, eingedenk dessen, was wir bisher gesagt haben, müssten wir doch schlussfolgern, dass Jesus niemals gelogen hat. Ist das ebenfalls richtig?“

„Ja, natürlich. Im zweiunddreißigsten Vers des achten Kapitels des Johannesevangeliums sagt uns der Herr, dass wir die Wahrheit erkennen werden und dass ...“

„Er hat also immer die Wahrheit gesagt?“

„Ja.“

„Okay, dann kommt jetzt meine Frage. In welchem Vers in den Evangelien macht Jesus ganz eindeutig und offen eine Aussage, von der er weiß, dass sie unwahr ist?“

Barry schüttelte entschieden den Kopf. „Ich kann nicht glauben, dass es einen solchen Vers gibt“, erwiderte er.

„O doch, den gibt es", sagte Gerald und schob sich einen Bissen Speck und Toast in den Mund, bevor er undeutlich fortfuhr, „und ich wette, Sie finden heraus, wo er steht. Eine kleine Herausforderung für Sie, Barry."

Ein paar Minuten später beendete Gerald sein Frühstück und ging nach oben, ohne preisgegeben zu haben, welchen Bibelvers er meinte. Barry blieb zurück und starrte trübsinnig auf seinen kalten Toast, während er vermutlich in seiner inneren Konkordanz unablässig nach einem Hinweis suchte.

Habe irgendwie den Eindruck, dass wir noch mehr darüber hören werden ...

♦ ♦ ♦

Bin gerade ins Hotel zurückgekommen, nachdem ich vor einem Mittagspausen-Männertreff gesprochen habe. Das Gefühl, älter und erwachsener zu sein, das ich empfunden hatte, nachdem ich dem Mann in dem Auto den Kopf gewaschen hatte, dauerte an bis zu dem Moment, als ich mich vor mein Publikum aus Männern der hiesigen Gemeinden hinstellte und in der zweiten Reihe den Burschen wiedererkannte, der mich beinahe angefahren hätte. Mir sackte das Herz wie ein Stein bis hinunter in die Schuhe. Jedes Wort, das ich vor ein paar Stunden vor diesem Laden gesagt hatte, hallte so laut und deutlich in meinem Kopf wieder, dass es mir vorkam, als müssten alle im Raum es hören können. Und das waren bei weitem nicht die einzigen Worte, die sich vor meinem inneren Auge wie an Bändern auffädelten. Ich war im Begriff, das ganze *Zeug* abzusondern, das ich immer über die Liebe Gottes sagte und darüber, wie sie sich auf unseren Umgang mit anderen Menschen auswirkte. Das ganze *Zeug*. Und da in der zweiten Reihe saß ein Mann, der genau wissen würde, dass es alles bloß hohles Gerede war, sobald er fertig damit war, mich mit gerunzelter Stirn anzustarren und zu versuchen, dahinter zu kommen, wo er mich schon einmal gesehen hatte.

Und dann meine Stimme. Die würde sich zweifellos völlig anders anhören als die etwas tiefer als sonst gelegene Sprechweise, die ich bei solchen Anlässen automatisch annahm, und als der beißende, einschüchternde Tonfall, mit dem ich vorhin einen Mann geschuhriegelt hatte, der nur ein Versehen begangen und sich dafür entschuldigt hatte.

Ich wäre am liebsten gestorben, zumal die Miene des Mannes in der zweiten Reihe nun erkennen ließ, dass er sich endlich an die Umstände unserer Begegnung erinnerte. Er starrte mich eindringlich an, nicht voller Zorn oder Abscheu, sondern schlimmer noch, mit einer Mischung aus Enttäuschung und Verblüffung. Zwei Möglichkeiten, sagte eine Stimme in meinem Kopf: Zieh dein Ding nutzlos durch und verschwinde so schnell wie möglich oder aber ...

Ich bin nicht wie Barry. Mir geht es nicht oft so, dass mir Bibelverse in den Sinn kommen und sich nicht wieder abschütteln lassen, bis ich nach ihnen gehandelt habe, aber diesmal passierte genau das. Ich schlug ihn hinterher nach und fand heraus, dass es der zweite Teil von Vers zweiunddreißig im achten Kapitel des Johannesevangeliums war.

Die Wahrheit wird euch frei machen.

Alles wartete, darauf, dass ich anfing. Der Mann in der zweiten Reihe lehnte sich jetzt zurück. Seine Miene wirkte eher besorgt als irgendetwas sonst. Ich werde nie das Lächeln vergessen, das sein Gesicht erhellte, als ich zu sprechen begann.

„Ich habe zwar so etwas wie ein Konzept für diese Ansprache“, sagte ich, „aber ich hoffe, Sie werden es mir verzeihen, wenn ich meine ersten Worte an den Mann in dem blauen Pullover richte, der dort in der zweiten Reihe sitzt ...“

♦ ♦ ♦

Kurz nach unserem Aufbruch heute Nachmittag sagte Barry zu Gerald: „Äh, übrigens, Gerald, ich vermute, Ihre Bemerkung heute

Morgen, der Herr habe eine unwahre Aussage gemacht, bezog sich einfach nur auf die Tatsache, dass er Gleichnisse benutzte, um zu lehren, und dass diese Gleichnisse keine tatsächlich passierten, sondern erfundene Geschichten enthielten. Im fünfzehnten Kapitel des Lukasevangeliums zum Beispiel erfahren wir, dass ..."

„Falsch!", sagte Gerald. „Vollkommen falsch! Es hat gar nichts mit den Gleichnissen zu tun. Überlegen Sie weiter, Barry."

♦ ♦ ♦

Heute war der Abend, an dem wir vorgesehen hatten, dass Gerald die erste Hälfte größtenteils allein bestreiten sollte. Anne und ich aufgeregt und nervös, weil wir Gerald zum ersten Mal richtig vor Publikum sprechen hören würden. Wünschte fast, ich würde ihn nicht so sehr lieben. Angefüllt mit Hoffnung und Furcht. Hoffnung, dass er seine Sache richtig gut machen würde, und Furcht, dass er, obwohl er meistens viel zu sagen hat, an der Kommunikation mit dem Publikum scheitern könnte. Hatte meine Freude an den ersten Sätzen.

Er sagte: „Viele von Ihnen wissen sicherlich, dass mein Vater viel über all die Menschen schreibt und redet, denen er begegnet, die von sich denken, sie wären nicht gut genug für Gott. Dass man solche Leute beruhigen und ermutigen muss, damit sie wieder froh werden und ihren Beitrag leisten können, ist eine der größten Lektionen, die ich bisher gelernt habe, und dafür bin ich ihm dankbar. Heute ist das erste Mal, dass meine Eltern mich vor einer Gemeinde oder einem Publikum sprechen hören – bisher habe ich ihnen keine Gelegenheit dazu gegeben –, also werde ich dem Beispiel meines Vaters folgen und mir ein paar Dinge vornehmen, die immer wieder auf den Kopf gestellt werden, und versuchen, sie wieder auf die Füße zu stellen."

Gab Anne ein Taschentuch und versuchte unsichtbar zu sein.

Womit ich nicht gerechnet hatte, war, dass ich, sobald Gerald in Fahrt kam, völlig vergaß, wer da redete. Er sprach davon, dass es das

Wichtigste sei, Jesus zu kennen und zu lieben, und dass viele Menschen sich von religiösen „Zaubertricks" und von dieser oder jener Modewelle, von riesigen Projekten und dramatischen Einsätzen so sehr ablenken lassen, dass sie ganz vergessen, woher sie eigentlich kommen. Dann zitierte er die Stelle aus dem siebten Kapitel des Matthäusevangeliums, wo Jesus sagt:

„Am Tag des Gerichts werden zwar viele sagen: ‚Aber Herr, wir haben doch als deine Propheten das weitergesagt, was du selbst uns aufgetragen hast! Wir haben doch in deinem Namen Dämonen ausgetrieben und mächtige Taten vollbracht!' Aber ich werde ihnen antworten: ‚Ich kenne euch nicht ...'"

Kein Laut und keine Bewegung regte sich in der Kirche, als Gerald das Zitat beendete und nach einer kurzen Pause fortfuhr.

„Der Punkt ist", sagte er, „welche Gefühle dieser Abschnitt auch in uns auslösen mag – und er könnte durchaus ziemlich beängstigend wirken –, wir müssen ihn aufrichtig und tapfer betrachten und darüber nachdenken, was er bedeutet. Wer nun genau gerettet wird und wer nicht, geht weder Sie noch mich etwas an, aber es sieht so aus, als ob alle möglichen Leute überrascht, enttäuscht, vielleicht sogar entsetzt sein werden, wenn sie Jesus tatsächlich begegnen. Stellen wir uns ein paar von ihnen vor.

‚Was ist mit mir?', sagt einer. ‚Mich musst du doch kennen. Ich bin mein ganzes Leben lang in die Kirche gegangen. Bei mir zu Hause war alles in bester Ordnung. Meine Kinder waren wohlerzogen und höflich. Wir haben als Familie regelmäßig zusammen in der Bibel gelesen. Ich habe in drei Arbeitskreisen in der Gemeinde mitgearbeitet. Ich habe in Versammlungen gebetet. Ich habe Versammlungen *geleitet*! Ich bin auf Gemeindefreizeiten gefahren. Ich habe wirklich alles mitgemacht. Ich war dabei – ich *bin* dabei. Ich gehöre dazu!'

‚Tut mir Leid', sagt Jesus, ‚das ist alles bestimmt richtig, aber ich habe dich nie gekannt.'

‚Aber mich kennst du doch!' Diesmal ist es ein sehr selbstbewusster, elegant gekleideter Mann. ‚Ich habe auf riesigen Evangelisationen gesprochen – Tausende von Menschen weinten und lobten Gott und sangen. Wir hatten wunderbare Chöre dabei. Das war sozusagen das Markenzeichen meiner Versammlungen. Und wenn ich dann gesprochen und aufgerufen hatte, nach vorn zu kommen, strömten die Leute nur so nach vorn, um auf das Wort, das sie gehört hatten, zu antworten. Sie fielen sogar haufenweise rückwärts um, wenn ich sie berührte oder auch nur mit dem Finger auf sie zeigte. Manchmal reichte es schon aus, nur in ihre Richtung zu pusten, und schon lagen sie flach! Meine Kampagnen waren berühmt! Meine Fernsehsendungen waren berühmt! Jeder wusste, wie ich aussah! Sogar meine *Haare* waren berühmt! Ich war – ich war – ich war *so was* von berühmt!'

‚Ich bezweifle nicht, dass du sehr, sehr berühmt warst', pflichtet ihm Jesus bei, ‚aber ich fürchte, ich habe dich nie gekannt.'

‚Hallo, ich bin's!', ruft der nächste in der Schlange. ‚Ich war eine führende Persönlichkeit in der Heilungs- und Befreiungsbewegung. Aber wirklich eine *führende* Persönlichkeit. Ich kann gar nicht nachzählen, wie viele leidende Menschen durch meine Hand eine übernatürliche Heilung erlebt haben, und Hunderte von Menschen wurden im Namen Jesu vollmächtig befreit. Ich habe Programme und Systeme entworfen, die überall auf der Welt angewendet wurden. Ich habe Vorträge und Schulungen und Vorlesungen gehalten. Ich – ich habe Bücher geschrieben und Kassetten veröffentlicht! Mich kannte jeder!'

Jesus schüttelt langsam den Kopf. ‚Ich nicht, leider. Ich habe die Bücher gelesen und mir die Kassetten angehört. Sie waren sehr gut. Aber dich habe ich nie gekannt.'

‚Ich war *der* Experte zum Thema Gebet!', ruft ein anderer, plötzlich von Panik erfüllt.

‚Nun, ich hoffe, es hat dir viel Befriedigung verschafft, als *der* Experte zum Thema Gebet zu gelten, denn ich habe dich nie gekannt.'

‚Sieh mal', sagt ein ganz lockerer, vernünftig aussehender Typ, ‚ich glaube, du wirst mir wohl zustimmen, dass ich den meisten

Fallen aus dem Weg gegangen bin, in die diese anderen hier getappt sind. Ich habe mich nicht von irgendwelchen supergeistlichen Schaumschlägereien einfangen lassen, aber ich habe auch nicht nur herumgesessen und nichts getan. Ich habe Zeitschriften gelesen, mir meine Meinung gebildet, Briefe geschrieben, ich war immer auf der Höhe. Ich habe die Bibel in Bezug zum wirklichen Leben gesetzt. Und das waren nicht nur Worte. Ich habe mich auch sozial engagiert. Ich habe begriffen, wie wichtig es ist, dass man nicht nur redet, sondern auch handelt. Und ich fand eine geistliche Heimat in einer Konfession, die meinem Temperament wirklich entsprach, und ganz ehrlich, ich glaube, mir ist es gelungen, die richtige Balance zu erzielen.‘

‚Und ganz ehrlich, ich muss dir sagen, wie viel Balance du auch immer erzielt haben magst, ich habe dich nie gekannt.‘

Schon ein bisschen beängstigend, nicht wahr?“, sagte Gerald nach einer Pause leise. „Aber wenn Sie sich jetzt fragen: ‚Wie in aller Welt soll ich denn bloß in den Himmel kommen, wenn all diese großartigen Typen es nicht geschafft haben?‘, dann stellen Sie sich bitte noch eine weitere Person vor, die zu Jesus kommt. Diesmal ist es Simon Petrus und er steht an der Reling seines voll beladenen Fischerbootes und späht unter der flachen Hand hindurch zum fernen Seeufer hinüber. Der Mann, der dort bei einem frisch angezündeten Feuer steht, ist verantwortlich für den riesigen Fang, den sie gerade gemacht haben, und nun hat Petrus ganz plötzlich begriffen, wer er ist.

‚He, Jesus!‘, schreit er, ‚Ich bin's! Ich bin der, der so fürsorglich und hilfreich sein wollte, als du aus irgendeinem Grund entschlossen schienst zu sterben. Aber du wurdest ganz wütend auf mich und nanntest mich Satan und sagtest mir, ich solle dir aus den Augen gehen!

Und ich war es, der sein Schwert gezogen hat, als sie in jener schrecklichen Nacht in den Garten kamen, um dich zu holen. Ich hätte dich bis zum Tode verteidigt. Aber du heiltest den einzigen Soldaten, den ich tatsächlich angriff, und sagtest, das sei nicht die

Art von Hilfe, die du gebrauchen könntest. Danach wusste ich nicht mehr, was ich für dich tun konnte, und rannte einfach davon.

Ach, und ich war es, der dreimal gelogen und abgestritten hat, dich zu kennen, weil es mir so peinlich war und ich solche Angst hatte. Und dann habe ich endlos geweint, weil ich dich so mies im Stich gelassen hatte.

Und weißt du, was ich jetzt tun werde? Ich werde über die Reling dieses Bootes springen und so schnell ich kann übers Wasser rennen, bis ich da bin, wo du bist. Und das werde ich tun, weil ich dich liebe und mir diese ganzen anderen Sachen ganz egal sind. Ich will nur bei dir sein, mehr als alles andere auf der Welt, und nur das zählt!'

Und als Petrus dann ans Ufer kommt und vor seinem Meister steht, dann wird Jesus ihn anschauen und lächeln und sagen: ‚Ich kenne dich. Du bist Petrus, und weil du mich wirklich liebst, werde ich dir die Schlüssel zu meinem Reich geben.'

Lernen Sie, Jesus zu lieben, und dann tun Sie, was er Ihnen sagt", schloss Gerald. „Ich habe den Eindruck, der Rest ergibt sich dann von selbst. Amen."

Drückte einen Moment lang Annes Hand. Worte können im Weg sein, wenn man etwas wirklich Wichtiges sagen will.

♦ ♦ ♦

Lud die Leute ein, in der Pause schriftliche Fragen einzureichen. Anne sortierte vor und suchte ein paar aus, die wir beantworten wollten. Eine davon war auf der Rückseite eines Handzettels notiert und lautete:

> Lieber wer immer von euch die Frage beantwortet,
> vor drei Monaten kam meine alte Mutter zu Untersuchungen ins Krankenhaus und sie kam nie wieder heraus. Es wurde Krebs gefunden und er verbreitete sich rasend schnell in ihrem Körper, während sie dort lag. Ich bin seit vielen

Jahren Christ, aber Mama hat sich immer nur darüber lustig gemacht und gesagt, sie hätte kein Interesse. Kurz bevor sie starb, erzählte ich ihr noch einmal von Jesus und sagte ihr, dass ich glaubte, sie würde Jesus bald begegnen. Ob sie ihn nicht bitten wolle, sich um sie zu kümmern, wenn sie dort ankam, wohin immer sie gehen würde. Ich dachte, sie würde reagieren, wie sie es immer getan hatte, aber das tat sie nicht. Sie sagte zuerst eine Weile gar nichts, und dann: „Ja, wenn er mich haben will." Das war alles. Sie hatte keine Kraft, um noch viel mehr zu sagen. Ich habe mich sehr darüber gefreut, aber seither mache ich mir Sorgen. War das genug? Werde ich sie wiedersehen? Was ist mit der Taufe und einer richtigen Buße und so? Reicht das aus? Was meint ihr?

Alles Liebe,

Evelyn

„Die übernehme ich, wenn's dir recht ist, Mama", sagte Gerald, als er die Frage sah.

Zu Beginn der zweiten Hälfte beantwortete ich eine oder zwei Fragen, so gut ich konnte, und dann sagte Gerald: „Gut, Evelyn hat uns etwas über ihre Mutter im Krankenhaus geschrieben."

Er las die Frage vor und schlug dann seinen Ordner auf.

„Das Folgende ist für Sie, Evelyn", sagte er. „Ich hoffe, es ist Ihnen eine Hilfe." Dann las er das Folgende:

Aber der Übeltäter, einer, die da gehenkt waren, lästerte ihn und sprach: „Bist du Christus, so hilf dir selbst und uns."

Da antwortete der andere, strafte ihn und sprach: „Und du fürchtest dich auch nicht vor Gott, der du doch in gleicher Verdammnis bist? Und wir zwar sind billig darin, sintemal wir empfangen, was unsre Taten wert sind; dieser aber hat nichts Ungeschicktes getan."

Und er sprach zu Jesu: „Herr, gedenke an mich, wenn du in dein Reich kommst."

Und Jesus sprach zu ihm: „Mmm, würde ich ja gerne, aber, äh, da wären noch ein paar Kleinigkeiten. Du redest, als ob das eine ganz einfache Frage wäre, auf die es eine einfache Antwort gibt. In Wirklichkeit aber hänget das von solchen Dingen ab wie deiner konkreten persönlichen Theologie, der Tiefe und Qualität deines Gebetslebens im Allgemeinen und der Regelmäßigkeit und Gewissenhaftigkeit deiner Stillen Zeit im Besonderen. Im Einzelnen: Als unausweichliche Grundbedingung, hast du Buße getan und ein Bekenntnis deines Glaubens abgeleget und besitzest du die selige Gewissheit, die man von einem wahrhaft wiedergeborenen Gläubigen erwarten kann? Bist du dir über den Unterschied zwischen geistlichem Leben und Religion im Klaren und stehest du fest auf dem Boden einer eschatologischen Philosophie, die dem entsprichet, was durch meine Worte und durch die Heilige Schrift göttlich geoffenbaret wurde? Sintemal wir gerade davon sprechen, hast du eine gründliche exegetische Studie jener Abschnitte der Heiligen Schrift unternommen, die für dein Verlangen nach dem Heil von Bedeutung sind? Ach ja, und – dass ich so etwas Entscheidendes aber auch beinahe vergessen hätte – kannst du den schriftlichen Nachweis oder sonstige Belege erbringen, dass du in einer theologisch orthodoxen Konfession ins Wasser der Taufe gesenket wurdest?

Der Übeltäter aber antwortete und sprach bekümmert: „Wenn ich dich richtig verstehe, ist das ein Nein?“

„Evelyn, wenn ich Sie wäre, würde ich die Bibel nehmen und nachlesen, was Jesus in Wirklichkeit zu diesem Mann gesagt hat“, sagte Gerald. „Ich glaube, Sie werden feststellen, dass es mehr oder weniger auf ein Ja hinausläuft.“

♦ ♦ ♦

Wieder im zeitweiligen Hauptquartier angekommen. Heute Abend *drei* von Zaks Bildern verkauft; hätten sogar noch zwei mehr sein können, wenn die Leute, die sich dafür interessierten, sich hätten entscheiden können. Kann es gar nicht erwarten, Bernadette davon zu erzählen, wenn wir unseren freien Tag zu Hause verbringen. Insgesamt ein sehr erfolgreicher Abend, nachdem Leonard und Angels ihre Panik über genau dieselben Dinge überwunden hatten, über die sie gestern in Panik geraten waren.

Entspanntes und angenehmes Gefühl, wieder im Hotel zu sein, nur dass ich heute Abend wieder einmal einem dieser „Da-ist-jemand-an-der-Tür"-Scherze auf den Leim gegangen bin, mit denen Gerald angefangen hat, als er das vorletzte Mal zu Hause war. Thynn ist ganz verrückt danach, und Anne ist auch nicht besser. Es geht darum, dass man hinausgeht und anklopft oder klingelt und dann wieder hereinkommt und den anderen erzählt, es stehe jemand auf der Matte, der nach einem Platz zum Übernachten suche. Dann macht man irgendeinen idiotischen Witz darüber. Ich scheine jedes Mal darauf hereinzufallen. Pure Zeitverschwendung, meiner Meinung nach.

Diesmal war es Leonard, der mit tiefernster Miene in den kleinen Aufenthaltsraum des Hotels kam und sagte: „Adrian, da sind zwei obdachlose Meteorologen, die dich sprechen möchten."

Legte meine Zeitung nieder und erhob mich halb.

„Zwei obdachlose – was wollen die?"

„Sie suchen eine sturmfreie Bude."

Anne und Gerald prusteten vor Lachen.

Als sie sich beruhigt hatten, sagte ich: „Kleine Dinge erfreuen kleine Geister."

Darauf Anne: „Da fällt mir ein, Schatz, ich muss morgen daran denken, irgendwo zu halten und dir ein paar Korinthen zu besorgen."

Wie bitte?

♦ ♦ ♦

Wenig später kamen wir in den Genuss von Barrys Ansichten über die Frauengruppe, die Anne mit ihrer Freundin Daphne in der Gemeinde ins Leben gerufen hat, für Mütter, die einfach nur zusammenkommen wollen, um über ihre Probleme zu reden und allgemein Dampf abzulassen. Nur etwa zwei von ihnen kommen in unsere Gemeinde und die Übrigen sind höchstwahrscheinlich keine Christen.

„Es läuft so gut!", sagte Anne. „Ich freue mich riesig. Ich glaube, ein paar von den Frauen sprechen zum ersten Mal in ihrem Leben darüber, was sie wirklich fühlen. Es hat eine Weile gedauert, bis die Sache in Gang kam, weil anfangs ein ziemliches Misstrauen in der Luft lag, besonders, da wir uns ja in Räumen der Gemeinde treffen. Manche der Mütter konnten nicht verstehen, wieso ihnen so etwas geboten wurde, ohne dass jemand eine Gegenleistung von ihnen erwartete, aber inzwischen kommen sie gern. Für viele ist es eine echte Abwechslung in ihrer Routine. Mir macht es auch Spaß. Wir unterhalten uns über alles und jedes. Ich kann dir sagen, bei manchen Sachen würdest du puterrot werden, Adrian!"

„Darf ich fragen", sagte Barry, „welches Ziel mit dieser Gruppe letzten Endes verfolgt wird?"

„Gar keins", erwiderte Anne prompt. „Ein Ziel würde die Sache nur verderben. Alles, was wir wollen, ist, gehetzten Müttern etwas zu bieten, was ihnen eine Hilfe ist, ohne Haken und Ösen. Wenn man will, könnte man das vielleicht auch eine Art Ziel nennen, aber mehr steckt nicht dahinter."

Barry sagte: „Aber vermutlich hängen Sie evangelistische Plakate an die Wände und legen Literatur aus."

„Und vermutlich", warf Gerald ein, „werdet ihr das Gespräch, wenn es, sagen wir, um den Preis von Küchenrollen geht, sofort auf den Preis lenken, der am Kreuz für unsere Errettung bezahlt wurde, um dann zur Entscheidung für Jesus aufzurufen. Auf die Weise könntet ihr leicht sechs oder sieben pro Woche abfertigen und diejenigen, die sich entschieden haben, hätten die Gruppe nicht mehr nötig, da sie ja sowieso nur evangelistischen Zwecken dienen sollte.

Die würden also wegfallen, sodass in der nächsten Woche Platz wäre für weitere unbekehrte Mütter. Bis Weihnachten müsstet ihr so die halbe Roundwood-Siedlung durchhaben, meine ich."

„Genau!", sagte Barry.

„Gerald macht Witze, Barry", sagte Anne, die vor Verärgerung und innerer Bewegung rot wurde. „Ich würde mir nicht im Traum einfallen lassen, ein Gespräch so in eine andere Richtung zu zwingen, und wir haben auch bestimmt nicht vor, irgendetwas an die Wände zu hängen, was dort nicht schon hängt. Wir möchten diesen Frauen mit der Liebe Jesu begegnen, an Ort und Stelle und ganz praktisch, nicht sie am Fließband mit einem Haufen theoretischer Details abfertigen. Wenn so etwas wie eine Bekehrung ansteht, bin ich sicher, dass der Heilige Geist dieser Aufgabe durchaus gewachsen ist, und wo immer eine Chance besteht, dass Daphne oder ich dabei konkrete Hilfestellung geben können, wären wir mehr als glücklich, ja außer uns vor Freude, daran Anteil haben zu dürfen. Aber was keiner von uns tun wird, ist, Leuten mit einer Art gut gemeintem Jagdinstinkt zu begegnen, die oft mit zur Gruppe kommen, gerade weil sie es leid sind, zu Hause herumgeschubst zu werden und sich sagen zu lassen, was sie tun und was sie denken sollen. Wir wollen ihnen Liebe erweisen, nicht ihnen das Leben noch schwerer machen."

Barry war sichtlich mehr als nur ein bisschen bestürzt über Annes leidenschaftliche Rede, aber wie bei anderen Leuten, denen ich begegnet bin, die mit Superkleber an einem einzigen Gedanken hängen, kam es auch bei ihm nicht in Frage, sich von seiner speziellen Denkrichtung zu lösen.

„Wenn wir zugestehen", sagte er, „dass es diesen Müttern eine Hilfe ist, zu Ihrer Gruppe zu kommen, und dass wir ihnen natürlich zu Diensten sein sollten, bleiben immer noch zwei unbestreitbare Tatsachen bestehen. Die eine ist, dass die Gruppe sich in Gemeinderäumen zu einer Aktivität unter Leitung von Leuten aus der Gemeinde trifft, und die andere ist die, dass die fragliche Aktivität teilweise durch Gelder finanziert wird, die von Mitgliedern der Gemeinde für den allgemeinen Zweck der Ausbreitung des Reiches Gottes gespendet wurden. Darin würden Sie mir doch zustimmen, nicht wahr?“

„Ja“, sagte Anne leise und grimmig, „das würde ich.“

„Und würden Sie mir nicht ebenfalls zustimmen“, fuhr Barry fort, „dass das Gebot Jesu, was die Verkündigung des Evangeliums angeht, in der Schrift ganz eindeutig ist. Im vierten Kapitel des Johannesevangeliums zum Beispiel sagt unser Herr, dass die Felder reif sind zur Ernte, und am Ende des Matthäusevangeliums gibt er uns den Auftrag, hinzugehen und alle Völker zu Jüngern zu machen. Der Apostel Paulus weist Timotheus an, das Evangelium zu gelegener und zu ungelegener Zeit zu predigen. Dazu sind wir hier: um den Verlorenen das Evangelium zu predigen. Da würden Sie mir doch nicht widersprechen, oder?“

Nachdem Barry seine Rede beendet hatte, starrte Anne lange, sehr lange, wie es mir vorkam, zu Boden. Dann blickte sie auf, sah ihm ins Gesicht und sagte in vollkommen liebenswürdigem Tonfall: „Barry, durch die Begegnung mit Ihnen bin ich mit einem Phänomen konfrontiert, das mir völlig neu ist. Ich habe noch nie jemanden gekannt, der so vollkommen und auf der ganzen Linie im Recht war und zugleich so total und eindeutig falsch lag. Alles, was Sie über die Bibel und ihre Lehren sagen, ist zutreffend und unbestreitbar. Alles, was Sie über wirkliche Menschen sagen, über das wirkliche Leben und die Art, wie Gott in Wirklichkeit mit traurigen, verwirrten Menschenkindern umgeht, ist an irgendeinem fremden, fernen, kalten und unfreundlichen Ort geboren und hätte nie am Leben gelassen werden dürfen. Ich glaube, in Ihnen steckt eine wirklich freundliche Person, Barry, und ich hoffe und bete wirklich, dass Sie dieser Person alle Bibelverse beibringen, die Sie kennen, damit sie mit ihrer Hilfe in Zukunft die Liebe Gottes zu vielen, vielen Menschen tragen kann. Ich hoffe sehr, Sie halten mich nicht für unhöflich. Wenn doch, verzeihen Sie mir bitte. Ich gehe jetzt zu Bett. Gute Nacht.“

Barry saß da, blinzelte wie rasend mit den Augen und rätselte vermutlich darüber, ob er im Recht oder im Unrecht war. Niemand machte einen Versuch ihn aufzuklären.

♦ ♦ ♦

Habe eine Weile wach im Bett gesessen und einfach nur Annes Gesicht im Schlaf beobachtet. War sehr stolz auf sie vorhin, als sie so direkt und zielsicher mit Barry sprach. Wie kommt es, dass manche Leute offenbar ganz genau wissen, was sie denken, als hätten sie es schwarz auf weiß vor sich, während andere – Leute wie ich – schon durch den leisesten Druck hin und her gezerrt und geschoben werden, wenn sie nicht aufpassen?

Ich erinnere mich an eine Gemeindeversammlung, bei der auf der Tagesordnung unter anderem die Frage stand, ob wir unsere Gottesdienste weiterhin so abhalten sollten, dass der Pastor an der schmaleren Wand des Saals stand, oder ob wir die Sitzordnung so verändern sollten, dass die Gemeinde mit der Blickrichtung zur langen Seitenwand saß. Ich stand entschieden auf der Seite derer, die bei der Schmalseite bleiben wollten, und als mir das Wort erteilt wurde, fing ich an, in, wie ich meinte, echtem Debattierstil zu sprechen.

„Wir kennen alle", sagte ich in verwässertem Churchillschen Tonfall, „die Argumente, die man dafür anführen wird, die Sitzordnung zu ändern. Man wird darauf hinweisen, dass die Leute allgemein dichter zusammensitzen werden und dass nicht mehr das Problem bestehen wird, dass diejenigen, die hinten sitzen, das Gefühl haben, sie hätten gar keinen richtigen Kontakt zu denen, die vorn sitzen, und umgekehrt, da wir uns ja alle viel leichter werden sehen können. Ebenso wird sicher jemand sagen, dass sich das Abendmahl viel leichter organisieren lässt, wenn nicht mehr alle durch die Mitte nach vorn und an den Seiten wieder zurückgehen müssen, da mehr Leute gleichzeitig vorn stehen können, als es jetzt der Fall ist. Zweifellos wird man uns auch daran erinnern, dass die Person, die den Gottesdienst leitet oder die Predigt hält oder etwas vorliest oder betet oder was auch immer, einen viel unmittelbareren Augenkontakt zu ihren Zuhörern wird haben können. Darüber hinaus bin ich ganz sicher, dass jemand auf die unbestreitbare Tatsache hinweisen wird, dass wir auf diese Weise durch zwei Türen statt nur durch eine Zugang zu den Nebenräumen hätten, was, wie man der Fairness halber zugeben muss, den Kindergottesdienst-Mitarbeitern ihre Sache erheblich erleichtern würde. Und natürlich werden diejenigen, denen es wichtig ist, in welche Himmelsrichtung wir schauen, auch darauf hinweisen, dass bei der gegenwärtigen Sitzordnung die Blickrichtung nach Norden ist, während wir nach einer Änderung nach Osten schauen würden, was vermutlich genau der Wunsch dieser Geschwister ist."

Während ich eine Atempause machte, bemerkte ich, wie Anne, die ein paar Stühle von mir entfernt saß, mich irgendwie spöttisch ansah.

„Doch auch", fuhr ich ziemlich pompös fort, „wenn wir all diese Dinge berücksichtigen, bleibt die Tatsache bestehen, dass bei gründlicher Betrachtung ..."

An dieser Stelle geriet ich abrupt und leicht verwirrt ins Stocken, da ich plötzlich merkte, dass mir alle Begründungen für die gegenteilige Sichtweise entfallen waren und dass die von mir prognostizierten Argumente der Sitzordnungsveränderungsfraktion mich vollkommen davon überzeugt hatten, dass sie absolut im Recht waren.

Vergessen Sie den Druck von außen. Ich hatte mich selbst dazu überredet, meine Meinung zu ändern!

So was kann ich mir bei Anne nicht vorstellen. Eigentlich auch nicht bei Gerald. Er muss wohl ihre Gene geerbt haben.

Sonntag, 18. September

Schon komisch, wie schnell man das Zutrauen zu den eigenen Meinungen verlieren kann. Dachte heute Morgen beim Frühstück einige Zeit über Barrys Ansicht über die Müttergruppe nach. Obwohl ich mit allem übereinstimmte, was Anne gestern Abend gesagt hatte, stachelte der kleine evangelikale Kobold, der auf meiner Schulter lebt, mich unentwegt dazu an, mich zu fragen, ob Barry nicht am Ende doch Recht hatte. Vielleicht sollten wir wirklich keine Mittel und Kräfte für etwas vergeuden, was keinen nennenswerten Ertrag in Form von Bekehrungen einbringt. Dann kam Gerald mit einem Blatt Papier in der Hand herein. Offenbar wusste er ganz genau, worüber ich jetzt nachdenken musste.

Er sagte: „Wirf mal einen Blick darauf, Paps. Wieder mal ein umformulierter Bibelabschnitt. Hilft dir vielleicht, die Dinge klarer zu sehen."

Schenkte mir noch einen Kaffee ein und setzte mich hin, um sein Geschreibsel zu lesen.

> Und das Volk sah sie wegfahren; und viele kannten ihn und liefen dahin miteinander zu Fuß aus allen Städten und kamen ihnen zuvor und kamen zu ihm. Und Jesus ging heraus und sah das große Volk, und es jammerte ihn derselben; denn sie waren wie die Schafe, die keinen Hirten haben; und er fing an eine lange Predigt.
>
> Sintemal nun der Tag fast dahin war, traten seine Jünger zu ihm und sprachen: „Es ist wüst hier, und der Tag ist nun dahin; lass sie von dir, dass sie hingehen umher in die Dörfer und Märkte und kaufen sich Brot; denn sie haben nichts zu essen."
>
> Jesus aber antwortete und sprach zu ihnen: „Gebet ihr ihnen zu essen. Ich bin ein Prediger und kein Kantinenwirt."
>
> Sie aber sprachen zu ihm: „Sollen wir denn hingehen und für zweihundert Groschen Brot kaufen und ihnen zu essen geben?"
>
> Er aber sprach zu ihnen: „Da kommet mir eine Idee. Wie viele Brote habet ihr? Gehet hin und sehet!"
>
> Und sintemal sie es erkundet hatten, murmelten sie: „Das

siehet nicht gut aus. Fünf, und zwei Fische." Und er gebot ihnen, dass sie sich alle lagerten, tischweise, auf das grüne Gras.

Und sie setzten sich nach Schichten, je hundert und hundert, fünfzig und fünfzig. Und er nahm die fünf Brote und zwei Fische und sah auf zum Himmel und dankte und brach die Brote und zerteilte die Fische und dann flüsterte er seinen Jüngern zu:

„Höret zu, lasset mich ganz offen zu euch sein. Ganz unter uns, wir wissen ja, dass es auf dieser Welt nichts umsonst gibet. Darum nehmet euch jeder ein Blatt Papyrus und machet schnell eine kleine Umfrage und höret genau hin und findet heraus, bei wem unter diesen Schnorrern meine Verkündigung, die ich hier seit zwei Stunden im Schweiße meines Angesichts vortrage, wahrlich eine Wirkung erzielt hat. Ohne geistlichen Durchbruch gibet es auch kein Abendessen; so sehe ich die Sache. Ach ja, und lasset euch nicht einwickeln von diesem oder jenem, welcher insgeheim meinet, er könne ins Reich Gottes eingehen nur für die Zeit, die er brauchet, um ein Fischbrötchen zu verzehren."

Und siehe, es ergab sich ein ziemlich geringer Prozentsatz. Und die wenigen, die sich bekehret hatten, bekamen Brot und Fisch und aßen und wurden satt. Und hinterher hoben die Jünger auf die Brocken, zwölf Körbe voll, und von den Fischen, und die unbekehrte Menge, die nichts bekommen hatte, protestierte und empörte sich und rief: „He, das hätten wir noch essen können!"

Und die Jünger, die im Kreis um die zwölf Körbe saßen, drohten ihnen mit den Fingern und antworteten ihnen mit Mündern voller Brot und Fisch: „Wie jetzt? Meinet ihr, wir sind hier so etwas wie ein Open-Air-McDonald's? Ihr habet gehöret, was der Mann gesaget hat – keine Buße, kein Burger. Wenn ihr das Gericht nicht fürchtet, wird euch auch keines servieret."

Und siehe, jene, die nichts gegessen hatten, gingen murrend hinfort in die Dörfer und Märkte, um sich etwas zu essen zu kaufen, und sprachen untereinander Dinge wie: „Wäre ich doch bloß nicht gekommen" und „Denkest du, ich mache mich noch mal auf die Socken, um mir den anzuhören? Wette lieber nicht darauf!" Und der Letzte, der ging, sagte: „Welch üble Vereimerung!"

Und siehe, hinterher sprach Jesus zu seinen Jüngern: „Äh, noch eine Kleinigkeit, Jungs, wer immer von euch dies aufschreibet – diejenigen, die nichts gegessen haben, brauchet ihr nicht zu erwähnen. Verdirbet nur das Gesamtbild, wenn ihr verstehet, was ich meine ..."

Verstand, was Gerald mir sagen wollte. Das Komische an seinen umgeschriebenen Bibelstellen ist, das sie mich immer dazu bringen, zur Bibel greifen und das Original lesen zu wollen, als hätte ich es noch nie zuvor gelesen. Manchmal denke ich, die Bibel ist wie die Bilder an meiner Wohnzimmerwand. Ich gewöhne mich so sehr an sie, dass ich irgendwann gar nicht mehr richtig hinsehe, aber wenn mich dann jemand auf eines hinweist, fällt mir wieder ein, warum es mir so gut gefallen hat, dass ich es jeden Tag um mich haben wollte. Teilte diesen Gedanken Anne mit, als sie zum Frühstück hereinkam.

Sie sagte: „Genauso geht es mir mit dir, Schatz."

♦ ♦ ♦

Nahmen alle in der hiesigen anglikanischen Kirche St. Brandon's den Morgengottesdienst mit. Heute war Kommunion, wie sich herausstellte. Anne und ich lieben die anglikanische Kommunionsfeier.

Zu unserer Überraschung entpuppte sich der Pfarrer als kein anderer als Vladimir Spool, der früher in St. Dermot's tätig war, der anglikanischen Kirche bei uns zu Hause. Damals, als wir ihn kannten, reagierte Vladimir auf ausnahmslos alles, was ich sagte, so, als wäre es unfassbar intelligent. Vielleicht lag es daran, dass er mich einmal dazu überreden konnte, an einem Sonntag die Kinderandacht in seiner Kirche zu halten.

Ungeachtet der Tatsache, dass ich die Kinder mit meiner fürchterlichen Ansprache beinahe zu Tode erschreckte, weil ich mich selbst vor Angst kaum rühren konnte, behauptete er steif und fest, die Kleinen seien durch meine Botschaft enorm herausgefordert worden, und gab seiner Überzeugung Ausdruck, eine Lektion würde sich dem Geist eines jungen Menschen viel nachhaltiger einprägen, wenn sie in eine gut erzählte Geschichte gekleidet würde. In Wirklichkeit war ich nur mit knapper Not der Lynchjustiz einer Horde erboster Eltern entkommen, die aufs Äußerste empört waren über die Wirkung, die ich möglicherweise mit meiner grottenschlechten, aber furchtbar gruseligen Geschichte auf ihre Kinder erzielt hatte.

Genoss den Gottesdienst heute sehr, nicht zuletzt, weil Reverend Spool bei seinen organisatorischen Bekanntmachungen immer noch so arglos verwickelt vorging wie eh und je. Das ging schon ganz zu Anfang los, als wir schier untergingen in der Flut von Büchern und Broschüren und Merkzetteln und sonstigen Dingen, die in die Ablage vor unseren Plätzen gestopft worden waren.

„Herzlich willkommen", sagte Reverend Spool, „ganz besonders diejenigen unter Ihnen, die zum ersten Mal hier sind. Um Ihnen das Prozedere zu vereinfachen, sollte ich vielleicht erläutern, dass wir dem Gottesdienstablauf auf dem gelben Blatt in dem blauen Ordner im Rückendeckel des grünen Gesangbuches folgen, in Verbindung mit dem orangen Faltblatt, das an den pinkfarbenen Infozettel angeheftet ist, der in die braune Bibel eingelegt ist, die sie an Ihren Plätzen vorfinden."

Hatte so ziemlich alles gefunden, kurz bevor der Gottesdienst zu Ende war.

Beschloss, noch auf einen Kaffee zu bleiben und Vladimir zu begrüßen.

Er schien ganz außer sich zu sein vor Freude, mich wiederzusehen – fast wie Mabilene in Los Angeles, nur das ich mir bei Vladimir ziemlich sicher bin, dass die Freude vollkommen echt war.

„Ja, also, nein, aber – meine Güte, was für eine freudige Überraschung!", schwärmte er, als ich ihm die anderen vorstellte. „Darf ich mir erlauben zu fragen, was Sie und Ihre entzückende Frau und Ihren zauberhaften Sohn und Ihre lieben und hoch geschätzten Freunde in diesen bescheidenen Winkel der Welt führt?"

„Ach", sagte ich, wobei ich mich unwillkürlich des bescheidenen Tonfalls bediente, den ich bei Vladimir immer angeschlagen hatte, da ich ja wusste, dass ich schwafeln konnte, was ich wollte, er würde jedes Wort als einen kostbaren Edelstein tiefer Weisheit aufnehmen, „wir sind gerade auf so einer – nun, so einer Art kleiner Tournee. Gerald und ich sagen ein paar Worte, Angeles tanzt und Leonard kümmert sich um das, äh, das Praktische, und Anne tut alles Mögliche. Es ist – es ist so eine Art Tournee", schloss ich.

„Eine *Tournee!*", stieß Vladimir voll Ehrfurcht hervor. „Nein, also, meine Güte, ja! Das ist ja *wunderbar!* Eine Tournee! Sie sind auf einer *Tournee!*"

„Ja", bestätigte ich unbehaglich, „es ist eine Tournee."

„Und Sie sprechen zu den Leuten auf Ihrer Tournee! Also, ja, aber nein, natürlich – Sie werden sich nicht erinnern, Anne, meine Liebe, da Sie, glaube ich, nicht selbst dabei waren, aber Adrian war einmal in St. Dermot's zu Gast, als ich dort Priester war, und hielt eine Andacht für unsere kleinen Kinder, die – nun, die absolut *fesselnd* war. Die Kinder waren gepackt, buchstäblich *gepackt* von der lebhaften Vorstellungskraft Ihres Mannes und der tiefen Bedeutsamkeit seiner Erzählung. Ich sehe sie jetzt noch vor meinem geistigen Auge dort sitzen mit ihren kleinen Gesichtern. Es war, als wären die Kleinen ganz erstarrt vor lauter Freude am Zuhören.

Er wandte sich Gerald zu und strahlte ihn an.

„Sie waren doch dabei, junger Mann, oder irre ich mich?"

„Oh ja", sagte Gerald. „Sie haben Recht, Reverend Spool, sie waren wirklich erstarrt. Gar kein Zweifel."

„Wie auch immer", unterbrach ich hastig, „wie geht es Ihnen, Vladimir? Was treiben Sie so zurzeit?"

Der Pfarrer machte ein nachdenkliches Gesicht.

„Nein, also, eigentlich, ja, wir haben in ein paar Minuten eine Sitzung, um über unsere neu gegründete Jugendgruppe zu sprechen. Die beiden Hauptpunkte auf der Tagesordnung sind die Auswahl eines Namens dafür und die Erörterung, wie man ihre Auswüchse erheblich eindämmen könnte."

„Sind wohl ein bisschen wild, was?", erkundigte sich Gerald.

„Ach, es sind *entzückende* junge Leute", sagte Vladimir, dessen Gesicht sich sogleich wieder aufhellte, „mit einer zutiefst geistlichen inneren Haltung und einem wahrhaft lieblichen Geist, aber zugegeben, bei ihrem ersten Treffen haben sie unseren Jugendleiter gefesselt und geknebelt, unsere neue Gemeindeküche weitgehend zerstört und den größten Teil unserer elektrischen Geräte entwendet, offenbar zum Zwecke des Weiterverkaufs. Sie werden verstehen, dass manche unter uns durch diese Verhaltensweisen ein wenig unangenehm berührt sind."

„Meine Güte!", rief Anne. „Und Sie sagen, Sie wollen auf Ihrer Sitzung einen Namen für die Gruppe finden?"

„Nun, zumindest hatten wir das vor diesen unerfreulichen Vorfällen geplant", sagte Vladimir traurig, „aber unter den vorliegenden Umständen könnte es durchaus sein, dass unsere Tagesordnung eine leichte Änderung erfährt."

„Wie wär's, wenn Sie sie ‚Satans kleine Helfer' nennen?", schlug Gerald vor.

Vladimir hörte gar nicht auf diese hilfreiche Anregung.

„Ich habe mich schon gefragt", sagte er grübelnd, „ob der Name ‚Pubsel' passen könnte. Wissen Sie, unsere lieben jungen Leute befinden sich in jenem wunderbaren Stadium zwischen Pubertät und Selbstständigkeit, sodass der Name diesen interessanten Übergang auf faszinierende Weise beschreiben würde, meinen Sie nicht? Pubsel! Verstehen Sie?"

Wir wurden der Notwendigkeit einer Antwort auf diesen unsäglichen Vorschlag dadurch enthoben, dass Vladimir einen Blick auf seine Uhr warf und merkte, dass er zu seiner Sitzung musste. Er wandte sich schon zum Gehen, hielt dann jedoch abrupt noch einmal inne, sah mich an und leuchtete auf wie ein Signalfeuer, als hätte er gerade eine neue Inspiration empfangen.

„Ich nehme an, Adrian", sagte er aufgeregt, „Sie sind nicht zufällig am Freitagabend noch hier in der Gegend? Ihr Kommunikationstalent wäre vielleicht genau das Richtige, um unseren jungen Leuten eine Starthilfe dabei zu geben, ihr enormes Potenzial auszuschöpfen!"

Meine Kehle wurde trocken und mein Magen machte einen doppelten Salto rückwärts. Nichts auf der ganzen Welt, mit Ausnahme einer direkten Anweisung Gottes, die er vor Hunderten von Zeugen eigenhändig an die Wand schriebe, hätte mich dazu nötigen können, Vladimirs Bande kleiner Ganoven einen Vorwand zu liefern, über alles, was ich ihnen sagte, in lautes Gejohle auszubrechen, mich auf der Toilette von ihnen ausrauben und meinen blutenden Körper, falls und wenn er am nächsten Morgen gefunden würde, mit Blaulicht in die nächste Notaufnahme abtransportieren zu lassen. Zum Glück brauchte ich nicht zu lügen. Bis Freitag würden wir längst über alle Berge sein. Danke, Herr!

Vladimir war zwar enttäuscht, aber wir verabschiedeten uns unter viel Lächeln, Winken und guten Wünschen. Sobald er außer Sicht war, wischte ich mir den Schweiß von der Stirn.

„Das war knapp, was, Paps?", sagte Gerald. „Schade eigentlich. Vielleicht wärst du genau das Richtige für die kleinen Pubsels gewesen. Vladimir wäre auf jeden Fall begeistert gewesen, egal, was du mit ihnen gemacht hättest. Eigentlich war ich mir ziemlich sicher, dass Gott mir sagte, du hättest Vladimir zusagen sollen."

Mir blieb fast das Herz stehen.

„Das meinst du nicht ernst, oder?"

„Nein", sagte Gerald, „natürlich nicht."

♦ ♦ ♦

Dachte heute Nachmittag im Wagen wirklich, Thynn hätte eine Art Schlaganfall oder so etwas erlitten.

Es passierte, kurz bevor wir unser Hotel erreichten. Barry, der über Geralds Rätselfrage immer frustrierter zu werden scheint, sagte, er hätte die Antwort herausgefunden.

„Im achtzehnten Vers des zweiundzwanzigsten Kapitels des Lukasevangeliums", sagte er, „offenbart der Herr seinen Jüngern, er werde keinen Wein mehr trinken, bis das Reich Gottes aufgerichtet sei. Offenkundig enthalten diese Worte eine andere Botschaft, da es ja unmöglich sein kann, dass das Vorhandensein von Alkohol in der kommenden Herrlichkeit geduldet wird. Wir wissen ..."

An dieser Stelle wurde Barry durch einen geradezu tierischen Aufschrei von Leonard unterbrochen wurde, der im nächsten Moment hervorstieß: „Nicht dieser Vers! Sagt mir nicht, dass dieser Vers nicht stimmt! Er ist manchmal das Einzige, was mich aufrecht hält – der Gedanke: Wenn er warten kann, kann ich es auch. Sagt mir bitte nicht, dass der nicht stimmt ..."

Ziemliches Chaos für eine Weile, während Anne und Angels Leonard trösteten und Barry wissen wollte, was er denn so Schlimmes gesagt hätte, und ich versuchte, ihm Leonards Alkoholproblem zu erklären, ohne dass Leonard es hörte.

Als endlich wieder Ruhe eingekehrt war, beugte sich Gerald grinsend zu Barry hinüber und flüsterte ihm ins Ohr: „Außerdem liegen Sie sowieso falsch!"

♦ ♦ ♦

Viel Stoff zum Schreiben heute Abend.

Manchmal ist es schwer zu begreifen, wieso die Leute mich überhaupt als Redner in ihre Gemeinden einladen.

Anne ging am frühen Abend zu einer Kinderstunde im hiesigen anglikanischen Gemeindezentrum, während wir anderen hinüber zur Baptistengemeinde Witton fuhren, um über das Thema „Und wenn ich verletzt bin?" zu sprechen.

Begann meine Ansprache mit dem Bekenntnis, ich sei ein schlechter Schwimmer, aber das sei ja nicht so schlimm, da es bei den Baptisten sowieso mehr aufs Tauchen ankäme. Erleichtertes Schmunzeln über diese Bemerkung bei der Mehrzahl meiner Zuhörer, bei einigen der Übrigen hingegen eisiges Schweigen.

Merkte, als ich mich in der Versammlung umschaute und an den Titel des Vortrags dachte, um den man mich gebeten hatte, dass vermutlich die meisten Leute dort nicht gerade glücklich mit sich selbst und ihrem Leben waren. Eine Gardinenpredigt war hier fehl am Platz.

Redete darüber, wie schwer es manchmal für Anne und mich gewesen war und wie oft wir versagt hatten und immer noch versagen. Wie Jesus manchmal, wenn es wirklich finster um uns ist, nur wie ein ganz schwaches Nachtlicht leuchtet, wenn überhaupt, und man die Augen mächtig anstrengen muss, um ihn zu sehen und zu glauben, dass er noch da ist. Sprach ein bisschen über die Erleichterung, wenn man es erst einmal aufgegeben hat, so sein zu wollen, wie die anderen denken, dass man sein soll, und wie schön es ist, wie Maria zu Jesu Füßen zu sitzen und einfach nur das Zusammensein mit ihm zu genießen, anstatt über tausend unnötige Dinge zu jammern und sich Sorgen zu machen, ob man sie alle schafft.

Wollte die Atmosphäre ein bisschen aufheitern, indem ich die wahre Geschichte von einem Mann namens Henry Elknecht erzählte, der bis zu seinem Tod vor einigen Jahren ein Glied unserer Heimatgemeinde war. Henry war ein ganz kleiner Mann, ein hochbetagter Witwer mit nur noch ein paar vereinzelten weißen Haaren und fast gar keinen Zähnen mehr. Gelegentlich versah er für andere Gemeindeglieder Arbeiten im Garten. Nachdem er einmal einen Tag lang in unserem Garten gearbeitet hatte, hatte er offenbar eine glühende Leidenschaft für Anne entwickelt und kam von nun an unter jedem nur erdenklichen Vorwand bei uns vorbei. Mal schenkte er uns Blumen und Pflanzen aus seinem eigenen Garten, mal kam er mit Neuigkeiten von anderen Gemeindegliedern oder mit Fragen zu diesem oder jenem Kochrezept. Anne hatte Mitleid mit diesem einsamen alten Mann, der da stand und sie anstarrte wie ein liebeskranker Schuljunge, wann immer sie in sein Blickfeld schwebte, und sie war zu ihm ebenso freundlich, wie sie es immer zu allen ist. Trotzdem bekam sie allmählich genug von seinem ständigen Auftauchen.

Gerald dagegen fand das alles höchst amüsant. Wenn er die Tür aufgemacht hatte, kam er nach hinten, zwinkerte seiner Mutter übertrieben und vielsagend zu und sagte: „Mach dir die Haare zurecht, Mama, Henry Elknecht ist da. Er will nur dich und er wird sich nicht abweisen lassen!"

Geblendet durch diese Leidenschaft in der vollen Jugendblüte eines Siebzigjährigen, schien Henry meine Existenz kaum wahrzunehmen. Hat mir noch nie Spaß gemacht, nicht zu existieren.

Kam schließlich zu dem Entschluss, mal ein ruhiges Gespräch unter Männern mit Henry zu führen, nachdem Gerald mich mal wieder mit einer seiner üblichen Dummheiten hereingelegt hatte. Er setzte sich eines Nachmittags, als Anne nicht da war, mit tiefernster Miene zu mir und sagte, er müsse mich etwas fragen.

„Ja?", sagte ich.

„Eigentlich geht es um Henry Elknecht. Es gibt da ein Problem."

Einen panischen, verrückten Moment lang dachte ich schon, Gerald würde mir gleich eröffnen, Anne und Henry hätten sich zwei kleine Reisetaschen gepackt und wären zusammen in irgendeine exotische Stadt in Südamerika geflohen. Nach einem Moment des Nachdenkens dämmerte mir, dass dies ein nicht gerade wahrscheinliches Szenario war.

„Was für ein Problem denn?"

„Na ja, ich will ja nicht den Teufel an die Wand malen, Paps, aber – nun, angenommen, du würdest in der nächsten Zukunft ganz plötzlich sterben. Was *natürlich* der Himmel verhüten möge, aber nur mal angenommen."

„Okay, mal angenommen. Was hätte das mit Henry zu tun?"

„Nun“, fuhr Gerald ernsthaft fort, „angenommen, nach einer – nun ja – einer angemessenen Zeit wäre Mama so verzweifelt und einsam, dass sie beschlösse, ein neues Glück in den Armen von Henry Elknecht zu suchen ...“

„Wie bitte?!“

Gerald breitete die Arme aus.

„Es passieren nun mal seltsame Dinge, Paps. Wenn es um Gefühle geht, kann man keine Vorhersagen machen, stimmt's? Einsamkeit kann sehr komische Wirkungen bei Leuten hervorrufen. Jedenfalls, meine Frage ist folgende.“

„Ja, Gerald“, sagte ich. Ich ahnte schon, dass ich gleich eine ausgemachte Albernheit zu hören bekommen würde, wusste aber auch, dass ich mir dessen nicht völlig sicher sein konnte. „Wie lautet deine Frage?“

„Ja, also, es ist Folgendes. Wenn Mama Mr. Elknecht heiratet und dann Mrs. Elknecht heißt, bedeutet das, dass Henry mein Stiefelknecht ist?“

Einem erwachsenen Sohn kann man wohl keine Kopfnuss mehr geben, oder?

Das Erlebnis, in so eine lächerlich alberne Falle gelockt zu werden, hätte mich wahrhaftig dazu angespornt, etwas gegen Henrys ständige Besuche zu unternehmen; aber einige Tage später erfuhren wir, dass der alte Junge ganz plötzlich und unerwartet gestorben war. Wir gingen alle zu seiner Beerdigung und waren sehr traurig, besonders, wenn wir uns vorstellten, wie er im Himmel ankam und für alle Ewigkeit von seiner seligen Dora den Kopf gewaschen bekam, weil er Anne so eifrig nachgestiegen war.

Beendete meinen Vortrag, indem ich die Leute daran erinnerte, dass Christen ein Geheimnis kennen, von dem der Rest der Welt nichts ahnt. Wo ein Kreuz ist, kann es auch eine Auferstehung geben. Wenn Sie verletzt sind, sagte ich den Leuten, halten Sie durch und warten Sie, bis Gott Sie rettet. Im Himmel werden wir uns dann alle gegenseitig unsere Erlebnisse erzählen.

Sehr positive Reaktion von den meisten Zuhörern, die auch den

Tanz begeistert aufnahmen, den Angels nach meinem Vortrag für sie aufführte. Sie schienen im Lauf des Abends immer entspannter und heiterer geworden zu sein. Doch am Ende, nachdem der Applaus verklungen war, stand Dave Campbell (warum heißen solche Leute immer Dave Campbell), der Mann, der mich eingeladen und mir den Titel meines Vortrags nahe gelegt hatte, von seinem Platz in der ersten Reihe auf und trat gemessenen Schrittes ans Mikrofon. Er sprach in jener schmalzigen, samtigen Stimmlage, bei deren Klang ich früher manchmal am liebsten schreiend hinaus in die Nacht geflohen wäre.

„Ich bin sicher, wir sind Adrian alle sehr dankbar für seinen äußerst unterhaltsamen Vortrag, und natürlich wissen wir alle, dass der Herr Jesus Christus verheißen hat, in unsere Herzen einzukehren, wenn wir ihn einfach darum bitten. Was immer unsere Gedanken auch heute Abend betrüben mag, er wird gewiss alle Not in uns stillen. Der Herr ist mächtig und zögert nicht, die Probleme aus dem Weg zu räumen, die unseren Wandel mit ihm beeinträchtigen. Oh, meine Freunde, wenn wir uns nur nach ihm ausstrecken wollen in unserer Not, dann wird er treu und gerecht sein und uns zu Hilfe eilen. Jesaja sagt uns, dass das Wort, das aus seinem Mund kommt, nicht leer zu ihm zurückkehrt. Und das Volk Gottes sprach . . .?“

Ein paar vereinzelte Vertreter des Volkes Gottes murmelten ein unglückliches, schuldbeladenes „Amen“ vor sich hin, aber die Atmosphäre war ruiniert. Mit seiner Befürchtung, ich hätte vielleicht ein paar i-Punkte und t-Striche bei der Botschaft des Evangeliums vergessen, schien Dave Campbell sie wieder ganz an den Anfang zurückgeworfen zu haben. Die meisten dieser Leute wussten ja Bescheid darüber, wie sie Jesus in ihre Herzen einladen konnten. Mehr als alles andere auf der Welt wollten sie ihre Sache richtig machen und die Gefühle des Schmerzes und der Verwirrung überwinden, die sie in ihrem Leben behinderten. Eine Lehre, die ihnen sagt, dass B unweigerlich passieren muss, sobald sie nur A tun, kann nur zu Versagen und Schuldgefühlen führen, wenn diese Formel bei ihnen nun einmal nicht funktioniert. Anne, Gerald und ich wissen nur zu gut, dass Gott manchmal auf dem Weg von A nach B einen Umweg über H macht und dass es durchaus sein kann, dass er noch eben bei J und X hereinschaut und sich erst einmal Zeit nimmt, um zu sehen, wie I und K und W und Y und die übrigen Nachbarn zurechtkommen.

Ging am Ende rasch mit den anderen hinaus, anstatt noch mit Leuten zu reden und zu beten. Wünschte, ich hätte es nicht getan. Zeigt nur, wie anfällig ich bin. Nach Dave Campbells Schlusswort kam ich mir ganz und gar peinlich berührt und albern vor.

♦ ♦ ♦

Fühlte mich richtig schuldig und niedergeschlagen, als ich wieder ins Hotel kam. Anne heiterte mich ein bisschen auf, indem sie mir sagte, sie sehe mir an, wie es mir ergangen sein müsse. Ich weiß nie, ob Anne mir die Leviten lesen oder mich bemitleiden wird. Wahrscheinlich ist sie in dieser Hinsicht ein bisschen wie Gott.

Noch besser wurde es, als Anne mir von der Kinderstunde erzählte. Sie sagte, ein kleines Mädchen, das offensichtlich an all die fröhlichen Bastel- und Malstunden in der Kindergruppe dachte, habe in einen der Chorusse eingestimmt und aus voller Kehle gesungen: „Kommt, atmet auf, ihr sollt kleben ...!"

Als er das hörte, sagte Thynn, er habe sich als kleiner Junge immer darüber gewundert, dass die Leute immer Gott baten, der Königin Pflaumen zu schicken.

Wir machten alle blöde Gesichter.

„Wisst ihr, wenn wir die Nationalhymne sangen, dachte ich immer, es hieße ‚send her victorias' statt ‚send her victorious'. Und da meine Mutter immer mal Victoria-Pflaumen im Laden kaufte, dachte ich, wir würden Gott bitten, die der Königin zu schicken. Ich habe mich immer gefragt, was wohl Ihre Majestät mit all den Tonnen von Pflaumen anfing, die immer bei ihr ankommen mussten, wenn irgendwo jemand die Nationalhymne sang. Ich dachte, sie und der Herzog von Edinburgh müssten wohl jeden Tag Pflaumenkuchen essen und das Pflaumenmus direkt aus den Gläsern löffeln."

Konnte mir ein Lächeln nicht verkneifen, als ich daran dachte, wie ich einmal in der Gemeinde ein Stück inszeniert hatte und Leonard partout nicht von seiner festen Überzeugung abbringen konnte, dass es für einen Bühnensouffleur Tradition sei, eine Soldatenuniform zu tragen. Auch das ging auf irgendein Missverständnis in seiner Kindheit zurück, aber ich bin nie richtig dahinter gekommen, wie es zustande gekommen war. Er muss wohl die einzige Person in der Geschichte des Theaters sein, die je die Uniform eines französischen Kolonialoffiziers anlegte, um von einer fürs Publikum unsichtbaren Position aus den Schauspielern ihre Stichworte zu geben.

„Da ist noch etwas, was ich nicht verstanden habe, als ich klein war", sagte Thynn. „Wieso musste der Herr Jesus als neu geborenes Kind schon Gemüse essen?"

Kurzes, ratloses Schweigen.

„Weißt du", sagte Gerald langsam, nachdenklich und zutiefst genüsslich, „ich kann es kaum erwarten zu hören, warum du dachtest, er hätte schon als neu geborenes Kind Gemüse essen müssen. Das ist das, was ich an dir so mag, Leonard. Du sagst so etwas wie das und wir alle warten voller Ehrfurcht, anders kann ich es nicht ausdrücken, darauf, dass aus allen Richtungen des Universums irgendwelche Puzzleteile herbeifliegen und einer Aussage, die auf den ersten Blick völlig sinnlos ist, eine Bedeutung geben."

„Vielen Dank, Gerald, für das Vertrauen, das du in mich setzt."

„Keine Ursache, Leonard. Aber bitte sag uns, warum du dachtest, Jesus habe als Baby Gemüse essen müssen. Dann kann ich in Frieden sterben."

„Na ja, irgendwann hat jemand in der Kirche aus der Bibel vorgelesen und gesagt: ‚Und sie brachten Gold, Weihrauch und Möhren.' Und da dachte ich ..."

Der Rest von Leonards Erklärung ging in dröhnendem Gelächter unter. Als wir uns wieder ein bisschen beruhigt hatten, fragte Anne: „Und du, Angels? Hast du auch als kleines Mädchen irgendetwas gedacht, was sich dann als falsch herausgestellt hat, als du älter wurdest?"

Wir alle sahen Angels an. Erstaunlich, wie viel lockerer sie geworden ist, seit wir sie kennen gelernt haben. Sie scheint ihre langen, obskuren Reden gar nicht mehr nötig zu haben.

Peinliche kleine Pause, dann stiegen plötzlich Tränen in Angels' große Augen und sie sagte mit einem leisen Zittern in der Stimme: „Ich dachte, ich würde mal glücklich sein."

Anne setzte sich neben Angels und legte ihr den Arm um die Schultern. Leonard schaute entgeistert zu und rang gequält die Hände.

„Aber Angels, Liebes", sagte Anne, „was immer früher gewesen ist, jetzt haben Sie doch Leonard und wir mögen Sie alle sehr gern. Sie – du bist unsere Freundin und wir freuen uns sehr, dich bei uns zu haben." Sie schaute Gerald und mich an. „Oder etwa nicht?"

„Und ob!", sagte Gerald. „Ich finde, du bist eine Bombe."

Hatte noch nie Talent zu solchen Sachen. Mir bleiben Gefühle immer in der Speiseröhre stecken und kommen dann ganz steif und kalt heraus wie ein gefrorenes Hühnchen. Mir hätte es leicht passieren können, dass ich etwas in der Art gesagt hätte wie: „Ich möchte mich in aller Form den soeben von meiner Gattin geäußerten Empfindungen anschließen und meinen allerbesten Wünschen für Ihr zukünftiges Glück Ausdruck geben."

Zum Glück ließ ich das bleiben! Ich nickte nur und lächelte so herzlich ich konnte.

„Es ist bloß so", sagte Angels, immer noch mit diesem Zittern in der Stimme, „dass ich nie so sein kann wie ihr – ich kann nie ein Christ sein, meine ich."

„Warum nicht?", fragte Gerald ganz leise.

Angels warf Leonard einen flüchtigen Blick zu, bevor sie antwortete.

„Ach, ich habe – alles Mögliche angestellt. Schlimme Sachen. Vor allem, als ich noch als Tänzerin Geld verdient habe und überall unterwegs war. Ich habe ein paar ziemlich blöde, schlimme Sachen gemacht in meinem Leben. Das hat mich sehr schwach gemacht und – irgendwie abgenutzt. Ich kann mir nicht vorstellen, dass Gott etwas von mir wissen will. Nicht, wenn er gesehen hat, was ich getan habe. Glaubt ihr, er hat gesehen, was ich getan habe?"

„Oh ja", sagte Gerald. „Ihm entgeht keine Einzelheit – aber Angels, weißt du, das ist ja eine furchtbare Neuigkeit."

Angels riss die Augen ganz weit auf.

„Meinst du, ich kann nicht mehr mit euch zusammen ..."

„Ach was, Unsinn! Nein, ich meine, die schlechte Neuigkeit ist, dass auch von uns keiner Christ sein kann."

„Was Gerald in seiner typisch verschlungenen Art ausdrücken will", sagte Anne, während sie Angels' Schultern drückte und sie anlächelte, „ist, dass wir alle keine Christen sein könnten, wenn Gott uns nach den Dingen beurteilen würde, die wir getan haben. Wir haben alle Fehler gemacht. Kleine Dinge, große Dinge, in gewissem Sinn ist es ganz egal, ob man jemanden umgebracht oder bloß nicht beim Abwasch geholfen hat. Der größte und wichtigste Fehler, den wir machen können, ist, herauszufinden, dass Gott uns liebt wie der allerbeste Vater, den wir uns nur vorstellen können, und dass er möchte, dass wir zu ihm nach Hause kommen und in seiner Nähe sind, und dann trotzdem nicht zu ihm zu gehen."

„Mein Papa hat mich sehr geliebt", sagte Angels leise.

„Na, dann stell dir mal Folgendes vor. Dein Papa sagt zu dir: ‚Angela, ich habe dich sehr lieb, bitte komm und drück mich.' Und du drehst dich zu ihm um und sagst: ‚Nein, ich drücke dich nicht. Du hast mich überhaupt nicht lieb. Ich war letzte Woche fünfmal böse, da kannst du mich ja gar nicht lieb haben.'"

Zwei riesige Tränen kullerten aus Angels Augen und rannen hinab auf ihre Nachtischschale.

„So etwas hätte ich nie zu meinem Papa gesagt. Er hat mich wirklich sehr lieb gehabt."

„Gott liebt dich noch mehr, als es dein Papa getan hat", sagte Anne, „und ich bin ziemlich sicher, dass er dich gerne mal drücken würde." Sie blickte auf. „Adrian und Gerald, wie wär's, wenn Leonard, Angels und ich uns mal ein bisschen unterhalten und wir uns dann später wieder treffen?"

♦ ♦ ♦

Barry zog sich in sein Zimmer zurück, während Gerald und ich uns an die Bar setzten und uns einen Brandy genehmigten.

Dachte einen Moment lang nach und sagte dann: „Wie hat es deine Mutter nur geschafft, mitten in der Hitze des Gesprächs daran zu denken, dass Angels' Vater sie Angela nannte und nicht Angels?"

„So ist eben Mama", sagte Gerald schmunzelnd, „sie trifft meistens das Richtige, nicht wahr? Ich wünschte, ich könnte sie mit in meine Gemeinde nehmen."

Gesellige Pause, dann sagte ich in so beiläufigem Ton, wie es mir möglich war: „Sag mal, nur so aus Interesse, Gerald, wenn du auf dein Leben zurückblickst, gibt es da viel, wovon du dir wünschst – nun, wofür du dich wirklich schämst?"

„Ich? Oha, mal überlegen." Er starrte ein paar Augenblicke lang zur Decke empor. „Also, da war so eine Sache, die ein paar von uns angestellt haben, als wir noch auf der Uni waren, an die ich nicht einmal denken kann, ohne mich entweder abgrundtief zu schämen oder laut loszulachen – oder beides. Dir und Mama habe ich damals natürlich nichts davon erzählt."

„Na, dann los", sagte ich. „Raus damit."

„Na schön. Bist du sicher, dass du das hören willst?"

„Klar!"

„Okay. Erinnerst du dich an die Wohnung im zweiten Stock mit dem feudalen Balkon, die mein Freund Jeff und ich mal hatten, an diesem hübschen kleinen Platz mit den Blumenbeeten in der Mitte, unten in Southampton?"

„Ob ich mich an die erinnere? Wie könnte ich die vergessen? Ich hätte mir fast den Rücken ausgerenkt, als ich bei deinem Einzug das ganze Zeug in den zweiten Stock hinaufgehievt habe. Irgendwann auf der Treppe gab es einen furchtbaren Moment, wo es sich anfühlte, als hätte sich eines dieser blöden oben dicken und unten dünnen Tischbeine mit voller Absicht von vorn durch meinen Rücken in die Wand gebohrt. Ich dachte schon, ich müsste den Rest meiner Tage aufgespießt in dieser Treppenbiegung verbringen und müsste über die Tischkante hinweg mit dem langen Löffel gefüttert werden ...“

„Jedenfalls, da war so ein langer, dünner, älterer Mann mit Hakennase namens Dunmall, der in der Wohnung unter uns wohnte und sich vom ersten Tag an vornahm, uns das Leben schwer zu machen.“

„Ja, ich erinnere mich dunkel, dass du ihn mal erwähnt hast. Stand der nicht ständig bei euch auf der Matte, weil ihr angeblich zu laut wart?“

„Genau. Schon an dem Tag, als ihr uns beim Einzug geholfen hattet, kurz nachdem wir mit dem Essen vom Takeaway-Chinesen fertig waren und du mit Mama losgefahren warst, kam er herauf, hämmerte an die Tür und sagte, wir hätten uns angehört wie eine Herde wahnsinniger Nashörner, die da über seinem Kopf herumtrampelten, und er hoffe, das werde sich in Zukunft ändern. Na ja, ich weiß nicht, wie gut du dich an Jeff erinnerst, aber neben seinem Sinn für Humor nahm ich mich aus wie ein mumifizierter Leichenbestatter. Er reagierte, als ob der Kerl uns mit offenen Armen willkommen geheißen hätte, verzog keine Miene und sagte ungefähr Folgendes:

‚Das ist aber nett von Ihnen! Gerald und ich sind genauso froh darüber, dass wir hier sind, wie Sie. Und wenn ich das sagen darf, es ist wirklich wohltuend, so herzlich willkommen geheißen zu werden. Danke, dass Sie sich die Mühe gemacht haben, uns einen anstrengenden Tag ein kleines bisschen leichter zu machen.‘

War natürlich komplette Zeitverschwendung. Mr. Dunmall entpuppte sich als jemand, der völlig unfähig war, zu verstehen, was man ihm sagte, wenn es nicht etwas war, was er zu hören erwartete. Von da an ließ er uns keine Ruhe mehr. Wir gaben uns alle

Mühe, unnötigen Lärm zu vermeiden, schlichen auf Zehenspitzen herum wie Gespenster, wenn es spät war, und ließen uns endlos Zeit, um die Türen zu schließen und dergleichen. Wir taten, was wir konnten. Wir luden ihn sogar ein paar Mal zum Kaffee ein, aber nichts half so richtig. Schließlich waren wir ja Studenten, und aus seiner Sicht bedeutete das, dass wir offensichtlich in alle möglichen grauenhaften Machenschaften verwickelt sein mussten. Es war eine schöne Wohnung und wir hatten eine tolle Zeit dort, aber da war ständig diese nagende, unterschwellige Spannung. Deshalb dachten wir, als wir auszogen, es wäre doch nett, Mr. Dunmall ein kleines Abschiedsgeschenk zu hinterlassen."

„Das war aber nett von euch, angesichts der Umstände."

„Glaub mir, das war es ganz und gar nicht."

„Oh."

„Nein, wir machten Folgendes. Wir besorgten einen Karton, legten ein paar Sachen hinein und ließen den Deckel offen. Am Tag, als wir auszogen, gaben wir den Karton bei Mr. Dunmall ab und erzählten ihm, er gehöre der Person, die in ein paar Tagen unsere Wohnung übernehmen werde. Wir fragten ihn, ob er ihn in Verwahrung nehmen könne, bis der neue Mieter ihn sich holen würde. Nun, er war natürlich nicht sonderlich scharf darauf, aber wir waren ziemlich sicher, dass er recht neugierig auf den Inhalt des Kartons sein würde, und ließen ihn bei ihm. Kurz darauf machten wir uns mit unseren restlichen Sachen aus dem Staub, nachdem Jeff ihm noch gesagt hatte, wie dankbar wir für seine Nachsicht und Unterstützung während unserer Zeit dort wären und wie sehr wir das gegenseitige Geben und Nehmen zu schätzen wüssten, das unsere nachbarschaftliche Beziehung so besonders angenehm gemacht habe." Gerald warf plötzlich den Kopf zurück und lachte. „Dieser Jeff war wirklich ein Komiker, weißt du. Fast hätte ich ihm selber seinen Quatsch abgekauft."

„Und was war in dem Karton?"

„Ach, nur ein paar Kleinigkeiten, um Mr. Dunmalls Vorfreude auf seine neuen Nachbarn zu steigern. Lass mich mal überlegen. Da war zum Beispiel ein dicker Ordner, verschlossen, aber mit einem sehr überzeugend aussehenden Etikett auf der Vorderseite, auf dem in großen, roten Buchstaben stand: ‚SCHWULENGAZETTE 1-20'. Dann ein Notenheft, das wir in der Stadt gekauft hatten, mit dem Titel ‚Violine für Anfänger ohne Vorkenntnisse'. Was noch? Ach ja, da war noch eines von diesen hilfreichen Ratgeberbüchern. Es handelte davon, wie man mit Erfolg auf engem Raum eine Party mit vielen Gästen organisiert. Einen Basketball ohne Luft legten wir auch hinein, um seiner Fantasie ein bisschen auf die Sprünge zu helfen, und ein paar alte Ausgaben einer Zeitschrift namens ‚Hi-Fi Professional'. Ich glaube, sogar ein Hammer und ein paar Sechs-Zoll-Nägel waren dabei. Ach, fast hätte ich es vergessen, Jeff und ich hatten auf dem Flohmarkt ein paar alte Stepptanzschuhe aufgegabelt; die taten wir auch hinein. Ich kann dir sagen, wir haben eine Menge Überlegung und Zeit und Mühe in diese kleine Sammlung gelegt. Später saßen wir bei einem Bier zusammen und hatten unseren Spaß daran, uns vorzustellen, was für ein Gesicht Mr. Dunmall wohl gemacht haben musste, als er die Sachen durchstöberte."

„Rache ist süß, was?"

„Tja, ich muss zugeben, dass es ein ziemlich gutes Gefühl war, mir vorzustellen, wie sich Mr. Dunmall auf den Abend freute, an dem über seinem Kopf eine rauschende Schwulenfete stattfinden würde, bei der irgendjemand im Hintergrund grottenschlecht Geige spielt, ein anderer mit einem Basketball durch den Flur dribbelt, die Stereoanlage bis zum Anschlag aufgedreht ist, dicke Sechs-Zoll-Nägel in die Wände gehämmert werden und, nur um das Ganze abzurunden, in den frühen Morgenstunden eine hektische Stepptanznummer aufgeführt wird. Aber wenn ich heute daran zurückdenke, habe ich ein schlechtes Gewissen. Ich meine, das war nicht gerade das, was man sich unter einem guten Zeugnis vorstellt, oder? Außerdem haben wir nie erfahren, was passierte, als die neuen Mieter dann eintrafen und den Karton, der angeblich ihnen gehörte, überreicht bekamen. Allein die Vorstellung! Um ehrlich zu sein, unser sehnlichster Wunsch damals war es, dass jemand Mr. Dunmall besuchen und seinen Ordner mit der Schwulengazette in der Ecke entdecken würde." Er schüttelte den Kopf. „Man denkt einfach nicht genug nach, wenn man jung ist, stimmt's? Ich meine, stell dir bloß mal vor, Mr. Dunmall würde eines Tages in meine Kirche kommen und mich da vorne stehen sehen. Wahrscheinlich würde er auf dem Absatz kehrtmachen und geradewegs wieder hinausgehen. Was wäre das für eine Tragödie."

Gerald und ich nickten einander einige Sekunden lang ernst zu. Dann, als hätte jemand einen Schalter umgelegt, brachen wir beide genau im gleichen Augenblick in prustendes Gelächter aus.

Das ist ein Problem, das mir schon oft aufgefallen ist. Das Christsein wäre viel einfacher, wenn die Wirklichkeit nur schwarz und weiß wäre. Ein gutes Beispiel dafür ist es, wenn man die falschen Dinge witzig findet. Wenn geschmacklose Witze und Situationen einen nie zum Lachen bringen würden, gäbe es kein Problem.

Geralds Geschichte erinnerte mich an eine Gelegenheit, als ich allein in den Südwestzipfel Englands reiste, um in einer Gemeinde zu sprechen. Als ich ankam, machten die Leute, die an dem Abend mitarbeiteten, gerade eine Pause. Sie saßen in einem kleinen Kreis im Gemeindesaal auf Stühlen, tranken Tee und plauderten. Genau in dem Moment, als ich durch die Tür trat, gab ein Mann mit schmalem, sich nach oben verjüngendem Kopf, der mit grauem Gesicht stocksteif dasaß und fast wie ein Leichenbestatter aussah, die folgenden bildkräftigen Worte von sich:

„Also die Übungsstunde konnte stattfinden wie geplant, aber wir mussten uns dabei die Klöppel hochbinden."

Inzwischen hatten alle bemerkt, dass ich hereingekommen war, und ein paar standen auf, um mich zu begrüßen, während ein anderer mir eine Tasse Tee einschenkte, sodass das Gespräch erst seinen Fortgang nahm, als wir uns alle wieder im Kreis niedergelassen hatten. Freilich war nun nicht mehr von den Klöppeln die Rede, sodass ich nur rätseln konnte, wovon in aller Welt der düster dreinblickende Mann gesprochen hatte. Noch schlimmer war, dass etwas an der tiefernsten Art, mit der er diese verblüffenden Worte vorgetragen hatte, meinen Sinn für Humor so gekitzelt hatte, dass ich kaum an mich halten konnte. Als ich schließlich die Nachricht, dass die Dame, die für das Abreißen der Eintrittskarten verantwortlich war, krank geworden war und nicht kommen konnte, mit einem plötzlichen Losprusten quittierte, wurde mir endgültig klar, dass ich nach dem Sinn der Worte fragen musste, falls ich nicht noch mehr den Eindruck eines herzlosen Spinners erwecken wollte, als ich es bereits getan hatte.

„Es tut mir Leid", sagte ich. „Ich habe nicht wegen der armen Mrs. Jennings gelacht. Ehrlich nicht. Ich hoffe, es geht ihr bald wieder besser. Nein, es ist nur, dass ich mir immerzu den Kopf darüber zerbreche, was der Mann da drüben gesagt hat, als ich eben in den Saal kam."

Acht Augenpaare schauten mich arglos und neugierig an. Beinahe hätte ich gekniffen. Vielleicht hatte ich mir das alles ja auch nur eingebildet. Wie, so fragte ich mich, konnte es möglich sein, dass ein so kerzengerader, schmalgesichtiger Mann diese Folge von Worten von sich gegeben hatte?

„Meinen Sie Mr. Salmons?", fragte eine der Damen und machte eine kleine Handbewegung in Richtung des betreffenden Herrn.

„Äh, ja", erwiderte ich, „genau, es war Mr. Salmons."

„Was hat er denn gesagt?", erkundigte sich eine kleine Dame mit Sahneröllchen auf dem Kopf und hellblauen Augen, die aussah, als hätte sei seit dem Tag ihrer Geburt noch nie etwas auch nur im Entferntesten Unschickliches gedacht, getan, gesagt oder gesehen.

„Nun ja..."

Ich stockte und versuchte, mit kumpelhaftem Grinsen zum Ausdruck zu bringen, dass wir doch alle welterfahrene Zeitgenossen seien, die auch das Komische an gewissen vulgären Dingen wahrnehmen könnten, selbst wenn wir fest hinter unseren gemeinsamen hohen Maßstäben des Anstands und der guten Sitten stünden.

„Als ich eben hier durch die Tür hereinkam", sagte ich, „sagte Mr. Salmons gerade – oder ich glaube, er sagte –, die Übungsstunde habe stattfinden können wie geplant, nur hätten Sie sich die Klöppel hochbinden müssen."

Ich wartete. Irgendjemand in diesem Kreis der Unschuld würde doch wohl nachempfinden können, wie seltsam sich das für jemanden anhören musste, der plötzlich in dieses Gespräch hereinplatzte? Ich spähte nach einem Anflug von Erheiterung in ihren Gesichtern. Nichts. Im Land der Reinen ist ein Mann mit Sinn fürs Vulgäre ein Idiot.

„Ganz richtig", sagte Mr. Salmons mit seiner trockenen, leidenschaftslosen Stimme. „Die Person, die wir eingeladen hatten, um unsere Handglocken-Übungsstunde zu leiten, hatte sich verspätet, und als wir endlich anfingen, hielten wir es nicht für angebracht, unsere Nachbarn noch zu so später Stunde mit dem Klang von Glocken zu belästigen. Deshalb einigten wir uns darauf, die verschiedenen Übungen nur zum Schein zu absolvieren, mit hochgebundenen Klöppeln, um keinen Anstoß zu erregen."

Bestätigendes Nicken ringsum im Kreis.

„Ah", sagte ich mit dünner Stimme, „das erklärt alles. Die Klöppel hochgebunden, um keinen Anstoß zu erregen. Vielen Dank für, äh – für die Erklärung. Vielen Dank."

Von diesem Moment an schien die Gruppe mich als liebenswert, aber überraschend begriffsstutzig anzusehen. Alles wurde mir eine Spur ausführlicher erklärt, als es unbedingt notwendig gewesen wäre, und man gab sich alle Mühe, dafür zu sorgen, dass ich nie irgendetwas selbst finden musste. Alle waren sehr freundlich und aufmerksam zu mir, aber am Ende des Abends kam ich mir vor wie ein Trottel mit einem dunklen Geheimnis. Ich beschloss, es mir in Zukunft sehr genau zu überlegen, bevor ich Fragen stellte, auf die ich nicht unbedingt eine Antwort brauchte.

Fragte Anne, wie es mit Angels gegangen sei, als ich zurück ins Zimmer kam.

„Ach, Adrian", sagte sie, „sie ist so ein lieber Mensch und dabei so sicher, dass sie gar nichts wert ist. Ich weiß, Leonard und sie kennen sich erst seit kurzem, aber wäre es nicht wunderbar, wenn sie zusammenbleiben würden? Der arme Leonard ist ganz nervös darüber, ob sie Christ werden wird oder nicht."

„Glaubst du, sie wird es?"

„Wenn wir beständig für sie beten, vielleicht. Ich denke, es wäre gut, jetzt gleich für sie zu beten, oder?"

„Ja."

Und das taten wir.

Montag, 19. September

Heftige Debatte im Auto heute früh auf dem Weg nach Hause. Thema: Wie sehr lenkt Gott jeden Bereich unseres Lebens. Angels meinte, sie würde ja gerne glauben, dass Gott sich wirklich für jede kleine Einzelheit interessiert, die uns widerfährt, aber wenn man sich all die furchtbaren Dinge anschaue, die in der Welt passieren, sei das sehr schwer zu glauben.

Barry sagte darauf: „Aber nicht bei Christen", und ging prompt in den Wellen des Protestes unter, die von allen Seiten auf ihn einstürmten. Jeder schien mindestens eine Geschichte parat zu haben, wie einem Christen etwas unvorstellbar Scheußliches passiert war. Irgendwann kämpfte sich Barry zurück an die Oberfläche und sagte: „Aber die Bibel sagt das doch ganz eindeutig. Nicht ein einziger Spatz fällt zu Boden, ohne dass der Vater es weiß."

„Ja", sagte Anne ernst, „er weiß es, aber sie fallen trotzdem zu Boden, oder, Barry? Jesus hat uns nie verheißen, dass wir von Problemen verschont bleiben, nur, dass er mitten in ihnen bei uns sein würde. Auch Christen passieren ständig schreckliche Dinge. Erinnerst du dich an die Frau bei der Veranstaltung, bei der wir waren, Adrian, die sagte, dass jedes Jahr Zehntausende von Christen an verschiedenen Orten der Welt als Märtyrer sterben? Da fallen jede Menge kleiner Spatzen zu Boden, und soweit wir wissen, passieren nicht sehr viele Wunder zu ihrer Rettung. Ich bin Gott nur dankbar, dass er sie kennt und dass sie ihre gebrochenen Flügel an einem anderen Ort heilen lassen können."

Ein paar Momente Stille; dann sagte Barry: „Ja, aber Sie müssen zugeben, dass oft, wenn Sie zurückblicken auf das, was Ihnen passiert ist, der Sinn erkennbar wird. Sie wissen schon, Sie können sehen, welcher große Plan dahinter stand. Neulich unterhielt ich mich mit einer Dame, die bei einem Verkehrsunfall ihren kleinen Sohn verloren hatte. Nur zwei Monate später wurde ihre Großmutter schwer krank und musste bis zu ihrem Tod rund um die Uhr gepflegt werden. Die Dame sagte mir, jetzt könne sie sehen, dass sie sich unmöglich um ihre Oma hätte kümmern können, wenn sie noch ihren Sohn gehabt hätte. Sie sehen also, im Rückblick steckte da ein Grund dahinter – ein Muster."

Keiner sagte etwas, während wir alle uns dieses trübselige Bild eines Gottes durch den Kopf gehen ließen, der es wie ein allmächtiger, skrupelloser Organisator von Pflegedienst-Einsatzplänen für richtig erachtete, den Tod eines kleinen Jungen zu veranlassen, um einem bevorstehenden Personalengpass zu begegnen.

„Ich glaube, das bringt Gott zum Weinen", sagte Anne schließlich.

„Was?", fragte Barry.

„Ach, wissen Sie, der Gedanke an diese Dame, die da am Ende ihres traurigen kleinen Abzweiges von der Hauptstraße kauert und sich fest an so eine erbärmlich fadenscheinige Begründung klammert und sich abmüht, zu akzeptieren, dass sie wirklich nichts Besseres bekommt. Ja, ich weiß, manchmal ist das richtig, was Sie sagen, Barry, aber sehr oft ist es wohl nur wieder einer von diesen allzu menschlichen Tricks, mit denen wir uns um die Tatsache herumdrücken, dass wir am Ende nur Gott vertrauen können oder eben nicht. Ich bin bereit, dir bedingungslos nachzufolgen – solange es nach meinen Spielregeln geht. Das ist es doch, was die meisten von uns zu Gott sagen, oder?"

Manchmal ist Anne schon erstaunlich.

„Hm, aber ich weiß nicht recht, Mama, manchmal erscheinen einem die Dinge im Rückblick wirklich anders", sagte Gerald in seinem typisch ominösen Tonfall.

Machte mich auf etwas gefasst.

„Neulich zum Beispiel hatte ich ein furchtbares Erlebnis. Ich ging gerade in aller Ruhe die Straße entlang, als sich plötzlich der Erdboden auftat; ein gewaltiger Wind begann zu rauschen, riesige Reiter auf gewaltigen Rossen erschienen zwischen den Wolken, eine tiefe Finsternis legte sich über das Land, vom Himmel herab kam ein strahlender Thron, auf dem eine weiß gekleidete Gestalt saß, die ein Schwert in der Hand hielt und leuchtete wie die Sonne. Na, du kennst das ja, in dem Moment kam es mir vor wie das Ende der Welt, aber im Rückblick ..."

♦ ♦ ♦

Ein Punkt, in dem Gerald sich überhaupt nicht verändert hat, ist seine Neigung, einen Witz oder ein Argument so lange auszupressen und zu melken, bis kein einziger Tropfen mehr darin ist. Wäre ja nicht so schlimm, aber die anderen scheinen ihren Spaß daran zu haben und machen mit, wenn er einmal in Fahrt ist. Heute Morgen wieder so ein lächerliches Beispiel, als wir nur noch eine Meile von zu Hause waren.

Ich sagte: „Sollen wir hier rechts abbiegen und durch die Siedlung fahren, oder sollen wir bis zum Gartenmarkt warten und von dort hinunter in die Stadt fahren?"

Ungläubig erwiderte Gerald: „Hinunter? Vom Gartenmarkt geht es doch nicht *hinunter* in die Stadt. Es geht *hinauf*. Jeder, der hier oben wohnt, sagt: ‚Ich fahre nur mal schnell hinauf in die Stadt.' So heißt das. Man fährt *hinauf* in die Stadt."

„Aha!", gab ich zurück. „Du sagtest eben: ‚Jeder, der hier *oben* wohnt.' Wie können die sagen, sie fahren *hinauf* in die Stadt, wenn sie doch schon hier *oben* sind?"

„Ach, das ist doch bloß ein Ausdruck!", sagte Gerald. „Man sagt eben, man wohnt hier *oben* an diesem Ende der Stadt, und wenn man in die Innenstadt will, sagt man, man fährt *hinauf* in die Stadt, weil das eben immer so gesagt wurde. Man fährt *hinauf* in die

Stadt." Er wandte sich an die anderen. „Ist es nicht so, dass man von hier aus *hinauf* fährt?"

Alle nickten und sagten irgendetwas mit *hinauf* in Kursivschrift.

Anne fügte hinzu: „Und überhaupt, Schatz, die Straße geht tatsächlich fast den ganzen Weg vom Gartenmarkt bis in die Stadt bergauf."

„Berg*auf*? Tut sie *nicht!*", protestierte ich höhnisch. „Es geht fast den ganzen Weg bergab. Deswegen ist es ja auch viel sinnvoller, zu sagen, man fährt hinunter in die Stadt."

Ein Chor spöttischen Gelächters von den anderen.

„Nun", sagte ich, „wir werden es ja gleich sehen, nicht wahr?"

Schon komisch, wie einen das Gedächtnis im Stich lassen kann. Nachdem wir rechts abgebogen waren, ging es eine lange, steile Steigung hinauf, bevor das kurze Stück bergab kam, das sich in meiner Erinnerung festgesetzt hatte. Von diesem Moment an wurden die Bemerkungen der anderen meiner Ansicht nach immer kindischer und alberner.

Als wir begannen, die Steigung hinaufzufahren, sagte Gerald: „Tja, sieht so aus, als hätte Paps mal wieder absolut Recht. Ich lege wohl mal lieber den ersten Gang ein und behalte den Fuß auf der Bremse. Und los geht es, hinunter, hinunter, hinunter in die tiefsten Eingeweide der Erde; unaufhaltsam schrauben wir uns hinab in jene finstere, unbekannte Welt in der Mitte unseres Planeten. Alles klar bei dir, Mama?"

„Ja, danke, nur ein bisschen schwindelig", sagte Anne. „Ich konnte noch nie aus großer Höhe nach unten sehen, ohne dass sich bei mir im Kopf alles zu drehen anfing."

„Es ist fast so wie am Ende von ‚Titanic'", sagte Angels, während sich unser Minivan weiter den Hang hinaufquälte, „wo das Heck des Schiffes sich aus dem Wasser hebt und die Leute Dutzende Meter tief ins Wasser stürzen. Haltet euch lieber fest!"

„Wir geraten in den Sog!", rief Gerald, als müsste er die Hintergrundmusik auf dem dramatischen Höhepunkt eines ganz üblen Katastrophenfilms mit Doug McClure in der Hauptrolle übertönen. „Jungs, es wird heiß! Wir können nicht mehr weit vom geschmolzenen Kern im Mittelpunkt der Erde entfernt sein!"

Als dann noch Leonard anfing, mit australischem Akzent zu sprechen, „um nicht so aufzufallen, wenn wir ankommen", fand ich, jetzt sei es genug.

„Schon gut, schon gut! Sehr witzig, haha! Wir fahren bergauf bis zu dem Stück, wo es auf dem Weg hinauf in die Stadt hinuntergeht, und mir ist jetzt alles egal. Ich gebe auf."

„Du gibst *auf*? Meinst du nicht *hinunter*, Paps?"

♦ ♦ ♦

Unser freier Tag!

Schaute gleich nach unserer Ankunft bei Bernadette vorbei. Erzählte ihr, wie begeistert die Leute von Zaks Bildern waren, und gab ihr das Geld für die drei, die bereits verkauft waren. Sie vergoss ein Tränchen und sagte mir, wie viel Freude es ihr während der letzten drei Tage gemacht habe, daran zu denken, dass die Bilder ihres Mannes mit uns unterwegs waren. Fast so, als wäre er selbst bei uns, sagte sie. Trank eine Tasse Tee mit ihr, gab ihr ein Küsschen auf die Wange und ging wieder.

Kam heim und ließ mich in der Küche nieder, um Bilanz zu ziehen. Ein paar Dinge gingen mir durch den Kopf. Eines ist, dass es alle möglichen Bereiche in meinem Leben gibt, in denen ich ziemlich inkompetent bin. Ertappte mich bei dem Wunsch, malen zu können wie Zak, aber ich komme meistens nicht einmal mit den ganz praktischen Dingen klar, geschweige denn mit künstlerischen Aktivitäten. Muss einen Weg finden, die eine oder andere dieser Unzulänglichkeiten anzugehen.

Musste heute Morgen auch darüber nachdenken, dass unsere kleine Tournee mir bisher richtig Spaß gemacht hat, bis auf ein paar negative Dinge, die sich jedes einzelne Mal wiederholt haben, wenn wir an einem Veranstaltungsort ankamen, wo wir alle gemeinsam auftreten sollten. Das eine ist Angels und der Platz, den sie für ihre Tänze braucht, und das andere ist Thynn mit seiner Leinwand, seinem Projektor und seinen Dias.

Ich kann mich irren, aber ich habe das Gefühl, wenn wir in der Wüste Gobi ankämen und ich zu Angels sagen würde, sie könne die gesamte Sandfläche nach Herzenslust für ihre Zwecke nutzen, würde sie mir sagen, die Umgebung habe etwas Klaustrophobisches an sich, dass es ihr schwer, wenn nicht gar unmöglich mache, sich mit wahrer künstlerischer Freiheit auszudrücken. Mir ist klar, dass sie nur aus purem Lampenfieber so reagiert, aber nach einer Weile kann es einem schon auf die Nerven gehen.

Gehe wohl lieber mal zu Anne und frage sie, was sie denkt, bevor ich weiterschreibe.

Habe Anne gefragt, was sie denkt.

Ich sagte: „Vielleicht wäre es besser, wenn wir uns das Publikum sparen würden. Wir könnten einfach alle Stühle hinausräumen und Angels auf der übrigen Fläche tanzen lassen und wir schauen alle zu."

„Sei nicht albern Schatz", erwiderte Anne. „Wir haben es hier mit jemandem zu tun, der sehr tapfer ist. An solchen Orten aufzustehen und zu tanzen, das ist für Angels jedes Mal so, als müsste sie einen steilen Berg erklimmen. Ich finde, sie hält sich bemerkenswert gut. Lass uns ihre Nervosität ertragen und ihr weiter Mut machen."

Tja, nun, das ist genau die Antwort, die ich mir selbst gegeben hätte, wenn ich mich gefragt hätte, wie ich über das denke, was ich gerade denke – wenn Sie verstehen, was ich meine.

Sagte nichts davon, wie es mir mit Thynn ging.

Ich habe Leonard wirklich ausgesprochen gern, aber ich muss bekennen, dass es Momente gibt, in denen ich ihn als aussichtsreichen Kandidaten für jenen gigantischen, imaginären Küchenmixer sehe, in den ich im Geiste Leute stecke wie diesen großspurigen Gnom im Fernsehen, der immer über Antiquitäten redet, oder die Dame aus unserer Straße, die mich, seit ich mich erinnern kann, jedes Mal, wenn wir uns sehen, missbilligend anschaut, oder die muskulösen jungen Männer mit gertenschlankem Oberkörper und nach hinten gedrehter Baseballkappe, die auf dem Court neben mir mit vollem Einsatz Tennis spielen und dafür sorgen, dass ich mir alt und albern vorkomme. Hört sich nicht gerade fromm an, oder? Ich versuche schon seit einer Ewigkeit, diesen Küchenmixer loszuwerden, aber er kommt mir immer wieder in den Sinn.

Das Problem mit Thynn auf dieser Tournee ist, dass er von einer Veranstaltung zur nächsten nichts zu lernen scheint. Jedes Mal, wenn er einen neuen Raum betritt, fängt er an zu schnattern vor Panik, rennt wie Forrest Gump am Rand der Kirche oder des Saals herum und jammert, hier gebe es ja überhaupt keine Möglichkeit, einen Projektionsabstand von zweieinhalb Metern zwischen Projektor und Leinwand einzuhalten. Dann, nachdem ich eine Möglichkeit dazu gefunden habe und er wieder einmal den bösen Geist besiegt hat, der dieser riesigen Leinwand und ihrem Rahmen innezuwohnen und sie in ein gewaltiges Segel zu verwandeln scheint, wann immer man versucht, sie irgendwo aufzuhängen, kommt der Moment, um die Dias im Karussellmagazin durcheinander zu bringen und dafür zu sorgen, dass sie in völlig falscher Reihenfolge in die kleinen Schlitze einsortiert werden.

Um fair zu sein, es liegt nicht nur an Leonard. Es ist wirklich schon unheimlich, wie diese Dias durcheinander geraten, wie viel Mühe man sich auch beim Einsortieren gibt. Am ersten Abend zum Beispiel wurde meine Frage an das Publikum nach Gottes letztem Ziel für jeden Einzelnen von uns mit einer Nahaufnahme von Leichen aus einem Kriegsgebiet illustriert. Wenig später redete ich davon, wie der Heilige Geist durch die Äußerlichkeiten hindurchschaut und uns so sieht, wie wir eines Tages vor Gott erscheinen werden. Nach dem Dia zu schließen, das Thynn in diesem Moment an die Leinwand warf, werden wir alle, wenn wir im Himmel ankommen, ziemlich genauso aussehen wie der surrealistische Maler Salvador Dali in einem seiner besessensten Momente. Natürlich machten wir Thynn hinterher zur Schnecke und am nächsten Abend saßen wir zu viert um das Magazin herum und beobachteten mit Adleraugen jedes einzelne Dia, während es mit äußerster Konzentration einsortiert wurde. Sie sind alle nummeriert, sodass es theoretisch nicht den geringsten Grund gibt, warum es je ein Problem geben sollte. Als wir einen kleinen Testlauf machten, um uns zu vergewissern, dass alles in Ordnung war, stellten wir fest, dass sämtliche Dias in umgekehrter Reihenfolge im Magazin steckten.

„Ach, das macht gar nichts, wisst ihr", sagte Leonard aufgeregt, „ich drücke einfach auf die ‚Zurück'-Taste, wenn wir ein Dia weiterschalten wollen, und wenn wir mal aus irgendeinem Grund ein Dia zurückschalten wollen, drücke ich auf ‚Vor'. Wenn also ein Dia klemmt, schalte ich einfach eins vorwärts, in Wirklichkeit natürlich zurück, und dann schalte ich weiter rückwärts, damit wir weiter vorwärts gehen können. Die Dias können also so bleiben, wie sie sind."

Da wir uns alle einig darüber waren, dass dies alle Merkmale einer der schlechtesten und wahnwitzigsten Ideen in der gesamten Geschichte unrettbar schlechter Ideen trug, nahmen wir alle Dias heraus und sortierten sie noch einmal in der richtigen Reihenfolge ein. Wieder beäugten vier Augenpaare den Prozess argwöhnisch. Wir *konnten* es nicht falsch gemacht haben. Es konnte unmöglich ein Fehler dabei passiert sein. Die Dias waren endlich richtig sortiert, versicherten wir uns gegenseitig. Keiner von uns, so versprachen wir hoch und heilig, würde den Projektor oder die Dias auch nur anhauchen, bis sie gezeigt werden sollten.

Am Abend jedoch ging trotz unserer vorherigen eingehenden und konzentrierten Bemühungen ein Raunen verständlicher Verblüffung durch die Reihen, als unser Publikum erfuhr, dass sich der Garten Gethsemane entgegen der landläufigen Vorstellung nicht in Israel befindet, sondern gleich neben der Drogerie Boots in einer Querstraße der High Street in Lewisham.

Diese Dias wissen genau Bescheid. Sie sind keine leblosen Objekte. Sie wissen Bescheid! Ich könnte schwören, dass sie es spüren, wenn unsere Konzentration auch nur für einen Sekundenbruchteil nachlässt. Sobald das der Fall ist, lecken sie sich ihre kleinen Papplippen und tauschen schelmisch grinsend im Karussellmagazin ihre

Plätze, wobei sie voll Vorfreude an die peinliche Lage denken, in die wir später geraten werden, wenn mindestens zwei von ihnen in der falschen Reihenfolge erscheinen.

Mir gefällt es nicht, dass ich Leonard gegenüber so leicht garstig und ungeduldig werde. Fast kommt es mir so vor, als ob ich unter all dem, was ich darüber denke und sage, dass in Gottes Augen jeder gleich sei, in Wirklichkeit davon überzeugt wäre, dass er nicht so wichtig ist wie ich und dass es deshalb eigentlich keine Rolle spielt, mit welcher Haltung ich ihm begegne oder wie ich manchmal mit ihm rede. Wünschte, ich würde nicht immer über diese losen Enden stolpern, die ich überall herumliegen lasse.

Werde später Gerald fragen, wie er darüber denkt. Das einzig Dumme ist, da er wie seine Mutter ist, wird er es mir vermutlich sagen.

♦ ♦ ♦

Wünschte, diese blöden Witze über Leute, die an der Tür stehen und einen Platz zum Übernachten suchen, würden endlich aufhören. Vor dem Mittagessen kam Gerald herein und eröffnete uns, draußen stünde Tony Blair mit einem Koffer in der Hand. Seufzte schwer und versteckte mein Gesicht hinter der Zeitung, aber Thynn musste natürlich fragen.

„Was will denn Tony Blair hier?"

„Ach, er ist völlig verzweifelt. Er wollte mit seiner Frau mal wieder ins Kino gehen, aber als sie sah, welchen Film er ausgesucht hatte, hat sie ihm eine geknallt, ist mit dem Taxi nach Hause gefahren und hat ihm den Koffer vor die Tür gestellt. Er fragt, ob er fürs Erste hier übernachten kann."

„Wieso, was war das denn für ein Film? Was Schweinisches?"

„Ach was, bloß ‚The Blair Witch Project'."

Die anderen wälzten sich auf dem Boden vor Lachen. Können mir nur Leid tun.

♦ ♦ ♦

Habe beschlossen, die zweite Hälfte meines freien Tages damit zu verbringen, eine dieser wesentlichen Unzulänglichkeiten an mir in Angriff zu nehmen. Verkündete also beim Mittagessen, dass ich bis zum Tee ein paar Reparaturen im Haus durchführen wolle. War so blöd, mir dafür freundlichen Beifall seitens der Familie zu erhoffen.

Stattdessen sagte Anne: „Aber Adrian, ist das denn vernünftig? Es kann dir ja wohl keinen Spaß machen, Dinge an unserem Haus kaputtzumachen, oder? Und wenn es etwas Größeres oder Schwierigeres ist, müssen wir hinterher einen Fachmann rufen, der alles wieder in Ordnung bringt, nachdem du es noch schlimmer gemacht hast. Eigentlich habe ich heute auch frei, weißt du."

„Also, ich ..."

„Ich meine, seien wir doch ehrlich, Schatz. Du kannst nicht einmal einen Schukostecker reparieren, ohne einen kleinen Nervenzusammenbruch zu erleiden, stimmt's? Weißt du noch, wie du das das letzte Mal versucht hast? Als Erstes bist du durchs Haus getobt wie ein Amokläufer, weil jemand deinen ganz besonderen kleinen Schraubenzieher mit dem blauen Griff aus der zweiten Schublade von oben genommen und vergessen hatte, ihn wieder zurückzulegen. Kurz darauf hast du ihn natürlich in der dritten Schublade von oben gefunden, wo du ihn selbst hingelegt hattest, nachdem du ihn das letzte Mal benutzt hattest. Allerdings hast du dann gemerkt, dass du ihn gar nicht gebrauchen konntest, weil du einen Kreuzschlitzschraubenzieher brauchtest, keinen gewöhnlichen, aber so einen hattest du nicht. Also bist du zum Laden gegangen, aber der war zu und du bist zurückgekommen und hast versucht, die Schraube mit einem Küchenmesser herauszudrehen, und du bist richtig wild geworden und hast gedroht, den Stecker zu erwürgen. Am Ende waren der Schraubenkopf *und* die Messerspitze im Eimer und du musstest beide wegwerfen und abwarten, bis am nächsten Tag der Laden wieder auf hatte und du einen neuen Stecker kaufen konntest."

„Ja, aber ..."

„Und als du endlich wiederkamst", fuhr Gerald fort, „hast du gemerkt, dass du für den neuen auch einen Kreuzschlitzschraubenzieher brauchtest, den du immer noch nicht hattest, weil du vergessen hattest, einen zu kaufen, als du zum zweiten Mal beim Laden warst, um den Stecker zu kaufen. Also musstest du zum dritten Mal hin, und als du wieder da warst, hatte ich inzwischen innerhalb von ungefähr anderthalb Minuten mit einem Werkzeug an meinem Taschenmesser, das eigentlich gar nicht dafür da war, den Stecker geöffnet und an das Kabel montiert, worauf du ein Wort von dir gegeben hast, das wir Männer im geistlichen Stand als ausgesprochen unangebracht bezeichnen würden, und hast eine Stunde lang geschmollt. Und das war nur ein Schukostecker."

Sagte mit aller stillen Würde, die ich aufbieten konnte: „Nun, ich danke euch beiden für eure Worte. Ich fühle mich wirklich ermutigt. Möchtet ihr diesem überwältigenden Zeugnis eures Zutrauens noch etwas hinzufügen?"

„Paps", sagte Gerald mit feierlichem Ernst, „du hast viele hervorragende Eigenschaften, aber die Wahrheit wird dich und uns und unser Haus frei machen. Du verstehst so viel von handwerklichen Dingen wie Mike Tyson vom Synchronschwimmen. Offensichtlich ist Opa, als du klein warst, nie dazu gekommen, dir zu erklären, dass das ‚D' in ‚D.I.Y' nicht für Demolieren, Demontieren oder Dezimieren steht. Und manchmal triffst du einfach seltsame Entscheidungen. Ich erinnere mich noch lebhaft an den Tag, als du den halben Küchenfußboden aufgerissen hast, um ein Leck im Wasserrohr zu finden, bis sich herausstellte, dass der feuchte Fleck auf dem Küchenteppich daher rührte, dass der Hund meiner Freundin Noreen an jenem Morgen dorthin gepinkelt hatte."

„Verstehe. Möchtest du noch etwas sagen, Leonard?"

Leonard hat es gern, wenn man ihn etwas fragt. Er legte die Fingerspitzen aneinander und setzte eine weise Miene auf.

„Nun, ich habe gehört, was Anne und Gerald gesagt haben."

„Ja."

„Und es gibt etwas, was ich sagen möchte."

„Ja-a-a."

„Weißt du, ich kenne dich ja nun schon seit einigen Jahren, Adrian."

„Ja, das ist mir bekannt. Komm zur Sache."

„Und ich bin schon einige Male dabei gewesen, wenn du dir vorgenommen hattest, etwas zu tun, worin du meistens nicht besonders gut bist."

„Ja doch!"

„Und dabei ist mir aufgefallen, dass – na schön, manchmal machst du hier und da ein paar kleine Fehler – aber Tatsache ist, dass du immer dann, wenn du wirklich mit ganzem Herzen bei der Sache warst und dir alle erdenkliche Mühe gegeben hast ..."

„Ja?"

„Dass du dann wirklich ein *komplettes* Chaos angerichtet hast. Ich meine, eine *Ruine*. Eine Katastrophe. Einen trostlosen, niederschmetternden Wust von ..."

„Schon gut, okay, Leonard, das reicht, vielen herzlichen Dank. Du hast dich klar ausgedrückt. Du musst nicht auch noch mit der Spitze in der Wunde herumstochern. Na gut, trotz allem, was ihr gesagt habt, habe ich immer noch vor, diesen Nachmittag zu einem Meilenstein auf dem Weg zu, äh, auf dem Weg zu ..."

„Zu der Fähigkeit, einen Schukostecker anzubringen?", warf Gerald hilfsbereit ein.

„Auf dem Weg zu einer neuen Ära handwerklicher Kompetenz werden zu lassen."

Alle gaben lächerliche Laute von sich, mit denen sie so taten, als wären sie beeindruckt. Hörte sich an wie ein Eulenterzett mit Darmverschluss.

Ich sagte: „Ich habe in der Garage einen Bausatz für ein Vogelhäuschen, den ich vor zwei Jahren gekauft habe. Den werde ich heute Nachmittag im Wohnzimmer zusammenbauen und gegen vier Uhr werden wir beim Tee durchs Wohnzimmerfenster beobachten können, wie sich die Vögel darauf niederlassen."

Anne sah erleichtert aus. Gerald setzte sein provozierendes Lächeln auf, die Sorte, für die die Amerikaner eine anatomisch exakte, aber abscheulich vulgäre Bezeichnung haben, die ich hier unmöglich wiedergeben kann.

Thynn sagte: „Ich habe ja nichts dagegen, draußen zu essen, aber wie willst du die Vögel dazu bringen, ins Wohnzimmer zu kommen?"

Thynns Gedankengänge zu verstehen ist so, als versuchte man, auf einem jener Fahrräder zu fahren, die nach links fahren, wenn man nach rechts lenkt, und nach rechts fahren, wenn man nach links lenkt. Es ist unmöglich, das zu schaffen, ohne dass man sich auf die Nase legt und selbst verrückt wird.

Überließ den anderen den Abwasch, während ich meinen Vogelhäuschen-Bausatz aus der Garage holte. Wild entschlossen, alle eines Besseren zu belehren. Ermahnte mich, positiv zu denken und davon auszugehen, dass all die Erlebnisse der Vergangenheit, bei denen ich nach viel Kopfkratzen, Fluchen, Zähneknirschen, Schwitzen und Arbeiten mit den falschen Werkzeugen alles wieder auseinander nehmen und von vorn anfangen musste, überhaupt nichts zu sagen hätten.

Sagte mir: „Schau nach vorn und sei positiv! Du *kannst* dieses Vogelhäuschen zusammensetzen!"

War aber nicht sehr optimistisch, trotz allem, was ich mir einzureden versuchte. Hatte das sichere Gefühl, dass mein „Bausatz" zu der gleichen Sorte gehören würde wie alle anderen Bausätze, mit denen ich je zu tun hatte. Natürlich hatte ich Recht. Wenn Sie im Wörterbuch nachschlagen, wie ich es getan habe, bevor ich dies hier geschrieben habe, werden Sie feststellen, dass ein „Bausatz" traditionell definiert ist als „eine Zusammenstellung aller Teile, die zum Aufbau eines Gegenstandes benötigt werden". Die Leute, die für das angebliche Vogelhäuschen verantwortlich zeichnen, mit dem ich mich heute herumgeschlagen habe, müssen wohl zu jenen postmodernen Freidenkern gehören, die für eine so langweilig engstirnige Definition nur Verachtung übrig haben. Oder vielleicht benutzen sie ein völlig anderes Wörterbuch. Wenn dem so ist, müsste der betreffende Eintrag folgendermaßen lauten:

„Bausatz, *n.* Wahllose Zusammenstellung von Bauteilen mit geringfügigen Ähnlichkeiten zu dem auf der Verkaufsverpackung abgebildeten Gegenstand. Meist erhältlich in Verbindung mit einer Anleitung auf einem riesigen, kaum zu handhabenden Blatt, die von einem völlig orientierungslosen und in seinem Räumlichkeitssinn verwirrten Opfer einer unlängst erlittenen schweren Kopfverletzung erstellt wurde. Zum Lieferumfang gehört des Weiteren eine Plastiktüte mit ziellos ausgewählten Schrauben und seltsamen, nicht identifizierbaren, ursprünglich für den Zusammenbau von etwas völlig anderem gedachten Plastikdingern, die sich zufällig in Reichweite des Praktikanten befand, der den Karton in der Fabrik zusammenpackte."

Mein Sohn kam herein, immer noch mit diesem dreieckigen Grinsen auf dem Gesicht, als ich die ersten rätselhaften Holzteile aus dem Karton nahm. Er deutete auf eine der beiden Behauptungen, die in fetten Lettern auf der Seite des Kartons aufgedruckt waren.

IHR VOGELHAUS WIRD ALLE ARTEN WILDER VÖGEL ANLOCKEN!

„Wow!", sagte Gerald. „Schau dir das an, Paps! Alle Arten wilder Vögel. Pelikane, Albatrosse – alle Arten. Verblüffend! Denk nur, welche Aufregung sich unter allen Arten wilder Vögel breit macht, während die Neuigkeit die Runde macht, dass in diesem Moment ein besonders verlockendes Vogelhäuschen für sie zusammengesetzt wird. Mensch, Paps, ich hoffe nur, unser Garten ist groß genug. Ich meine, abgesehen von den Tausenden normaler kleiner Vögel wie Spatzen und Finken und so müssen ja jeden Augenblick die Flamingos aus dem Zoo in der Stadt hier eintreffen und durchs Fenster hereinspähen, welche Fortschritte du machst. Die Milane, Adler, Geier und südamerikanischen Kondore werden wohl etwas länger brauchen, bis sie hier sind. Und die großen flugunfähigen Vögel, Strauße, Emus und dergleichen – die müssen sich schon etwas einfallen lassen für die Reise, aber irgendwann müssen sie auch hier auftauchen, nicht wahr? Stell dir das nur vor, Paps! Goldfasane sitzen Seite an Seite mit Pfauen und Paradiesvögeln auf unserem Gartenzaun und warten nur darauf, dass du mit diesem großartigen neuen Vogelhäuschen durch die Terrassentür kommst. Weißt du was? Daneben wird sich der Set des Hitchcock-Films ‚Die Vögel' wie eine ornithologische Wüste ausmachen! Wenn ich du wäre, würde ich . . ."

An dieser Stelle begann mir Geralds recht unbeholfene Ironie doch etwas auf die Nerven zu gehen. Schlug ihm vor, zu gehen und seine blendende Schlagfertigkeit zur Abwechslung mal an seiner Mutter zu erproben. Machte mich wieder an die Arbeit.

Etwa auf halbem Wege, als ich gerade entdeckte, dass die formlose Stütze „A" und die fremdartige Basisauflage „F" offensichtlich in zwei völlig verschiedenen Universen hergestellt worden sein mussten und beide wiederum keinerlei Bezug zu allen anderen Teilen aufzuweisen schienen, fiel mir die zweite Behauptung auf der Seite des Kartons auf.

LEICHT ZUSAMMENZUBAUEN – SELBST EIN KIND SCHAFFT DAS!

Nun, klar doch, logisch, ich schätze, eines jener entsetzlich frühreifen Kinder mit schrillen Roboterstimmen, die so gerne Erwachsenen sagen, was sie alles falsch machen, hätte den Inhalt dieser teuflischen Kiste mit Leichtigkeit zusammensetzen können, aber so ein Kind würde ich nie in die Nähe von etwas lassen, was ich nicht zustande bringe.

Schließlich baute ich das Vogelhäuschen doch noch zusammen. Na ja, bisschen übertrieben. Genauer gesagt, ich nahm die Holzteile aus dem Karton und schraubte sie so zusammen, dass das Ergebnis geringfügig mehr Ähnlichkeit mit einem Vogelhäuschen hatte als vorher, als es noch ein paar Holzteile in einem Karton gewesen waren. Immerhin habe ich es wohl geschafft, jedes Teil des theoretischen Vogelhäuschens mit irgendeinem anderen teil des theoretischen Vogelhäuschens zu verbinden, aber als ich fertig war und mein Werk in Augenschein nahm, hatte das Resultat etwas unverkennbar Theoretisches und es war schwer vorstellbar, wie ein solcher Gegenstand auch nur eine einzige Art wilder Vögel anlocken sollte.

Schleppte meine formlose Kreation zur Terrassentür hinaus. Kam mir vor wie der Doktor Frankenstein der Vogelhäuschenwelt. Legte ein paar Brotkrümel und Speckstückchen auf die kleine, gewölbte Fläche oben, die eigentlich groß, eben und unter dem Dach hätte sein sollen, und kam gerade ins Wohnzimmer zurück, als die anderen mit den Teetabletts hereinkamen. Anne zog die Vorhänge zu und nach ein paar Minuten spähten wir durch die Spalten. Er wisse nicht warum, meinte Gerald, aber irgendwie finde er es deprimierend, mein Vogelhäuschen anzuschauen. Thynn fragte, warum ich es denn kurz und klein geschlagen hätte, er habe gedacht, ich wolle es zusammenbauen. Anne schüttelte nur resigniert den Kopf.

Draußen schien sich eine unheimliche Stille über den ganzen Garten gelegt zu haben. Es war eine Stille, wie sie sich vielleicht nach der Explosion einer Atombombe herabsenken würde oder wie man sie in einer jener Geisterstädte im Wilden Westen antreffen könnte, wo Ballen aus dürrem Strauchwerk trostlos durch die Straßen wehen. Nach zwei oder drei Minuten kam ein kleiner, etwas beschränkt aussehender Spatz orientierungslos in Sicht geflattert, kam quietschend zum Stehen und legte mitten in der Luft den Rückwärtsgang ein, als er das groteske, mutierte Gebilde bemerkte, das mitten auf unserem Rasen aufragte. Abgesehen davon glänzten alle Arten von Vögeln durch Abwesenheit.

Wie man's auch dreht und wendet, mein Ex-Bausatz und theoretisches Vogelhäuschen ist weder ein Tisch noch ein Zufluchtsort für Vögel. Es ist eine Pleite.

Sagte zu Anne: „Ich scheine nicht besonders weit damit gekommen zu sein, diese Unzulänglichkeit an mir zu überwinden, was?"

„Mach dir nichts draus, Schatz", sagte Anne, „lass dich nicht entmutigen. Nur nicht aufgeben. Du hast noch eine Menge Auswahl."

♦ ♦ ♦

Fragte nach dem Tee Gerald, ob er finde, dass ich eine völlig falsche Haltung gegenüber Leonard hätte.

Er sagte: „Hmm, willst du wirklich wissen, was ich denke."

„Ja, klar will ich das."

„Na schön, also, deine Haltung ihm gegenüber ist nicht falscher als deine Haltung gegenüber Mama und mir. Die Sache ist doch die, dass er eigentlich schon zu unserer Familie gehört, oder? Und ob es nun richtig oder falsch ist, ich schätze, in einer Familie bekommt man sich gegenseitig immer von den besten und von den schlechtesten Seiten zu sehen. Du und Leonard, ihr seid so etwas wie Brüder. Ihr liebt einander und manchmal seid ihr richtig sauer aufeinander, aber nichts könnte euch jemals auch nur im Entferntesten auseinander reißen – das Band, das euch verbindet. Stell dir zum Beispiel mal folgende Frage. Falls und wenn Leonard und Angels unter die Haube kommen – und ich wette, das wird irgendwann in der Zukunft passieren –, wen, glaubst du wohl, wird Leonard bitten, sein Trauzeuge zu sein? Und jetzt, wo seine alte Mama tot ist, was hat er denn noch an Familie außer dir und Mama und mir, wenn ich in der Gegend bin. Ich würde mir nicht zu viele Sorgen machen, Paps. Leonard ist einmalig und er ist dir gegeben, damit du ihn liebst und dich um ihn kümmerst. Tu einfach dein Bestes und überlass alles andere Gott. Das ist mein Rat an dich."

„Danke, Gerald", sagte ich.

♦ ♦ ♦

Kommt nicht oft vor, dass man Gerald in Verlegenheit sieht. Wenn es einmal geschieht, muss ich sagen, ist es eine Freude und ein Vorrecht, das zu beobachten.

Diesmal passierte es, weil er heute Abend mit mir zu einer Gemeindeveranstaltung unter Leitung von George Farmer kam. George ist ein lieber Kerl, aber wenn es darum geht, von vorne etwas Frommes zu sagen, scheint er nur einen einzigen, ganz bestimmten Redestil in seinem Repertoire zu haben. Fing damit an, dass er uns in Gruppen zu fünf oder sechs Leuten aufteilte. Gerald erschreckte alle zu Tode und löste beinahe eine Stampede in unserer Gruppe aus, indem er behauptete, er wisse ganz genau, dass wir uns nach Georges Plan über unsere häufigsten sexuellen Fantasien austauschen sollten.

In Wirklichkeit sagte George, wir sollten einander fünfzehn wunderbare Dinge nennen, die Gott uns heute gegeben oder für uns getan habe. Warum passiert mir so etwas immer? Alle Gruppen ringsum schienen haufenweise Dinge zu haben, für die sie Gott dankbar waren. Ging richtig lebhaft zu bei denen; sie steckten die Köpfe zusammen und zählten mit den Fingern auf der Handfläche ihre Segnungen auf! In meiner Gruppe dagegen saßen wir jämmerlich da und strengten uns an, wenigstens auf eine Sache zu kommen. Irgendwann sagte Howard Blair schließlich, er wisse nicht recht, ob das zähle, aber sein Mittagessen habe ihm ziemlich gut geschmeckt. Wir anderen maßlos erleichtert, dass wenigstens einer in unserer Mannschaft einen Anschlusstreffer gelandet hatte. Alle nickten feierlich und meditierten tief versunken über Gottes Güte gegenüber Howard in Sachen seines Mittagessens. Dann bemerkte Leonard, ihm habe sein Frühstück ziemlich gut geschmeckt, aber wenn wir schon davon ausgingen, dass Gott es ihm geschenkt habe, dann könnten wir vielleicht auch darum beten, dass in Zukunft der Speck ein bisschen magerer und die Tomaten nicht so flüssig sein mögen. Danach ging es nur noch um Naschereien, Speisen und Getränke. Irgendwie kamen wir von dem Thema nicht los.

Schließlich bat George um unser Feedback, und ich fürchte, genau das ist es, was er von uns bekam. Alle anderen Gruppen redeten von „besonderen Momenten der Nähe zum Herrn“ und „Anzeichen, dass der Heilige Geist mächtig im Leben von Nichtgläubigen wirkte". Das Beste, was wir zu bieten hatten, war Howards Apfelkuchen.

Als Nächstes sagte George: „Schön, ich möchte euch allen eine Frage stellen."

Was George damit meint, wenn er das sagt, ist, dass er uns etwas *sagen* möchte, aber dass wir erst einmal einen Haufen Spaß damit haben werden, zu erraten, was es ist. Ich mag George wirklich gern, aber wenn ich dieses spielerische Licht in seinen Augen aufleuchten sehe und beobachte, dass seine Unterlippe unangemessen viel Zeit zwischen seinen Lippen verbringt, spüre ich schon, wie mein Kiefer sich verkrampft und meine Hände unwillkürlich einen imaginären Hals zu strangulieren beginnen.

„Gut", sagte George mit unsäglicher Heiterkeit, „hier kommt die Frage. Okay?"

Er war dabei, die Stimmung anzuheizen.

„Okay, wen gibt es in der Bibel – wen *kennen* wir in der Bibel, der wirklich etwas von *beharrlicher Liebe* verstand? Wer wusste wirklich ganz genau, was beharrliche Liebe bedeutet? Hier ist ein kleiner Tipp für euch, Leute. Er ist als ein starker Held bekannt."

Knifflig, nicht wahr? Tatsache war, dass es selbst ohne diesen subtilen kleinen Hinweis unmöglich gewesen wäre, nicht sofort zu kapieren, dass die Antwort auf die Frage „Jesus" lautete. Schon Georges Tonfall posaunte diese Tatsache hinaus, ohne den geringsten Raum für Zweifel zu lassen. Die Frage war nur, wer die Antwort als Erster aussprechen würde.

„Natürlich", ertönte da unerwartet Geralds Stimme neben mir, „ich kenne die Antwort. Das ist Simson, der mit dem Eselsbacken."

Einen Moment lang stand George wie gelähmt da und starrte Gerald reglos an, als hätte seine Welt plötzlich angefangen, sich in der falschen Richtung zu drehen, und er käme einfach nicht dahinter, wie das zugehen konnte.

„Simson", sagte er mit tonloser Stimme. „Du meinst, es war Simson."

Alle Augen richteten sich auf meinen Sohn und im selben Moment wurde mir klar, dass Gerald, was sehr ungewöhnlich für ihn war, sich wünschte, er hätte den Mund gehalten. Er versteckte seine Augen hinter seiner Hand und murmelte eine Antwort.

„Äh, nein, nein, das wollte ich gar nicht sagen – tut mir Leid. Es war nicht Simson. Es war Jesus. Ich wollte Jesus sagen. Natürlich ist es Jesus."

Doch das wollte George ihm nicht durchgehen lassen. Seine nächsten Worte hörten sich an wie die eines Lehrers, der einem beim Schwätzen mit dem Nachbarn erwischt hat und nun darauf besteht, dass der Inhalt des Gesprächs vor der ganzen Klasse ausgebreitet wird.

„Nein, Gerald", sagte er und breitete die Arme aus, „ich bin sicher, das möchten alle wissen. Wir würden alle gerne wissen, warum du denkst, dass es Simson war. Wir wären dir sehr dankbar, wenn du uns das erläutern könntest."

„Na ja", sagte Gerald und lief rosa an, „Simson war – er war ein starker Held und seine Kraft hing davon ab, dass ihm von Geburt an nie die Haare geschnitten worden waren. Dann verliebte er sich in Delila, die ihm seine Kraft nahm, indem sie ihm die Haare abschnitt, und verriet ihn an die Philister und da muss er wohl wirklich begriffen haben, was, äh ..."

Es gab kein Entrinnen für ihn. Die ganze Versammlung hing wie gebannt an seinen Lippen.

„Also, als Delila ihm die Haare abgeschnitten hatte, da muss er wirklich begriffen haben, was be-haar-liche Liebe ist."

Das Verstehen wogte durch die Versammlung wie eine mexikanische Welle. Stöhnen, Gelächter und hier und da missbilligendes Zungenschnalzen ringsum. George sah so aus, wie ich mich in der Schule immer gefühlt habe, wenn ich mit einer quadratischen Gleichung konfrontiert war.

Als der Lärm sich gelegt hatte, sagte er: „Na schön, Simson war der eine, aber der andere war ...?"

Fragte Gerald auf dem Heimweg, wie er sich bei alledem gefühlt habe. Er sagte, er sei ein bisschen genervt von sich selbst gewesen, weil er kürzlich beschlossen hatte, sich wirklich Mühe zu geben, seinen schrägen Humor im Zaum zu halten, wo er nicht nützlich war.

„Es ist wie eine Art Krankheit“, sagte er. „Ich habe einen krankhaften Hang zum Witzereißen. Es ist furchtbar. Jemand sagt irgendetwas und schon kitzelt mich ein witziger Gedanke im Bauch und steigt in mir hoch, bis er aus meinem Mund herauskommt. Manchmal kann ich einfach nichts dagegen tun.“

Fragte ihn, ob er noch wisse, wie das angefangen habe.

Er sagte: „Na ja, ein Faktor war sicherlich, dass ich all die Jahre lang mit dir unter einem Dach gelebt habe, Paps.“

Kam nicht recht dahinter, ob das ein Kompliment war oder nicht.

„Aber abgesehen davon glaube ich, ich weiß noch genau den Moment, als es anfing. Ich saß in der Schule immer in der hintersten Reihe neben einem Jungen namens Smith. Damals habe ich nur Mama etwas davon erzählt, weil ich hinterher Ärger deswegen bekam und du sicher kein Verständnis gehabt hättest. Eines Tages hatten wir Mathe bei einem Lehrer, den wir ‚Glob‘ nannten, weil er in den Pausen immer so eine grauenhaft stinkende Pfeife rauchte, und wenn er Ausdrücke wie ‚Satz des Pythagoras‘ gebrauchte, hörte es sich immer so an, als wollte er Schleim aus der Kehle hochholen, um ihn auszuspucken. Jedenfalls, eines Tages hatte Smith ein paar Gummibärchen dabei. Wir nahmen ziemlich oft etwas zu Naschen mit in den Unterricht und waren inzwischen Experten darin, zu kauen, ohne wirklich die Kiefer zu bewegen, und so ...“

„Hmm, ich bin ja *so* froh, dass deine Schulzeit wenigstens nicht völlig vergeudet war.“

„Genau! Also, jedenfalls, wir saßen also wie üblich in der letzten Reihe und kauten Gummibärchen. Wir müssen wohl ein bisschen unachtsam gewesen sein, denn der alte Glob unterbrach sich plötzlich mitten im Räuspern, deutete ungefähr in Smiths und meine Richtung und donnerte: ‚Isst du da etwa, Smith?‘

Und ich rief zurück: ‚Nein, Sir, ich habe ihn nicht einmal angerührt!' Und dann lachten alle und ich kriegte eine Strafarbeit auf."

♦ ♦ ♦

Machte heute beim Abendessen eine Bemerkung, die ich umwerfend komisch fand. Anne hatte ein paar Koteletts gebraten, hielt mir die Pfanne hin und fragte: „Welches möchtest du?"

Ich musterte den Inhalt der Pfanne und sagte dann: „1. Thessalonicher 5,21."

„Was soll das heißen?", fragte Gerald.

„Darum prüfet und behaltet am besten alles."

Anne und Gerald sahen mich an wie jemanden, von dem man bereits angenommen hatte, dass er ziemlich krank sei, der jedoch, wie sich nun herausstellte, noch schwerer erkrankt war als vermutet.

Warum ist alles immer so viel witziger, wenn Gerald es sagt?

Dienstag, 20. September

Trotz aller positiven Veränderungen, die in meinem Sohn vorgegangen sind, bleibt das Gerücht, es sei ihm gelungen, erwachsen zu werden, genau das, was es ist – ein Gerücht. Ging heute früh mit ihm zum Laden an der Ecke, um ein paar Dinge für die Sandwiches zu kaufen, die wir mit auf die Reise nehmen wollten. Als ich die junge Dame hinter der Theke fragte, ob sie Margarine hätte, sagte sie ja und fragte, ob wir eine bestimmte Marke bevorzugten, die Leute würden ja immer wählerischer.

Gerald sagte: „Ja, es gibt eine, die wir am liebsten hätten, wenn Sie sie haben. Soweit ich mich erinnere, heißt sie:

‚Lieber Himmel! Das soll keine Butter sein, sagen Sie? Wirklich erstaunlich! Sie können mich schlagen, aber das ist die butterähnlichste Margarine, die ich je im Leben gesehen habe! Wenn Sie mich gefragt hätten, was das meiner Meinung nach sei, hätte ich nur sagen können,

dass es die beste, feinste, sahnigste und unverfälschteste Butter ist, die je zu kosten ich das Vergnügen und Vorrecht hatte. Ich bin wirklich überwältigt!'

Ja, genau so heißt sie."

„Die haben wir leider nicht", sagte das Mädchen. „Muss wohl eine neue Sorte sein."

♦ ♦ ♦

Bin entschlossen, herauszufinden, wie mein Buch läuft. Rief heute Harry Waits-Round an, während wir tankten. Nach dem fünften Klingeln nahm er ab und sagte: „Was! Also was denn nun! Was wollen Sie, zum Kuckuck!"

Ich sagte: „Hallo Harry, hier ist Adrian. Wie geht es Ihnen?"

Offenbar ist es für ihn höchst beglückend, wenn ich anrufe oder vorbeikomme. Es verklärt ihn. Es verklärte ihn auch diesmal. Er sagte: „Adrian! Hey! Wie schön, von Ihnen zu hören! Nett, dass Sie anrufen, mein Freund."

Wünschte, ich könnte wirklich glauben, ich wäre die Sorte Mensch, die meine Wirkung auf ihn vermuten lässt.

Ich sagte: „Harry, wir konnten neulich gar nicht unser Gespräch über die Verkaufszahlen meines Buches zu Ende führen."

„Sie sprechen von dem Buch, auf das wir alle stolz sind", sagte Harry mit eindrucksvoller Feierlichkeit.

„Äh, nun ja, das hoffe ich – die Sache ist nur die, dass sie mir eigentlich noch gar nicht gesagt haben, wie viele Exemplare eigentlich verkauft worden sind – eigentlich."

Harrys Ton wurde sehr streng.

„Ich verwahre mich dagegen, dass jemand auch nur andeutet, dass es uns nicht gelingen könnte, die gesamte Auflage zu verkaufen. Dafür stehe ich persönlich gerade, Adrian, und das sage ich Ihnen nicht nur als Freund, sondern auch als Verleger."

„Wie viele sind bisher verkauft worden?"

„Eine sehr scharfsinnige Frage. Genau!"

„Was! Genau was? Wie viele sind verkauft?"

Hörte ein Knistern, das so klang, als würde ein Blatt Papier zusammengeknüllt, dann Harrys undeutliche Stimme: „Verbindung wird schlecht, Adrian … wir sprechen uns später …"

Schon enttäuschend, dass die Verbindung gerade jetzt abreißen musste, wo ich endlich drauf und dran war, konkrete Zahlen zu hören. Mal sehen, vielleicht werfe ich mal einen Blick in die nächste christliche Buchhandlung, die wir sehen, schaue mir an, wie mein Buch präsentiert wird, und frage nach, wie es sich verkauft. Das wird sicher eine Ermutigung.

♦ ♦ ♦

Geriet heute im Wagen in eine lächerliche Diskussion mit meinem dickköpfigen Sohn, die beinahe zum Streit eskalierte. Gerald mag ja sehr scharfsinnig und schlagfertig sein und so, aber es gibt Momente, da kommt er mir unbegreiflich beschränkt vor. Ich erinnere mich zum Beispiel an eine Gelegenheit, als die Benzinpreise gestiegen waren und ich ihm erklärte, dass diese Preissteigerung für mich keine Konsequenzen hätte, weil ich damals nicht nach Litern ging, sondern grundsätzlich immer nur für fünf Pfund tankte. Seine Unfähigkeit, diese simple Tatsache zu kapieren, schien ihn fast an den Rand der Hysterie zu treiben.

Vielleicht hat er aus irgendeinem Grund mit Benzin besondere Probleme. Ich hatte ebenso viel Mühe, mich ihm verständlich zu machen, als ich ihm sagte, dass ich von nun an nicht mehr bei der Tankstelle tanken wolle, die uns am nächsten liegt, sondern bei der etwas weiter entfernten. Bei der neuen, so erklärte ich ihm, bekam ich Benzin im Wert von vierzig Pfund in meinen Tank, während bei der in unserer Straße nur Benzin im Wert von siebenunddreißig Pfund hineinpasste. Es war ihm schlichtweg *unmöglich*, zu begreifen, wovon ich redete. Seltsam, wo er doch sonst so intelligent ist.

Heute ging es um die Gruppeneinteilung für einen Einkehrtag, den ich in ein paar Wochen leiten soll. Gerald sagt völlig zu Recht, dass die Gemeinde sich bei solchen Anlässen nach wie vor zwanghaft in Kleingruppen unterteilt, vermutlich, weil sie denkt, wenn sie es nicht täte, würde Gott nicht merken, dass etwas Frommes im Gange ist. Unser Streit drehte sich um die zahlenmäßige Stärke der Gruppen. Bisher haben sich vierzig Leute zu dieser Veranstaltung angemeldet, und nachdem ich überlegt hatte, ob ich acht Fünfergruppen, fünf Achtergruppen, zehn Vierergruppen oder vier Zehnergruppen daraus mache, war ich zu der ganz klaren Entscheidung gekommen, dass es entweder acht Fünfergruppen oder fünf Achtergruppen sein werden. Einer der Programmpunkte des Tages beinhaltet, dass jeder Teilnehmer aufgefordert wird, genau eine Minute lang den anderen in seiner Gruppe von dem wichtigsten Grund zu erzählen, der ihn zum Glauben geführt hat.

Gerald sagte: „Nun, was den Zeitaufwand angeht, wäre es günstiger, acht Fünfergruppen zu bilden, oder?"

Starrte ihn an.

„Gerald", sagte ich, „was hat die Größe der Gruppen mit dem Zeitaufwand zu tun? Es sind vierzig Leute da, und wenn jeder eine Minute Redezeit hat, dann spielt es überhaupt keine Rolle, wie man die Gruppen einteilt. Es wird immer eine Person reden, während die anderen in der Gruppe zuhören."

Er stützte einen Augenblick lang seinen Kopf in die Hände und sagte dann: „Paps, du musst die gesamte Zeit nehmen, die deine vierzig Leute mit Reden verbringen, und sie durch die Anzahl der Gruppen dividieren, in denen jede Person redet. Wenn man davon ausgeht, dass alle genau im gleichen Moment anfangen und aufhören, kommst du so zu der Zeit, die es dauern wird, bis jeder sein Zeugnis gegeben hat. Du hast also die Wahl, ob das Reden fünf Minuten oder acht Minuten in Anspruch nehmen soll."

„Nein", sagte ich und schüttelte fassungslos den Kopf, „du hast mir nicht zugehört, Gerald. „Jeder spricht nur eine Minute lang, nicht fünf oder acht Minuten. Das würde viel zu lange dauern."

„Das *weiß* ich!", sagte Gerald mit etwas lauterer Stimme, vielleicht, weil er wusste, dass er auf dem Holzweg war. „Was ich sagen will, ist, dass alle vierzig Leute entweder nach fünf oder nach acht Minuten fertig sein werden, je nachdem, wie groß die Gruppen sind."

Wollte es ihm nicht zu schwer machen. Sagte so geduldig und langsam, wie ich konnte: „Gerald, wie können vierzig Leute, die alle einer nach dem anderen eine Minute lang sprechen, fünf Minuten brauchen, um vierzig Minuten Redezeit hinter sich zu bringen? Hm? Denk darüber nach."

„Aber Paps!" Gerald wurde jetzt richtig laut. „Es redet doch immer mehr als eine Person gleichzeitig, oder?"

„Nein, natürlich nicht. Die anderen in der Gruppe müssen ja dem, der gerade spricht, zuhören. Sonst hätte es ja keinen Sinn, dass die Person überhaupt etwas sagt, nicht wahr?"

Gerald sah aus, als würde er noch etwas sagen, holte dann ein- oder zweimal tief Luft, biss die Zähne zusammen, wandte sich ab und fuhr ohne ein weiteres Wort weiter.

Tut ihm ganz gut, mal zu lernen, dass er nicht immer Recht haben kann.

♦ ♦ ♦

Ging am Vormittag, als wir eine Kaffeepause einlegten, die nächste christliche Buchhandlung suchen. Fand sie schließlich in einem kleinen Abzweig von der High Street. Komischer Name. Nennt sich „Die Frucht der Weintraube". Gab mich so lässig wie möglich, als ich den Laden betrat, hoffte aber insgeheim, die Mitarbeiter und Kunden würden mich erkennen und ganz aufgeregt darüber sein, mir persönlich zu begegnen. Lungerte ein bisschen herum, aber keiner nahm Notiz von mir. War schließlich gezwungen, mich der Geschäftsführerin vorzustellen, Mrs. Harbin, eine zierliche, gepflegte Dame, deren unveränderliche Miene eine beunruhigende Mischung aus Gleichgültigkeit und Ermutigung war. Sie schien einigermaßen erfreut zu sein, mich zu sehen. Beschloss, sie nach dem Namen ihrer Buchhandlung zu fragen.

Ich sagte: „Ich habe mich nur gewundert – ich meine, eine Weintraube *ist* eine Frucht, oder? Wie kann die Weintraube eine Frucht von sich selbst sein? Verstehen Sie, worauf ich hinauswill?"

Mrs. Harbin erwiderte: „Der Name wurde meinem Mann während einer Gebetszeit gegeben. Ich wollte den Laden ‚Zunge und Griffel' nennen, nach dem Psalmwort, aber als Derek mir von der Frucht der Weintraube erzählte, war alles klar. Gottes Weg ist immer der beste, nicht wahr?"

Dachte im Stillen, dass Gottes Weg bestimmt der beste war, wenn er es geschafft hatte, zu verhindern, dass ein Buchladen „Zunge und Griffel" genannt wurde.

„Und was ist denn eigentlich die Frucht der Weintraube?"

„Nun, wir sind eine christliche Buchhandlung."

„Entschuldigung, ja, das weiß ich natürlich. Ich meinte, was *ist* eigentlich die Frucht der Weintraube?"

„Was ist die Frucht, die man von der Weintraube bekommt?"

„Ja, was ist das für eine Frucht?"

„Was *ist* die Frucht?"

„Ja."

„Nun ja – sie kommt von der Weintraube."

„Ja, aber was ist sie?"

„Sie meinen, was ist die Frucht selbst?"

„Ja."

„Nun, sie ist – das weiß ich eigentlich nicht genau."

„Vielleicht ist sie der Wein?"

Mrs. Harbin klammerte sich an diesen Vorschlag wie eine Ertrinkende an einen Rettungsring.

„Ja, ja, dass muss es wohl sein. Es ist der Wein. Die Frucht der Weintraube ist der Wein." Plötzlich traf sie wie ein Blitz die Inspiration: „Sie ist der Wein des Reiches Gottes!"

„Aha, der Wein des Reiches Gottes. Und was genau ist der Wein des Reiches Gottes?"

Lange Pause.

„Also – mein Mann weiß das bestimmt."

Gab es auf.

Ich sagte: „Eigentlich bin ich vorbeigekommen, um mich zu erkundigen, wie sich mein neues Buch verkauft."

„Ihr letztes Buch lief ausgesprochen gut!" Mrs. Harbin wurde plötzlich wieder lebendig. „Wir haben jede Menge davon verkauft."

„Ja – das freut mich, vielen Dank. Und, äh, wie läuft es mit dem neuen?"

„Nun, es stößt auf sehr großes Interesse – wissen Sie, viele Leute nehmen es in die Hand und schauen es sich eine ganze Weile an."

„Sie nehmen es in die Hand und kaufen es, meinen Sie?"

„Nun, es baut sich im Lauf der Wochen in dieser Richtung auf. Am Mittwoch hätte ich es fast verkauft. Ich bin sicher, es wird bald weg sein und dann müssen mein Mann und ich uns zusammensetzen und entscheiden, ob wir ein weiteres Exemplar bestellen oder nicht."

„Es! Eins! Wollen Sie damit sagen, dass Sie nur ein einziges Exemplar meines Buches hier haben?"

„Nun ja, wir sind ja nur ein kleiner Laden und können es uns nicht leisten, große Risiken einzugehen."

War ein wenig niedergeschlagen über die Vorstellung, dass man es als halsbrecherisch unberechenbare finanzielle Investition betrachten könnte, mehr als eines meiner Taschenbücher zu bestellen. Hoffe, das läuft nicht in allen Buchhandlungen des Landes so. Muss noch einmal Harry Waits-Round anrufen und mich erkundigen.

♦ ♦ ♦

Wünschte, mein Sohn würde Barry von seinen Qualen erlösen, was diese Unwahrheit angeht, die Jesus gesagt haben soll. Heute beim Mittagessen beugte sich Barry zu Gerald hinüber und sprach ihn mit sichtbar aufgesetzt selbstbewusster Miene an.

„Ach, was ich noch sagen wollte, ich glaube, ich habe endlich Ihr kleines Rätsel gelöst, Gerald. Sie beziehen sich offensichtlich auf die Tatsache, dass es im Zuge der Verkündigung unseres Herrn Gelegenheiten gab, wo es notwendig und angebracht war, dass er Metaphern verwendete. Man könnte mit einigem Recht sagen, dass solche Redewendungen keine Tatsachenaussagen im strengen Sinne sind, obwohl man natürlich sogleich hinzufügen muss, dass sie ganz sicher eine Wahrheit enthalten, die über die bloße sachliche Richtigkeit hinausgeht. Im fünfzehnten Kapitel des Evangeliums nach Johannes zum Beispiel bezeichnet der Herr sich selbst als ‚Weinstock', obwohl damit eindeutig nicht gesagt ist, dass wir der Person des Sohnes Gottes botanische Eigenschaften ..."

„Immer noch falsch!", sagte Gerald und lächelte sein berühmtes Lächeln. „Es hat weder mit Metaphern noch mit Gleichnissen zu tun. Er hat eine Aussage über eine andere Person gemacht und die ist in einem ganz bestimmten Vers festgehalten. Jetzt habe ich es Ihnen aber fast schon verraten!"

Der Meinung war Barry ganz offensichtlich nicht. Er sackte in sich zusammen. Anne meint, wahrscheinlich wird sein Gehirn platzen, wenn er noch lange darüber nachdenkt. Sagte zu Anne, es würde mich sehr unter Druck setzen, wenn man mich als Experten für irgendetwas ansehen würde.

Sie sah mich an, lächelte und sagte: „Ich glaube, das ist ein Bereich, in dem du ganz beruhigt sein kannst, Schatz."

♦ ♦ ♦

Schade, dass sich jemand wie Angels ihren Sinn für Humor von Gerald, Anne und Thynn versauen lässt. Heute Nachmittag, als wir alle im Aufenthaltsraum des Hotels saßen, kam sie hereingestürmt und versuchte, ganz aufgeregt auszusehen. Mag ja sein, dass sie eine tolle Tänzerin ist, aber ihr Humor ist genauso schlimm wie der der anderen.

„Goethe steht an der Tür!", sagte sie. „Er sucht einen Platz zum Übernachten. Er stellt keine großen Ansprüche, sagt er, ein Bett in einem freundlichen, hellen Zimmer reicht ihm völlig. Allerdings möchte er sein Frühstück morgen ans Bett gebracht bekommen, aber bitte keine Brötchen. Und dann hat er etwas aus einem seiner berühmten Gedichte vorgetragen!"

„Ja? Was denn?", fragte Anne.

„Na ja, ich habe ihn gefragt, wieso er keine Brötchen mag, und da sagte er: ‚Wer nie im Bett sein Brötchen aß, weiß nicht, wie Krümel pieken!'"

Keine Ahnung, wie lange ich das noch aushalte.

♦ ♦ ♦

Wäre beim Essen um ein Haar an einem Salatblatt erstickt, kurz bevor wir zu der Veranstaltung heute Abend aufbrachen. Thynn war schuld, der Blödmann. Wäre ihm recht geschehen, wenn ich gestorben wäre und er den Vortrag hätte halten müssen.

Es war folgendermaßen: Gerald hatte davon erzählt, dass seine Gemeinde gerade Anstalten trifft, eine Arbeit zu unterstützen, die alle möglichen sozialen und medizinischen Probleme in Afrika lösen helfen will. Als er fertig war, gab es eine Pause und dann sagte Thynn: „Mit mir hat mal etwas nicht gestimmt und ich war der erste Mensch auf der Welt, der diese Krankheit hatte."

Eins steht fest. Man sollte niemals zu leichtsinnig auf eine dieser beiläufigen Bemerkungen von Leonard eingehen. Man braucht ihm nur den geringsten Vorwand zu liefern, und ehe man sich's versieht, trottet man blind hinter ihm her durch irgendein auf keiner Karte verzeichnetes, fremdartiges Gelände des Geistes, ohne die leiseste Ahnung, wie man zurück ins Basislager kommen soll. Beschloss, dass *ich* diesmal nicht darauf hereinfallen würde.

„Was war denn mit dir nicht in Ordnung, Leonard?", fragte Anne zuvorkommend.

Thynn sagte: „Ich litt an Virus."

Schweigen.

„Du meinst, an *einem* Virus."

„Nein, an Virus."

Angels machte ein erschrockenes Gesicht. „Doch nicht an *dem*

Virus? Meinst du etwa ..." Sie stockte. Thynn sah sie mit gerunzelter Stirn an.

„Doch nicht etwa AIDS?", fuhr Angels mit tonloser Stimme fort.

Thynn schüttelte den Kopf. „Nein, nein, da wäre ich ja nicht der Erste gewesen. Nein, ich hatte Virus. Ich war ein Virus-Leidender."

„Aber sieh mal, Leonard", erklärte Anne ihm geduldig. „Ein Virus ist keine Krankheit, sondern ein Krankheitserreger. Ein mikroskopisch kleines Lebewesen, das – ach was, egal. Jedenfalls gibt es Tausende von verschiedenen Viren und Tausende von Krankheiten, die durch sie ausgelöst werden. Was für einen Virus hattest du denn nun?"

„Keine Ahnung, davon war nie die Rede. Professor Bishop sagte nur, ich litte definitiv an Virus."

„Bist du sicher, dass du da nicht etwas überhört hast? Hat er nicht vielleicht noch etwas dazu gesagt, irgendeinen Namen?"

„Nein, er sagte nur Virus. Ich hatte Virus. Und er sagte, ich sei der erste Mensch auf der ganzen Welt, der das hatte." Pause. „Und ein paar Tage später sagte er dann, ich hätte es doch nicht und hätte es auch nie gehabt."

Seufzte innerlich. Wie ich befürchtet hatte. Keine Landkarte. Kein Führer. Nur eine Reihe verlorener Seelen, die hinter Leonard her durch ein Labyrinth liefen, das weder einen Mittelpunkt noch einen Ausgang hatte.

„Moment mal – wer war eigentlich dieser Professor Bishop, den du erwähnt hast, Leonard?", fragte Gerald. „Langsam fängt die Sache an, mich zu interessieren."

„Er war der Chef in einem Institut, wo ich mal gearbeitet habe", sagte Leonard. „Wisst ihr noch, wie Mutter immer versucht hat, mir Jobs zu verschaffen? Nun, kurz vor ihrem Tod fand sie einen ziemlich guten Job für mich in so einem Institut hinter dem Einkaufszentrum, wo neue Arten von Neuro-Dingsda-Mustern oder so etwas Ähnliches erforscht wurden. Professor Bishop war der Leiter, und nachdem ich eine Woche lang dort gearbeitet und Mädchen für alles gespielt hatte, rief er mich am Freitagnachmittag zu sich und sagte mir, ich hätte Virus."

„Aber Leonard, was genau *ist* denn Virus? Keiner von uns hat je von einer Krankheit gehört, die einfach nur Virus heißt."

Thynns Augen leuchteten auf, als ihm etwas einfiel.

„Ich hab's oben in einem meiner Notizbücher, Anne; in dem, das Mutter mir gegeben hat, damit ich mir alles aufschreibe, was mit mir nicht stimmt. Dauert nur eine Minute!"

Er jagte aufgeregt davon und kam wenige Minuten später keuchend mit einem spiralgebundenen Reporternotizbuch wieder zurück. Auf dem Deckel standen in Großbuchstaben die Worte:

ALLES, WAS MIT L. THYNN NICHT STIMMT, VON 1984
BIS DIESES BUCH VOLL IST ODER ER STIRBT

Nachdem er einen Moment lang fieberhaft die liniierten Seiten durchgeblättert hatte, sagte er: „Aha! Da haben wir es: ‚Freitag. Erfuhr heute von Prof. Bish., dass ich an Virus leide. Verbal-inkontinentes Redeunterbrechungs-Unfähigkeits-Syndrom. Bin erster Mensch auf der Welt, der es hat. Bin im Stillen stolz darauf.'"

„Ach so", sagte Anne, „das erklärt alles. Virus ist ein Akronym."

„Wirklich?", sagte Thynn. „Das glaube ich nicht. Professor Bishop hat mir nie etwas davon gesagt, dass es so etwas sein sollte. Er sagte ganz bestimmt, es sei etwas, woran man leidet."

„Ist es ja auch. Akronym bedeutet nur, dass die Buchstaben – ach was, das ist jetzt egal, Leonard, ich erkläre es dir später. Was hatte es denn mit diesem verbalen Inkontinenz-Dingsda auf sich?"

„Nun, Professor Bishop sagte mir, seit ich am Montag angefangen hätte, hätten er und einige der anderen mich beobachtet und ihnen seien einige – einige Verhaltensweisen an mir aufgefallen, die sie zu der Annahme geführt hätten, das irgendetwas mit mir nicht stimmt. Er sagte, sie hätten beobachtet, dass ich, wenn ich ein Büro oder einen Konferenzraum verließ, nachdem ich die Post gebracht oder die Papierkörbe ausgeleert hatte oder was auch immer, offenbar nicht in der Lage war, ein Gespräch einfach abzubrechen und hinauszugehen. Ich musste mir scheinbar ständig Gründe einfallen lassen, um weiterzureden, bis ich zur Tür hinaus und um die Ecke war und sie mich nicht mehr sehen konnten. Und er sagte, sie hätten ihre Beobachtungen ausgetauscht und festgestellt, dass auf den Korridoren etwas Ähnliches ablief. Jedes Mal, wenn mir jemand entgegenkam, blieb ich stehen und stellte mich an die Wand und redete mit der anderen Person, bis sie die Nase voll hatte und den Flur entlang wegging und verschwand.

Und er sagte, ihnen sei aufgefallen, dass ich mich auch dann, wenn ich jemanden hinter mir den Korridor entlang kommen hörte, immer umdrehte und anfing, mit ihm zu reden, und dann rückwärts vor ihm herging, bis er in einen anderen Gang einbog oder eines der Zimmer betrat oder so. Professor Bishop meinte, die Leute wären allmählich ein bisschen genervt davon, aber er habe lange darüber nachgedacht und sei überzeugt, dass ich nichts dafür könnte, weil es mit irgendeinem zwanghaften Dingsda zusammenhänge, woran ich mich nicht mehr erinnern kann, verursacht dadurch, dass ich im tiefsten Innern nicht das Selbstvertrauen hätte, daran zu glauben, dass die Leute mich wiedersehen und wieder mit mir reden wollten, wenn ich ein Gespräch mit ihnen einfach abbrach. Dann sagte er noch, er hätte etwas Derartiges noch nie gesehen und würde es vorerst Virus nennen, was für das steht, was ich gerade vorgelesen habe, und soviel er wisse, sei ich der Einzige auf der Welt, der das habe, und er sei sicher, wenn ich ihm vertraute und mich in seine Hände begab, könne er mir mit der Zeit helfen."

Alle völlig gebannt von Thynns Schilderung.

Schließlich sagte Anne: „Aber sagtest du nicht eben, Leonard, dass Professor Bishop am Ende sagte, du hättest gar nicht – Virus und hättest es auch nie gehabt?"

Leonard runzelte die Stirn.

„Oh ja, da war er sogar ziemlich sauer. Wisst ihr, als ich in der Woche darauf wieder zur Arbeit kam, war wieder alles in Ordnung mit mir, und als alle das gemerkt hatten, dachte ich mir, ich sollte

Professor Bishop vielleicht erklären, wie ich es geschafft hatte, übers Wochenende komplett geheilt zu werden. Ich wollte es ihm eigentlich nicht sagen, weil es mir Spaß gemacht hatte, Virus zu haben und zu wissen, dass es außer mir niemanden gab, der das je gehabt hatte, aber – na ja, wir sollen ja schließlich die Wahrheit sagen, nicht wahr?

„Natürlich", sagte Anne. „Und was hast du ihm erzählt?"

„Na ja, dass Mutter an meinem ersten Arbeitstag krank geworden war und sich ins Bett gelegt hatte."

„Und?"

„Und sie konnte erst am Samstag darauf wieder aufstehen."

„Und?"

„Und deshalb konnte sie mir bis dahin nicht bei irgendetwas helfen."

„Und?"

„Und ich kann nicht nähen."

„Und?"

„Ich hatte nur eine Hose, die ich zur Arbeit anziehen konnte."

„Und?"

„Bei der war mir gleich am ersten Morgen auf der Arbeit die ganze Naht hinten aufgeplatzt ..."

An dieser Stelle unternahm das bereits erwähnte Salatblatt einen Kommandoangriff auf meinen Kehlkopf und schaffte es um ein Haar, meinem Leben ein Ende zu setzen.

Fragte später Gerald, welcher Ferien- oder Wochenendjob, den er als Schüler und Student gehabt hatte, für ihn der schlimmste gewesen sei. Er sagt, er wird darüber nachdenken.

♦ ♦ ♦

Wir alle ziemlich gespannt auf die heutige Veranstaltung. Der Organisator ist ein Mann namens Victor Bradley, der in seinen Briefen und am Telefon gesagt hat, er sei zuversichtlich, für heute Abend sechshundert Eintrittskarten verkaufen zu können. Deshalb hatte er das Theater in der Innenstadt gebucht und wollte uns alle hinterher in ein schickes Restaurant ausführen. Noch besser, kurz nach dem Tee rief er kurz an und sagte, er würde uns mit seinem großen Personentransporter von unserem Gasthaus abholen und zum Veranstaltungsort fahren. Das sei doch nicht nötig, sagte ich ihm, aber er bestand darauf. Waren uns alle einig, dass der heutige Abend von einer Art warmer Glut umgeben war. Wir konnten es gar nicht erwarten!

♦ ♦ ♦

Bradley selbst entpuppte sich als einer jener kleinen, rundlichen, zur Glatze neigenden Männer, die auch im Angesicht unübersehbarer Anzeichen einer unvermeidlichen Katastrophe einen unbezwingbaren Optimismus an den Tag legen. Lachend und scherzend schüttelte er uns in der Lobby des Gasthauses die Hand, schob uns zur Tür hinaus und sagte: „Meine Damen und Herren, Ihre goldene Kutsche erwartet Sie!"

Unsere goldene Kutsche war ein gewisser Schock. Das einzig annähernd Goldfarbene daran war der Zustand der Karosserie.

„Ich bin gekommen, damit sie Rost haben und ihn im Überfluss haben", murmelte Gerald.

Ich vermute, man könnte Victor Bradleys klapperigen alten Lieferwagen insofern im weitesten Sinne als Personentransporter bezeichnen, als man damit Personen transportieren konnte – vorausgesetzt, man stopfte sie und ihre Bücherkartons hinten hinein und ließ sie auf Haufen alter Teppiche und Mäntel sitzen. Keine Ahnung, was mit dieser Karre normalerweise transportiert wird, aber was immer es ist, hinterher kann man es nur noch wegwerfen. Versuchte, mich davon nicht allzu sehr irritieren zu lassen. Worauf es schließlich ankam, war die Veranstaltung selbst, und darauf freuten wir uns immer noch.

Als Gerald und Leonard die Bilder und die Projektorausrüstung und zwei große Bücherkisten hinten in den Wagen einluden, sagte

Bradley: „Wow! Sie haben sich aber reichlich mit Büchern eingedeckt, was? Das ist ja eine halbe Bibliothek. Haha! Sind Sie sicher, dass Sie so viele brauchen?"

„Ach, wissen Sie", sagte ich, „an einem Abend wie heute könnte es sogar sein, dass sie gar nicht reichen."

„Lieber Himmel, ja, Sie haben völlig Recht!", sagte er. „Wer weiß, was passieren wird! Schließlich glauben wir ja an Wunder, nicht?"

Leicht verdutzt über diese Bemerkung.

Der Wagen ächzte und stotterte und wollte erst nicht recht starten, kam aber schließlich doch noch in Gang. Ich saß vorne neben Bradley, der mit dem Schalthebel herumrühren musste wie mit dem Kochlöffel im Früchtebrotteig, wann immer er einen Gang höher oder zurück schaltete. Sehr lautstarkes Vehikel. Musste brüllen, um mich über den Lärm des Motors hinweg verständlich zu machen.

„Sagen Sie, Victor", sagte ich mit einem wohligen Gefühl angesichts des Trubels und der Begeisterung über die bevorstehende Veranstaltung, „Sie hatten also keine größeren Schwierigkeiten, Ihre sechshundert Eintrittskarten an den Mann zu bringen?"

„Nun", sagte er und kämpfte heftig mit dem Schalthebel, als wir eine leichte Steigung erreichten, „wir haben es zwar nicht ganz auf sechshundert gebracht, aber letzten Endes, nun, wird der Herr die Menschen hinführen, die er dort haben will, nicht wahr? Preis sei Gott!"

Versuchte, ein lautes Prusten von Gerald hinten zu ignorieren, obwohl es selbst über den Lärm des Motors hinweg hörbar war. Ich wusste, wie mein Sohn über die Theorie dachte, dass der Herr diejenigen zu einer Veranstaltung führt, die er dort haben will. Seiner Meinung nach bedeutet das im Allgemeinen, dass die Werbung dilettantisch war, dass das Projekt unattraktiv ist und dass die Einheimischen nach der Katastrophe beim letzten Mal wohl kaum das Risiko eingehen werden, noch einmal zu kommen. Wollte aber Victor nicht entmutigen, nachdem er sich doch so viel Mühe gegeben hatte.

„Eigentlich", sagte ich, „ist es, wenn man mit den Leuten ins Gespräch kommen und Bücher verkaufen und – nun, eine gewisse Intimität erreichen will, manchmal sogar besser, wenn etwas weniger Leute da sind. Wie viele haben Ihnen denn am Ende noch zu den sechshundert gefehlt, oder wissen Sie das nicht genau?"

„Nach dem, was Sie gerade gesagt haben, bin ich sehr erleichtert", sagte Bradley, „denn wir haben es auch nicht ganz auf fünfhundert gebracht. Jede Menge Raum für Intimität also! Preist den Herrn!"

„Macht nichts, vierhundert und ein paar Gequetschte ist auch eine sehr gute Zahl. Ich denke, damit sind wir alle zufrieden. Das ist mehr, als wir anderswo erwarten Victor. Gute Arbeit."

„Oh, ich kann Ihnen versprechen, dass es sogar noch intimer wird!"

Irgendwie schaffte es Bradley, es so klingen zu lassen, als ob seine Neuigkeiten immer besser würden.

„Noch intimer? Dreihundert?"

„Ich glaube, hinter der Dreihunderter-Marke werden wir doch noch ein kleines Stück zurückbleiben", sagte er, „obwohl man natürlich nie wissen kann, wie viele noch an der Abendkasse kommen, nicht wahr?"

„Ein kleines Stück?"

„Nun, drücken wir es mal so aus, mein Lieber – wenn zweihundertfünfzig Leute kommen, werde ich sehr erfreut und überrascht sein."

„Verstehe. Gut. Aber Victor, werden sich nicht zweihundert Leute oder einige mehr in einem Theater mit sechshundert Plätzen etwas verloren vorkommen?"

„Sie haben den Sprichwörtlichen auf den Sprichwörtlichen getroffen!", rief er, als hätte ich mit meinem Spezialthema „Ist es wünschenswert, zweihundertfünfzig Leute in ein Theater mit sechshundert Plätzen zu setzen?" den Großen Preis gewonnen. „Genau aus diesem Grund habe ich als Verantwortlicher die Entscheidung getroffen, die Veranstaltung etwas kleiner zu dimensionieren. Ich habe das Theater, das ja ziemlich teuer war, storniert und mich für einen Veranstaltungsort entschieden, der zur Besucherzahl passt!“ Sein ganzer Tonfall war der eines Mannes, der einen enorm komplizierten Plan mit riesigem Erfolg entworfen und durchgeführt hat. Es war lächerlich. Andererseits schienen über zweihundert Leute immer noch ziemlich erfreulich zu sein.

„Aha! Und wo werden uns denn nun diese zweihundert und ein paar gequetschte Leute heute Abend hören?“

Bradley saugte die Luft zwischen den Zähnen ein, als hätte ich mich auf irgendeine Weise maßlos überschätzt.

„Über zweihundert ist ein bisschen sehr ehrgeizig“, sagte er, „und wie Sie ganz richtig sagten, Bruder, wir können sie ja nicht in irgendeinen riesigen Raum setzen, in dem sie sich ganz verloren fühlen, nicht wahr?“

„Dann also weniger als zweihundert?“

„Es wird richtig intim!“

„Mehr als hundert?“

Ein Aufbrüllen des Motors und ein erneuter Zweikampf mit dem Schalthebel, als wir eine zweite Steigung erreichten.

„Noch ein bisschen intimer. Knapp darunter, denke ich!“

Wagte nicht weiter zu fragen. Unser Wahnsinnsabend mit sechshundert Leuten, die sich in einem Theater in der Innenstadt drängten, war bereits auf ein Publikum von weniger als hundert Leuten geschrumpft, die sich vermutlich auf den langen Weg zu irgendeinem trostlosen Gemeindesaal am Stadtrand machen mussten. Kein Wunder, dass er gedacht hatte, wir hätten zu viele Bücher. Versank in Trübsal, riss mich dann aber zusammen. Schließlich waren die achtzig oder neunzig Leute, die sich an diesem Abend versammelten, um uns zu hören, in Gottes Augen genauso wichtig wie jeder andere. Zahlen waren nicht alles. Fühlte mich schon ein bisschen aufgeheitert.

Wir hielten schließlich vor einer Doppelhaushälfte in einer ganz gewöhnlichen, laubübersäten Wohnstraße. Victor deutete zum Fenster auf seiner Seite hinaus und sagte: „Voilà! Chez Bradley! Wird Zeit für eine ordentliche Kanne Tee, was?“

Ließ die anderen hinten aus dem Wagen heraus. Sie sahen ziemlich zerknittert, verbeult und genervt aus, aber der Gedanke an Tee heiterte uns alle auf. Victor führte uns in ein Wohnzimmer, in dem sieben oder acht Leute – Victors Mitarbeiterteam, wie ich annahm – ringsum an den Wänden saßen. Victors Frau Lola, klein und rundlich und offenbar genauso unbeirrbar positiv wie ihr Mann, brachte uns Tee und Kekse, das erste angenehme Ereignis, das uns seit unserer Abfahrt aus dem Gasthaus widerfuhr. Alles sehr nett, aber nach einer Weile schaute ich auf meine Uhr und merkte, dass es schon ziemlich spät wurde. Beugte mich hinüber und zeigte Bradley meine Uhr.

„Äh, Victor, es wird langsam Zeit. Sollten wir nicht allmählich zum Veranstaltungsort fahren und aufbauen und so?"

Er sah mich an, als hätte ich den Verstand verloren.

„Das hier *ist* der Veranstaltungsort, Adrian, mein Freund! Ist doch perfekt, finden Sie nicht? Genau richtig, was die Größe anbelangt. Intim und gemütlich."

Brachte kaum ein Wort heraus.

„Aber was ist mit dem Publikum?"

„Na, das ist doch schon da, alter Junge." Er deutete mit einer Hand durchs Zimmer. „Acht treue Seelen, die alle darauf warten, zu hören, was Sie ihnen zu sagen haben. Wollen Sie noch die Bücher und das andere Zeug hereinholen?"

Es war wie ein Schlag ins Gesicht mit einem tiefgekühlten Schellfisch, aber wir hatten die Wahl. Wir konnten toben und schimpfen oder einfach grinsen und es über uns ergehen lassen. Entschied mich für das Letztere, wahrscheinlich aus ganz falschen Motiven.

Auf den Projektor verzichtete ich aus offensichtlichen Gründen. Holte nur ein paar Bücher aus dem Wagen herein. Fragte Angels, ob sie auf einer so lächerlich kleinen Fläche lieber nicht tanzen wolle, doch zu meiner Überraschung sagte sie, sie würde es trotzdem tun. Zum Teil, sagte sie, weil es sie ein wenig an das Seniorenwohnheim erinnerte.

„Und überhaupt", fügte sie flüsternd hinzu und drückte mir dabei lächelnd den Arm, „sitzen wir doch alle im selben Boot, oder? Wir machen es einfach, okay?"

Hätte sie dafür küssen können.

Schon komisch, wie die Dinge manchmal laufen, nicht wahr? Diese seltsame kleine Veranstaltung, die wir für acht Leute im Wohnzimmer eines Hauses in einer Vorortstraße abhielten, hatte etwas an sich, was sie ebenso denkwürdig machte wie jeden anderen Abend unserer Tournee. Die Leute waren begeistert von Angels und schienen Freude daran zu haben, zu hören, wie Gerald und ich darüber redeten, warum wir vorhatten, weiterhin Jesus nachzufolgen, wie gut oder schlecht die Dinge auch für uns laufen mochten. Und die ganze Zeit über saß Victor, der alles so gründlich vermasselt hatte, wie es nur zu vermasseln war, nickend und voll Besitzerstolz lächelnd da, als ob dies die genaue Erfüllung seines ursprünglichen, extravaganten Traumes wäre.

Das Erstaunlichste an diesem Abend kam gegen Ende der Veranstaltung, als wir den offiziellen Teil hinter uns hatten und ein oder zwei Leute Interesse äußerten, einen Blick auf die Bücher und die Bilder zu werfen.

Angels stand auf und sagte ziemlich nervös: „Ich, äh, hoffe, es stört niemanden, wenn ich etwas sage."

Es wurde still. Sie sah von einem Gesicht zum anderen.

„Die Sache ist die, dass ich, nun, dass ich kein Christ bin wie alle anderen hier – falls Sie alle welche sind, meine ich. Aber ich habe Adrian und Gerald und Anne und Leonard zugehört, wie sie über Jesus gesprochen haben, seit ich sie kennen gelernt habe, und ich habe beschlossen, dass ich ihm auch nachfolgen möchte. Würde es jemandem etwas ausmachen, wenn ich mich einfach hier hinknie und ihm jetzt mein Leben gebe? Weil …" Tränen traten in ihre Augen. „Ich – ich kann schon lange nicht mehr viel damit anfangen."

Seltsamer, bewegender Moment.

Leonard liefen auch die Tränen über die Wangen und Anne und

ich waren nicht weit davon entfernt. Selbst Barry schien durch ein so lebhaftes praktisches Beispiel für einen Moment von seiner Theorie abgelenkt zu sein. Angels sank einfach auf die Knie, und obwohl sie sich manchmal so unnötig verworren ausdrücken kann, war es das schlichteste Gebet, das man sich vorstellen kann. Hinterher sprach Anne noch ein Gebet und nahm sie in die Arme und dann tranken wir noch eine Tasse Tee und ein oder zwei Leute kauften Bücher. Einer von den acht Leuten übergab uns sogar einen Scheck für eines von Zaks Bildern.

Hatte nicht viel Hoffnung, was das „schicke Restaurant“ anging. Vermutlich würde es „etwas kleiner dimensioniert“ sein, genau wie der Veranstaltungsort. Ich behielt Recht. Es hatte sich in einen Teller mit Sandwiches und ein Stück Kuchen verwandelt, die uns von Victor und Lola serviert wurden, als ob sie ein Festmahl wären, das unsere kühnsten Erwartungen übertreffen musste.

Als wir die „goldene Kutsche“ beluden, um den Heimweg anzutreten, sagte Gerald leise zu mir: „Meinst du, Victor hat das Honorar auch etwas kleiner dimensioniert, Paps? Viel kann er ja an acht Eintrittskarten nicht verdient haben, oder?“

Sehr gute Frage, fand ich.

♦ ♦ ♦

Nachdem sich die anderen am Gasthaus verabschiedet und die Sachen hineingebracht hatten, schüttelte ich Victor die Hand und sagte: „Victor, Sie sagten ja, Sie könnten zweihundert Pfund von den Einnahmen heute Abend abzweigen, und das haben wir in unserem Budget eingeplant. Unsere Tour ist darauf angewiesen. Wollen Sie mir einen Scheck geben oder ist es Ihnen lieber, das Geld morgen früh in bar vorbeizubringen, bevor wir aufbrechen?“

Er zuckte mit keiner Wimper. Nahm einen verschlossenen Umschlag aus der Tasche und reichte ihn mir.

„Adrian, mein Freund“, sagte er, „hier sind eine vollständige Aufstellung aller Einnahmen und Ausgaben sowie ein Scheck auf mein Privatkonto über das vereinbarte Honorar. Es war mir ein Vergnügen und ich hoffe, wir können das eines Tages wiederholen!"

Hatte ein schlechtes Gewissen, als die goldene Kutsche davonrollte. So viel Geld von seinem Privatkonto. Es erschien mir nicht fair.

Meine Schuldgefühle dauerten jedoch nur bis zu dem Moment an, wo ich den Umschlag öffnete und las, was Victor auf dem Blatt, das ich darin fand, aufgeschrieben hatte.

EINNAHMEN		
Acht Personen zu je fünf Pfund	=	£40
AUSGABEN		
Spesen: Tee, Kekse, Benzin etc.	=	£13
VERBLEIBENDE EINNAHMEN	=	£27
40% für mich wie vereinbart	=	£10,80
60% für Sie wie vereinbart	=	£16,20

Neben diesem Blatt befand sich in dem Umschlag ein Scheck auf Victors Konto über den Betraf von sechzehn Pfund und zwanzig Pence. Zeigte beides Barry, der, das muss ich ihm lassen, mit keiner Wimper zuckte.

„Er hatte dir doch einen Prozentsatz versprochen, nicht wahr?", sagte Gerald, als ich ihm erzählte, was passiert war. „Die zweihundert Pfund waren davon abhängig, dass er seine ganzen Eintrittskarten loswurde. Jetzt werden wir wohl unser Hotel selbst bezahlen müssen – oder Barry, besser gesagt. Du bist bestimmt stinksauer. Offensichtlich hat er keinen Finger für die Werbung gerührt."

Ich schüttelte den Kopf und deutete mit der Hand in Richtung Leonard und Angels, die in der Nähe auf einem Sofa saßen, die Köpfe zusammengesteckt und ins Gespräch vertieft.

„Eigentlich macht es mir gar nicht so viel aus, Gerald", sagte ich. „Dafür war jemand anderes ziemlich fleißig."

♦ ♦ ♦

Morgen Mittag haben wir eine Versammlung im Wohnzimmer eines Hauses namens „The Willows“ in einem Stadtteil namens Critchley Park. Gerald sagt, er kennt die Gegend. Es ist eine von diesen ultra-vornehmen Wohngegenden, wo jeder drei Autos und einen riesigen Garten hat und die Zufahrtswege absichtlich nicht gut instand gehalten werden, um die *hoi polloi* davon abzuhalten, zu kommen und Dinge anzustarren, die sie niemals besitzen werden. Sagte, ich fände, er wäre vielleicht ein bisschen unfair. Er stimmte zu, sagte aber, er würde jede Wette eingehen, dass diese Versammlung voller reicher Frauen mit Problemen sein würde, die mit Geld nicht zu lösen seien.

Mal sehen.

Mittwoch, 21. September

Kam mitten in der Nacht endlich zu der Erkenntnis, dass es an der Zeit ist, jenes gute alte christliche Prinzip zu befolgen – wenn du sie nicht besiegen kannst, schließ dich ihnen an. In diesem Fall dachte ich dabei an Gerald, Anne, Leonard und Angels mit ihrer lächerlichen, Zeit vergeudenden Serie von Witzen über obdachlose Leute an der Tür. Einige der schlimmsten Beispiele in den letzten Monaten waren:

Ein Gospelsänger namens Andrae, der auf unserer Crouch übernachten wollte.

Krümelmonster auf der Suche nach einem warmen Plätzchen.

Jürgen Drews, der fragte, ob wir einen Korn und ein Feldbett für ihn hätten.

Muhammad Ali, der sich bei uns aufs Ohr hauen wollte.

Tschaikowsky mit einem Sack Nüsse, der fragte, ob er bei uns knacken könne.

Habe beschlossen, ihr Spielchen mitzuspielen. Verbrachte in den frühen Morgenstunden eine Ewigkeit damit, mir selbst so einen Kalauer auszudenken. Musste natürlich unbedingt cleverer und witziger sein als die anderen. War schließlich so zufrieden mit dem, was mir einfiel, dass ich Mühe hatte, nicht gleich laut loszulachen. Biss mir auf die Handknöchel, um Anne nicht zu wecken. Kann es kaum abwarten!

♦ ♦ ♦

Gerald erschien heute Morgen mit einem Blatt Papier in der Hand.

„Hallo, Paps, ich habe über deine Frage von gestern Nachmittag nachgedacht – über die Ferienjobs. Ich schätze, die Jobs, wo ich so tun musste, als hätte ich etwas zu tun, waren die schlimmsten. Es war so mühsam, den Anschein zu erwecken, als ob man etwas täte. Wenn man tatsächlich etwas zu tun hatte, war es viel leichter. Dann verging die Zeit wie im Flug. Ich meine, erinnerst du dich an den Job, den ich mal einen Sommer lang in einem Hotel unten in der Nähe von Bournemouth hatte? Ich habe mir gedacht, wenn dieser Job genauso ausgeschrieben gewesen wäre, wie die meisten Leute, die wie ich dort arbeiten, ihn erlebt haben, dann hätte die Stellenanzeige ungefähr so lauten müssen."

Er reichte mir das Blatt. Ich strich es glatt und las es.

> Fauler, unreifer junger Mann gesucht für schlecht organisierte und undefinierbare Aufgaben in Strandhotel. Muss über Einfallsreichtum und Kreativität in der Zeitverschwendung verfügen. Die Fähigkeit, mit konzentriert-geistesabwesendem Gesichtsausdruck hektisch in der Gegend herumzulaufen, ist von Vorteil
>
> Der neue Mitarbeiter, den wir für unser Team auswählen, zeigt großes Geschick darin, abrupt die Richtung zu wechseln, als fiele ihm plötzlich eine dringende Aufgabe ein, die seine sofortige Aufmerksamkeit an dem Ort erfordert, den er soeben eilends verlassen hat. Darüber hinaus wird erwartet, dass er irgendwie wichtig aussehende Papiere bei sich trägt, die er im Gehen liest, wobei er sich am Kopf kratzt und

ungeduldig mit der Zunge schnalzt, als würde ihm zugemutet, den dummen Fehler eines anderen zu bereinigen.

Unser erfolgreicher Bewerber wird sich von denen, die für seine Arbeit verantwortlich sind, nur selten und stets aus der Ferne blicken lassen, doch wann immer das der Fall ist, wird er sich viel zu beschäftigt mit anderen obskuren, aber unerlässlichen Aktivitäten geben, als dass man ihn abrufen dürfte, damit er sich mit anderen Banalitäten wie etwa seinen regulären Pflichten beschäftigt.

Trödelei und unangemessene Interaktion mit weiblichen Mitarbeiterinnen ähnlichen Alters während der Arbeitszeit sind wichtige Aspekte der täglichen Aufgaben unseres neuen Kollegen, ebenso wie ein brüsker und achtloser Umgang mit den Hotelgästen bei den Gelegenheiten, bei denen er ihnen nicht auszuweichen imstande ist.

Die Vergütung entspricht einer Rolle, die das absolute Minimum tatsächlicher Arbeit erfordert, aber von dem Bewerber, den wir einstellen, erwarten wir, dass er sich kontinuierlich über die Entlohnung beklagt und nach etwa drei bis vier Wochen seiner Tätigkeit bei uns beginnt, unter den anderen Mitarbeitern Unmut gegenüber der Geschäftsleitung in Bezug auf die Bezahlung und die Arbeitsbedingungen zu erzeugen und zu schüren.

Chronisches Zuspätkommen und Fernbleiben, verbunden mit durchsichtigen Ausreden über Zahnarztbesuche und imaginäre verstorbene Großmütter, sind obligatorisch.

Wenn Sie glauben, dass dies die richtige Position für Sie ist, melden Sie sich bei Brian unter Mudbanks 385924, lügen Sie ihm etwas über Ihre Erfahrungen vor und fordern Sie das Bewerbungsformular an, das so ausgefüllt werden sollte, als wären Sie ein analphabetischer Patagonier, der soeben eine halbe Flasche Gin zu sich genommen hat und einen Kugelschreiber verwendet, der seit vierzehn Tagen ohne Kappe herumliegt. Uns graut davor, von Ihnen zu hören.

„Meine Güte, Gerald“, sagte ich, als ich das Blatt sinken ließ, „war es wirklich so schlimm?“

„Na ja, ein bisschen übertrieben ist es vielleicht schon, aber trotzdem, im Großen und Ganzen, wenn man die gesammelten Erfahrungen der meisten Aushilfskräfte berücksichtigt, die dort waren, war es schon mehr oder weniger so.“

„Aber ich erinnere mich nicht, dass du Mama und mir je davon erzählt hättest.“

Er schmunzelte und klopfte mir mit der flachen Hand auf den Arm.

„Paps, wenn ich so fies oder so tollkühn gewesen wäre, dir und Mama auch nur von der Hälfte der Paniksituationen, Krisen und Beinahe-Katastrophen zu erzählen, in die ich etwa von meinem siebzehnten Lebensjahr bis zum Ende der Uni geraten bin, dann hättet ihr kaum jemals schlafen können. Irgendwie hat sich immer alles geregelt, die Krisen gingen vorbei und ihr brauchtet nie davon zu erfahren.“

War ziemlich betroffen, das zu hören. Konnte mich nicht entscheiden, ob ich froh war, dass mir all diese Sorgen erspart geblieben waren, oder ein bisschen verärgert, dass wir außen vor gelassen worden waren und nicht hatten helfen können.

♦ ♦ ♦

Dachte sehr gründlich darüber nach, was ich Harry Waits-Round am Telefon sagen sollte, bevor ich zu meiner Mittagsveranstaltung aufbrach. Kam zu dem Schluss, dass es nur einen Weg gab, eine klare Antwort zu meinem Buch zu bekommen: eine direkte Frage stellen und ihn über nichts anderes reden lassen, bis er sie beantwortet hatte.

„Nein! Nein! Nein! Nein! Nein! Eine Million Mal nein! Was immer Sie wollen, die Antwort ist immer noch ein dickes, fettes, stinkendes Nein! Und wenn Sie nicht aufhören mich anzurufen, komme ich hinunter und stecke Ihnen höchstpersönlich ...“

„Harry, hier ist Adrian, Adrian Plass."

„Aaadrian!" Die Transformation vollzog sich geradezu hörbar. „Wie schön! Ich dachte, Sie wären jemand aus einem der anderen Büros, mit dem ich – Sie wissen schon, einen kleinen Scherz getrieben habe. Haha! Nun, was kann ich für Sie tun an diesem strahlend schönen Morgen, mein Lieber?"

Ich sagte: „Harry, wenn es Ihnen nichts ausmacht, möchte ich Ihnen eine ganz einfache Frage stellen. Und wenn ich sie gestellt habe, könnten Sie dann bitte, bitte, überhaupt nichts sagen, außer mir eine ganz, ganz einfache Antwort zu geben? Würde Ihnen das etwas ausmachen?"

„No problemo! Ganz mein Stil. Frag zu, Macbeth!"

Ignorierte die Falschaussage und das sinnlose, völlig ungenaue Shakespeare-Zitat.

„Schön, könnten Sie mir bitte einfach ganz klar sagen, wie viele Exemplare meines Buches verkauft worden sind? Nichts sonst. Nur eine Zahl."

Einige Momente Stille, bis auf das Klappern von Harrys Tastatur, während er wohl die Verkaufsstatistik aus dem Computer abrief.

„Schön, ich freue mich sehr, Ihnen sagen zu können, dass Ihr Buch bis letzten Freitag vierunddreißigtausendfünfhundertundvierzig Mal verkauft worden ist."

War wirklich verblüfft und begeistert.

„Tatsächlich? Das ist ja großartig. Ich freue mich sehr."

„Stets zu Diensten, mein Lieber."

„Nun, dann nochmals danke. Wir sehen uns."

„Jederzeit! Ist mir immer ein Vergnügen. Und wir wollen hoffen, dass Ihr neues Buch im Lauf der Zeit ebenso erfolgreich sein wird, nicht wahr?"

Mir dämmerte erst, was er da gesagt hatte, als ich hörte, wie am anderen Ende aufgelegt wurde. Jetzt weiß ich *immer* noch nicht, wie sich das neue Buch verkauft. Allmählich habe ich die Nase ein bisschen voll von Harry. Kommt mir fast so vor, als wollte er es mir nicht sagen. Wäre ich kein Christ, hätte ich sicher nicht übel Lust, ihm auch irgendetwas irgendwohin zu stecken.

♦ ♦ ♦

Interessantes Erlebnis auf der Mittagsversammlung für die höchst vornehmen Damen mit tiefen Problemen, die sich mit Geld nicht lösen lassen.

Gerald hatte mehr oder weniger Recht. Die Veranstaltung fand in einem jener großen Landhauswohnzimmer statt, wo überhaupt nichts herumliegt und alles Mobiliar von allererster Güte ist. Bemerkte drei oder vier von diesen großen, schweren Tischlampen, die man in Cheltenham in den Schaufenstern sieht, von denen man sich aber nicht vorstellen kann, dass irgendjemand sie tatsächlich kauft, wenn das Geld dafür doch für Lebensmittel für einen Monat reichen würde. Die Sachen, die die meisten dieser Frauen anhatten, dürften auch jeweils ungefähr genauso viel kosten wie ein ganzer Warengang bei Sainsbury's. Alle wie aus dem Ei gepellt.

War mir ein bisschen peinlich, als wir uns setzten und ich merkte, dass ich einen kleinen, aber leuchtend farbigen Eigelbfleck auf meinem Pulli hatte, den ich mir wohl beim Frühstück zugezogen haben muss. Versuchte ihn unauffällig mit etwas Spucke an der Fingerspitze wegzuwischen, aber er gab nicht nach. Dann probierte ich, ihn mit dem Daumennagel abzukratzen. Funktionierte zu gut. Das eingetrocknete Stück Ei flog im hohen Bogen von meinem Pulli geradewegs in die aufgeschlagene Bibel auf dem Schoß der Dame neben mir. Sie unterhielt sich gerade mit der Dame zu ihrer Rechten und merkte darum nichts. Versuchte so zu tun, als wäre gar nichts passiert, und wartete ab, was sie tun würde, wenn sie entdeckte, dass auf wundersame Weise ein Klümpchen eingetrocknetes Rührei auf ihrer Bibel erschienen war. Beobachtete wie gebannt aus dem Augenwinkel, wie sie sich schließlich umdrehte und den Fremdkörper bemerkte. Gelassen nahm sie ein Taschentuch aus ihrem Ärmel, putzte sich dezent die Nase, nahm dann das Stück Ei mit ihrem Taschentuch auf und steckte das Tuch zurück in den Ärmel. Welche Klasse!

Die meisten Anwesenden waren Damen, aber zwei oder drei Männer waren auch da. Mit einem der Männer hing das interessante Erlebnis zusammen. Er saß mir direkt gegenüber auf einem Stuhl auf der anderen Seite des Raumes. Er hatte eines dieser kantigen, ergrauten, mit schweren Augenbrauen bewehrten und ziemlich missmutigen Gesichter, ein bisschen wie einer der beiden alten Männer, die bei der Muppets-Show immer in der Loge saßen und an allem herumkrittelten. Von dem Moment an, als ich eintrat, noch bevor ich zu sprechen begann, saß er reglos da und starrte mir mit einem Ausdruck wütenden Erstaunens ins Gesicht, als könne sein Verstand die Schwindel erregende Tiefe des Schwachsinns, die mein Aussehen vermuten ließ, gar nicht fassen. Fragte mich mit leiser Verlegenheit, ob er die Sache mit dem Ei bemerkt hatte.

Als ich mit meinem Vortrag begann, wurde es noch schlimmer. Die Augenbrauen zogen sich immer enger zusammen, die Mundwinkel wanderten immer weiter nach unten und die Augen traten voll mordlustiger Fassungslosigkeit hervor, während ich über die Macht der Liebe und der Freundlichkeit, mit der Gott gebrochene Herzen heilt, zu reden begann.

Ertappte mich bei der Vermutung, dass dieser verknöcherte alte Griesgram wahrscheinlich mit der Vorstellung hergekommen war, endlich einmal ein paar klare, deutliche Worte darüber zu hören, wie man in der Welt Ordnung schaffen, die Einwanderer an die Kandare nehmen und die Bettler von den Straßen schaffen kann, nicht so ein erbärmliches, wabbelweiches Geschwafel über Liebe.

Machte mich ganz fertig! Tat mein Bestes, nicht zu oft zu ihm hinzusehen, während ich fortfuhr, aber ich konnte nicht anders. Immer wieder zog es meinen Blick zurück zu diesem kleinen Fleck menschlicher Dunkelheit, der direkt vor mir saß. Nach einer Viertelstunde meines fünfundvierzigminütigen Vortrags konnte ich überhaupt nichts anderes mehr sehen. Sein Gesicht schien anzuschwellen und immer größer zu werden, bis der ganze Raum von diesem einen Kopf und diesen borstigen Augenbrauen und diesem grimmigen, missbilligenden Mund ausgefüllt war.

Nach etwa einem Jahr wurde ich endlich fertig. Vereinzelte Schweißperlen auf meiner Stirn, als ich den höflichen Applaus der Damen entgegennahm und das übliche zeitlich perfekt abgestimmte Geklapper von Porzellan und Besteck aus Richtung Küche hörte. Sah mit Erleichterung, dass der Kopf meines Kritikers wieder die normale Größe angenommen hatte, geriet aber dann plötzlich in Panik, als ich merkte, dass der Mann sich von seinem Stuhl erhoben hatte und auf mich zukam. Das Gesicht, erfüllt von wildem Zorn wie eh und je, bewegte sich durch den Raum in meine Richtung. Ich musste an die Stelle in *Jurassic Park* denken, wo der Tyrannosaurus Rex näher kommt. Jetzt schickte sich das *Gesicht* an, etwas zu mir zu sagen! Es würde alles, was ich gesagt hatte, zwischen seinen Kiefern zermalmen und wieder ausspucken. Ich würde ganz genau zu hören bekommen, was dieser Mann von dem schwachsinnigen Blödsinn hielt, den ich gerade von mir gegeben hatte. Beinahe wäre ich aufgestanden und zur Tür geflüchtet. Zu spät! Das Gesicht hatte mich erreicht. Es beugte sich zu mir. Eine Hand legte sich auf meine Schulter. Worte kamen aus dem brückenförmigen Mund.

„Wollte Ihnen nur sagen, wie viel Ihre Worte mir bedeutet haben. Genau das, was ich heute gebraucht habe. Vielen Dank."

Gurgelte irgendetwas zur Antwort. Es war, als machte man die Tür auf und sähe Dschingis Khan und seine Horden vor sich, alle mit einem Blumenstrauß hinter dem Rücken versteckt. Machte mir wieder einmal klar, dass man niemals, unter keinen Umständen, nach dem Äußeren urteilen darf – bis zum nächsten Mal, versteht sich.

♦ ♦ ♦

Bekam heute im Wagen, während ich am Steuer saß, einen Teil eines Gesprächs mit, der einiges Licht auf die Frage wirft, warum Leonard und Angels so gut zueinander passen.

Nachdem sie sich ein wenig darüber unterhalten hatten, wie sehr sie die Tournee genossen, sagte Angels: „Weißt du, Leonard, ich war eigentlich noch nie sehr gut in Teamarbeit. Normalerweise macht es mir keinen Spaß, zu einer Gruppe zu gehören."

„Na dann, willkommen im Club!", stimmte Thynn ihr aus tiefstem Herzen zu.

Unterdrücktes Prusten von Gerald.

„Eigentlich eine gute Idee", sagte Angels. „Wir könnten einen Club gründen für Leute wie uns, die nicht gern irgendwo beitreten."

„Genau", pflichtete Leonard ihr bei, „und wir könnten eine Regel aufstellen, dass wir uns bei unseren Treffen nicht beteiligen müssen, wenn wir nicht wollen, und wenn jemand diese Regel übertritt, darf er nicht mehr Mitglied im Club sein."

„So einem Club würde ich jederzeit beitreten", sagte Angels.

„Ich auch!", sagte Thynn.

„Ich glaube, wir hätten eine Menge Zulauf."

„Denke ich auch."

„Lauter Leute, die nicht gern einem Club beitreten."

„Genau!"

„Also, dann lass uns diesen Club gründen!"

„Okay, ich bin dabei."

„Wie sollen wir uns nennen?"

Nachdenkliches Schweigen.

„Ich weiß!", sagte Thynn. „Wie wär's, wir nennen uns die Nicht-jeder-ist-gern-irgendwo-Mitglied-Gesellschaft?"

„Ja, Leonard, das gefällt mir. Klingt irgendwie gut."

„Abgekürzt wird man uns NIJIGIMG nennen."

Irgendwie glaube ich, dass Leonard und Angels sehr glücklich miteinander sein werden.

♦ ♦ ♦

Als wir alle uns kurz vor dem Tee wieder in dem Doppelzimmer zusammenfanden, das Anne und ich bewohnen, schlich ich mich hinaus, klopfte an die Tür und kam dann zurück ins Zimmer. Als ich hereinkam, sagte Anne gerade: „Und in den frühen Morgenstunden bin ich aufgewacht und er schien gerade zu versuchen, seine eigene Hand zu essen. Manchmal mache ich mir wirklich – oh, hallo Schatz, wer hat denn da an die Tür geklopft?"

War so empört, dass ich einen Moment lang völlig meinen Witz vergaß.

„Entschuldige bitte, Anne", sagte ich, „aber ich habe nicht versucht, meine eigene Hand zu essen. Ich habe nur mein Lachen unterdrückt, um dich nicht zu wecken. Ich dachte, du schläfst. Hätte ich gewusst, dass du wach bist, dann hätte ich natürlich einfach laut losgelacht. Weißt du, wenn die Leute sich manchmal nur die Mühe machen würden, herauszufinden ..."

„Dann hast du also deine Hand nicht gegessen", sagte Thynn, „sondern du hast sie dir nur in den Mund gestopft, um zu verhindern, dass du in den frühen Morgenstunden im Bett hysterisch lachst, richtig? Nun, ich muss sagen, für mich hört sich das völlig normal an."

Er blickte fragend in die Runde.

„Mache ich auch immer", sagte Gerald.

Angels sagte: „Ich auch – nicht."

„Ach was, Schatz, ist ja auch egal jetzt. Wer war denn an der Tür?"

Da fiel es mir plötzlich wieder ein. Gutes Gefühl, endlich mal die Zügel in der Hand zu halten. Machte erst eine kleine Pause, bevor ich antwortete.

„Es war ein Huhn."

Anne sagte: „Ein Huhn? An der Tür?"

„Ja – nun, eine Henne."

„Ein weibliches Huhn."

„Genau."

„Eine Henne hat an der Tür geklingelt?"

„Ja."

„Wie denn das?"

„Äh – es war eine Henne von der Sorte, die bis zu einer gewissen Höhe hochflattern kann."

Thynn gab einen maßlos übertriebenen Seufzer von sich. Sagte in einem Tonfall wie ein der Welt überdrüssiger Therapeut: „Ich fürchte sehr, wir bewegen uns wieder einmal in einer Welt, in der wir unsere eigenen Hände essen."

„Ne-e-i-i-n, das tun wir nicht", sagte Gerald und versteckte sein ganzes Gesicht hinter so einem enervierenden amerikanischen Grinsen. „Bei mir ist gerade der Groschen gefallen. Ich weiß, was hier abgeht. Paps versucht sich auch mal an einem von unseren Witzen, stimmt's, Paps? Komm schon, gib's zu! Ist doch so, oder? Also doch!"

Zuckte die Achseln und erwiderte: „Alles, was ich sagen will, ist, dass eine Henne an der Tür war."

Alle sahen mich an, als wäre ich ein Frosch, der behauptet hatte, Britney Spears zu sein.

„Dann vermute ich mal", sagte Angels, „dass diese Henne ein kleines Unterkunftsproblem hat, was?"

„Nun, ja, so ist es. Und, äh, sie ist eine ziemlich ungewöhnliche Henne."

Pause.

„Inwiefern ist sie eine ungewöhnliche Henne?", fragte Anne. „Allmählich wird die Sache interessant."

„Nun, sie ist eine Schlangenhenne, eine Verrenkungskünstlerin. Vermutlich ist sie sogar die beste Schlangenhenne unter allen Hennen der Welt. Sie hat bei den Schlangenhennenwettkämpfen auf der letzten, äh – Hühnerolympiade wahrscheinlich sogar die Goldmedaille gewonnen."

Jetzt hatte ich ihre Aufmerksamkeit gewonnen.

„Schön, fassen wir noch einmal zusammen", sagte Gerald langsam. „Wie Paps sagte, haben wir hier ein obdachloses Huhn, das sich besser verrenken kann als jede andere Henne auf der Welt. Und diese Henne klingelt nun bei uns und sagt, sie sucht – was?“

Der Moment für meine grandiose Pointe.

„Nun, sie sucht einen Ort, wohin sie ihren Kopf legen kann. Ihren *Kopf legen*, versteht ihr. Sie ist ja eine Schlangenhenne, und ...“

Abgrundtiefes Schweigen. Ganz und gar nicht das tosende Gelächter unter Tränen, das ich erwartet hatte.

Dann sagte Gerald ganz leise und ernsthaft: „Paps, das ist *ekelhaft*. Das ist nicht witzig, das ist ekelhaft.“

„Scheußlich – besonders, wenn ich das sagen darf, für Frauen“, sagte Angels.

„Das ist doch nicht etwa das, worüber du heute Nacht im Bett so lachen musstest, oder?“, fragte Anne ein wenig beunruhigt.

„Eine Beleidigung für jedes Huhn, ja für alles Geflügel auf diesem Planeten“, sagte Thynn wichtigtuerisch.

Atmosphäre so frostig, dass ich kurz darauf beschloss, mich einfach davonzuschleichen und hinunter in den Aufenthaltsraum zu gehen, wo Leute waren, die meinen ekelhaften, frauenfeindlichen, beleidigenden Hühnerwitz nicht gehört hatten und mich nicht danach beurteilen würden. Als ich die Zimmertür hinter mir schloss, kam von drinnen ein Chor dröhnenden Gelächters und ich hörte Geralds Stimme rufen: „Moment, Paps – warte auf uns! Wer als Letzter unten ist, ist das Hühnchen!“

Verzieh ihnen, nachdem Gerald mir ein Stück Marmorkuchen spendiert, Anne Tee für alle bestellt, Angels plötzlich über die Vorstellung von einem Huhn, das seinen eigenen Kopf legt, lauthals gelacht und Thynn zugegeben hatte, dass er meinen Witz sowieso nicht kapiert hatte.

Alles sehr witzig, nehme ich an, aber eigentlich sind sie dazu da, meine Füße auf dem Boden zu halten, nicht sie in Beton einzugießen.

Aber wenigstens dürfte das das Ende der „Da-ist-jemand-an-der-Tür“-Witze gewesen sein – oder?

♦ ♦ ♦

Barrys ganzes Leben scheint sich inzwischen um Geralds Behauptung zu drehen, Jesus habe etwas gesagt, was nicht wahr sei. Auf dem Weg zu der Veranstaltung heute Abend las er hinten im Wagen mit der Taschenlampe in der Bibel und verkündete wieder einmal, er habe das Rätsel gelöst. Glaubte, einen ziemlich fieberhaften Unterton in seiner Stimme herauszuhören.

„Sie sagten, es handele sich um einen Vers, in dem eine bestimmte Person erwähnt wird", sagte er, „und ich bin überzeugt, dass Sie sich auf den dreiunddreißigsten Vers des achten Kapitels des Evangeliums nach Markus beziehen, wo der Herr Simon Petrus als ‚Satan' anspricht. Als er das tat, wollte er natürlich nicht andeuten, Petrus sei tatsächlich eine Verkörperung des Teufels, sondern . . ."

„Falsch!"

„Nun, in diesem Fall gäbe es noch den Vers, in dem der Herr während seines Leidens um unsertwillen ausruft, er sei von seinem Vater verlassen, während . . ."

„Falsch!"

Danach kein Laut mehr von hinten, nur schweres Atmen und das Geräusch dünner Seiten, die eine nach der anderen umgeblättert wurden.

♦ ♦ ♦

Bizarre Episode, kurz bevor die Veranstaltung heute Abend begann.

War ein bisschen nervös, bevor es losging; also ging ich nach draußen und ging ein bisschen auf dem Kiesweg vor dem Eingang auf und ab. Ertappte mich bei dem Wunsch, es wäre möglich, ein Nichtraucher zu sein, der von Zeit zu Zeit raucht. Irgendetwas an dem erwartungsvollen Gemurmel, das gedämpft von drinnen herausdrang, jagte mir regelrecht Angst ein. All diese Leute, die auf mich warteten. Auf *mich*! Wenn ich jetzt nicht auftauchte, würde überhaupt nichts laufen. Was in aller Welt dachten die denn, wer ich war? Was dachte *ich* denn, wer ich war?

Hing einer wilden Fantasie nach, ich würde über den Zaun da hinten am Ende des Parkplatzes klettern und durch einen dichten Waldstreifen zur Hauptstraße rennen und von dort aus mit dem Taxi oder mit dem Bus zum nächsten Bahnhof fahren. Ich könnte einfach für immer verschwinden, mir irgendwo oben im Norden eine Wohnung nehmen und immer gebratene Eier zum Frühstück essen, in einem Supermarkt arbeiten, ins Kino gehen, manchmal zu viel trinken und mir keine Gedanken mehr über meinen albernen Glauben machen, und ich würde nie zurück in diesen Saal gehen und diesen endlosen Reihen von Leuten begegnen müssen, die wahrscheinlich nur gekommen waren, um über mich die Nase zu rümpfen und mich zu missbilligen und mir das Gefühl zu geben, als wäre ich sowieso nie ein richtiger Christ gewesen.

Meine Familie und meine Freunde würden mich natürlich vermissen, überlegte ich, aber wenn die Zeit behutsam ihren heilenden Balsam auf die Wunden in ihren Herzen legte, würde ich allmählich zu einer besonderen, lieben, traurigen, bleibenden Erinnerung werden, die sie sorgsam mit sich bis zu ihrem Grab tragen würden wie einen Krug voll Quellwasser. Stellte mir Artikel in der christlichen Presse vor, die über die Gründe für mein merkwürdiges Verschwinden spekulierten. Von Satanisten gekidnappt? Von einer atheistischen ausländischen Macht entführt? Vom Heiligen Geist entrückt wie Philippus im Neuen Testament, damit ich in einem fernen Land eine wichtige Arbeit für Gott tue? Vielleicht würde sich ein Artikel in einer der besonders schrägen Zeitschriften sogar dazu versteigen, die Entrückung habe stattgefunden und ich sei der Einzige gewesen, der für würdig befunden worden sei.

Wurde an dieser hoch intellektuellen Stelle aus meinen Gedanken gerissen, indem ich auf die Uhr schaute und merkte, dass die Veranstaltung jeden Moment beginnen sollte. Bat Gott, der mir wahrscheinlich sowieso nicht zugehört hatte, um Verzeihung für meine Gedanken, und ging wieder hinein. So endet es immer.

Setzte mich auf eine Bank an der Rückwand, während der Abend mit einigen gemeinsamen Liedern eröffnet wurde. Gleich nach dem ersten Lied kam der Organisator zu mir nach hinten geeilt, setzte sich neben mich und flüsterte mir etwas ins Ohr.

Er sagte: „Tut mir Leid, ich weiß, Sie haben im Moment bestimmt den Kopf voll, aber dürfte ich Sie um einen kleinen Gefallen bitten?"

„Ja, ja, natürlich. Sagen Sie es nur."

So reagiere ich immer, wenn ich auf den Modus „Christlicher Redner" geschaltet habe.

„Also, eine unserer eifrigsten Helferinnen, Mrs. Belper, die Sie noch nicht kennen gelernt haben, sagte mir, sie hätte eben gerade draußen einen Mann gesehen, der so aussieht, als ringe er mit sich, ob er hereinkommen solle oder nicht. Er sah wohl sehr betrübt aus. Eine gequälte Seele. So hat sie ihn beschrieben. Mrs. Belper wollte ihn nicht selbst ansprechen, weil, äh, sie eine Frau ist, und sie ist ein bisschen – aber trotzdem, ich habe mich gefragt, ob Sie wohl vielleicht kurz nach draußen gehen würden, um – Sie wissen schon – den Mann ein bisschen zu ermutigen."

Erklärte mich einverstanden und verbrachte dann zwei absurde Minuten mit der Jagd nach Mrs. Belpers gequälter Seele, bevor mir klar wurde, dass ich ernsthaft auf der Suche nach mir selbst war. Landete einen vollen Erfolg, indem ich mich überreden konnte, zum zweiten Mal hereinzukommen. Mrs. Belper muss wohl tief beeindruckt und erstaunt gewesen sein, als sie sah, dass der tiefbetrübte Jemand, der beinahe gar nicht erst hereingekommen wäre, durch eine oder zwei Minuten Seelsorge so gründlich verwandelt worden war, dass er nun als Redner des Abends auftrat!

Schon komisch. Sobald ich tatsächlich anfange zu reden, sind all die Sorgen fast immer völlig verschwunden. Sprach darüber, dass Gott versprochen hat, uns sein Gesetz in die Herzen zu schreiben, dass das aber ziemlich schwierig sein kann, wenn der Teufel dafür gesorgt hat, dass uns schon in der Kindheit die Herzen mit lauter Graffiti vollgesprüht wurden, so dass kaum noch Platz übrig ist.

Letzten Endes ein großartiger Abend. Angels tanzte mit Leib und Seele auf dem „winzigen" Raum, den man ihr zugewiesen hatte, und nur zwei Dias kamen an der falschen Stelle. Erstaunlich!

Ganz am Ende, als bis auf ein paar Helfer schon alle weg waren, winkte Gerald mich nach hinten, wo ein Mann ganz allein auf einem Stuhl neben der Tür saß.

„Paps, das ist Simon", sagte Gerald leise. „Er möchte uns ein bisschen von seinen Graffiti erzählen."

Gerald veräppelt mich ständig, aber wenn er sich wie in diesem Moment von seiner warmherzigen, kooperativen Seite zeigt und mit mir gemeinsame Sache macht, treibt mir das fast die Tränen in die Augen. Wir bildeten ein kleines Dreieck aus Stühlen und setzten uns.

Simon war Anfang fünfzig und trug Jeans, ein kariertes Hemd und einen kurzen Mantel aus schwerem Tuch. Er war glatt rasiert, wirkte gepflegt und kompetent und hatte dichte, grau melierte Locken, freundliche Augen und ein Kinn, das Entschlossenheit ausstrahlte. Doch als er sprach, schien ein schwerer Schmerz auf seiner Stimme zu lasten.

Er sagte: „Ich will Ihre Zeit nicht vergeuden. Es ist eigentlich albern. Sie werden sicher denken, das ist doch nur eine banale Kleinigkeit, aber es tut so weh. Ein bisschen hat es mir schon immer wehgetan, aber heute Abend – ich weiß nicht –, heute ist es wie ein pulsierender Schmerz in meinem Herzen. Ich kann es nicht aushalten!"

Er senkte seinen Kopf auf die verschränkten Arme herab. Vermutete, es hätte etwas mit Vernachlässigung oder Misshandlungen in der Kindheit zu tun. Seufzte innerlich, wie immer. Was in aller Welt sollte ich zu diesem Mann sagen?

„So wenig wie möglich wäre eine vernünftige Lösung", antwortete eine leise Stimme in meinem Kopf.

„Worum geht es, Simon?", fragte Gerald.

Eine lange Pause, dann hob Simon den Kopf und sagte: „Es geht um Hausaufgaben."

„A-ha."

Versuchte, so ernst zu nicken, als hätte er von rituellem Missbrauch oder Mord gesprochen. Er hob einen Arm und deutete in meine Richtung.

„Sie haben davon gesprochen, was alles mit uns passiert, wenn wir noch klein sind. Also, ich spreche nicht von der Zeit, als ich noch ganz klein war, obwohl es auch da – wissen Sie – Dinge gab, Dinge, die nicht so konkret mit mir zu tun hatten. Ich war ungefähr dreizehn, als es passierte. Auf dem Gymnasium. Ich hatte die Aufnahmeprüfung bestanden. Das war damals eine Riesensache, kann ich Ihnen sagen. Ich war gut in Englisch, wahrscheinlich, weil ich schon immer jede Menge gelesen hatte, aber ansonsten war die ganze Schule ein einziges Chaos. Für mich, meine ich. Nicht, dass ich es so gewollt hätte, verstehen Sie. Was ich wollte – was ich mir mehr wünschte als alles andere auf der Welt, war, einer von diesen total durchorganisierten Typen zu sein, die immer ihre Stifte ordentlich im Federmäppchen beisammen hatten und bei denen der Deckel auf der königsblauen Tinte nicht lose saß, die in jeder Stunde alle benötigten Bücher dabei hatten, hübsch verpackt in einem schicken Ranzen, den sie nicht schon am dritten Schultag verloren hatten. Ich *wollte* meine Hausaufgaben pünktlich machen und benoten lassen und lesen, was die Lehrer in Rot darunter schrieben; ich wollte stolz auf meine Noten sein, wenn sie gut waren, und ich – ich wollte Fortschritte machen."

Simon schüttelte langsam den Kopf und schwieg einen Moment.

Nach einer Weile räusperte ich mich und fragte: „Und was hat Sie davon abgehalten, so zu sein – so wie die, die immer alles richtig machten?"

Er starrte mich an.

„Es ist schon komisch, nicht? Als Kind nimmt man immer automatisch alle Verantwortung auf sich, nicht wahr? Man kommt gar nicht auf die Idee, dass das begrenzte kleine Universum, in dem man aufgewachsen ist, und die Art, wie die anderen einen behandeln, etwas damit zu tun haben könnten, wie man selber ist – wie man sich verhält und in der Welt da draußen klarkommt. Ich meine, ich kann mich nicht erinnern, mir je gesagt zu haben, dass es eigentlich, wenn man bedenkt, in was für einem Zustand meine Familie und mein Zuhause waren und – und aus was für einem emotionalen Kleister ich mich jeden Tag meines Lebens herausschleppen musste, kein Wunder war, dass meine Schuluniform nicht immer picobello war oder dass ich meine Hausaufgaben nicht schaffte oder die richtigen Sachen mitbrachte. Das kam mir gar nicht in den Sinn, wissen Sie. Ich dachte immer nur: Die anderen Jungs kriegen das hin und ich nicht, also ist es meine Schuld. Und darin wurde ich im Großen und Ganzen auch von den Leuten, die das Sagen hatten, bestärkt. Die sagten mir immer wieder genau dasselbe. Es ist deine Schuld, sagten sie. Also musste es wohl so sein. Das war der Beweis."

Er seufzte: „Ich weiß, dass hört sich für Sie bestimmt nach einem chronischen Fall von Selbstmitleid an, aber das war ja eigentlich schon das halbe Problem. Ich hatte nie Mitleid mit mir selbst. Ich wusste nicht einmal, dass man das konnte. Das hatte mir keiner gesagt. Ich wusste nicht, dass man das durfte. Eigentlich war ich eher verwirrt als irgendetwas sonst. Wie ein Schimpanse, der im Ritz zu Abend isst. Ich schätze, jeder Ort kann ein Dschungel sein, wenn niemand einem beibringt, wie man dort überlebt.

Na ja, jedenfalls gab es da einen Lehrer, den wir in Englisch hatten. Mr. Stanfield hieß er. Er war ein stiller Mann, irgendwie innerlich gelassen. Freundlich, aber stark, wenn Sie wissen, was ich meine. Er hatte in der Schule immer eine gepunktete Fliege um. Man merkte ihm an, dass er sein Fach liebte. Er las gern und redete gern über Bücher, machte gute Witze, und soweit ich mich erinnern kann, riss ihm nie der Geduldsfaden wie den anderen Lehrern. Ganz anders als – als jeder andere Mensch, den ich bis dahin kennen gelernt hatte. In seinem Unterricht hatte ich nie die geringsten Schwierigkeiten, soweit ich mich erinnern kann. Man mochte ihn zu sehr. *Ich* mochte ihn. Und ich wünschte mir sehr, dass er mich auch mochte. Ich glaube, in gewisser Weise tat er das wohl auch. Ich war ziemlich gut in Diskussionen und Rollenspielen und solchen Sachen, und wenn ich zurückdenke, las ich damals wahrscheinlich mehr und vielfältiger als die anderen Jungs in der Klasse, obwohl mir das damals gar nicht bewusst war. Ich freute mich immer richtig auf seine Stunden, weil sie mir manchmal ein gutes Gefühl verschafften, und das war bei mir damals nicht oft so.

Das einzig Dumme war", fuhr er zähneknirschend fort, „dass ich nie meine Hausaufgaben machte. Ich machte in allen Fächern kaum jemals meine Hausaufgaben. Wenn Sie mich fragen würden, warum nicht, könnte ich es Ihnen eigentlich nicht sagen. Ich könnte Ihnen höchstens eine Liste von Wörtern geben – Wörter wie Anspannung und Konflikt und Lärm und Sorge."

Er verzog das Gesicht, als ob ein heftiger Schmerz mitten in seinem Kopf säße, und ballte die Fäuste vor Frustration darüber, nicht genau ausdrücken zu können, was er empfand.

„Es war so – so eine *Quälerei*, dieser ewige *Druck* und diese *Angst!* Und es ging fast ständig so. Die ganze Zeit! Ich wurde mit der Zeit so geschickt darin, Ausreden dafür zu erfinden, warum ich meine Arbeit nicht machte, wie manche anderen Jungs darin, Geld und Zigaretten zu schnorren. Ich kannte jeden Trick. Ich wusste genau, wie man sich durchlaviert. Natürlich bin ich nicht immer damit durchgekommen. Ganz und gar nicht. An meiner Schule gab es eine spezielle Strafgruppe nach dem Ende des normalen Unterrichts, die so genannte Arrestklasse, und darin war ich Stammgast. Wenn ich so zurückblicke, war es schon ziemlich anstrengend, aber ich wusste einfach nicht, was ich sonst machen sollte.

Mr. Stanfield wusste offensichtlich nicht recht, was er von alledem halten sollte. Ich meine, er wusste ja, dass ich Spaß an seinem Unterricht hatte und bei allem eifrig mitmachte, und so muss er sich wohl gefragt haben, warum ich nicht einfach die Aufgaben erledigte, die er der Klasse stellte, und abgab wie alle anderen auch. Dann, nach zweieinhalb Halbjahren ohne Hausaufgaben – na ja, abgesehen von ein paar Zeilen, die ich einmal in einer Viertelstunde im Bus hingeschmiert hatte – hat er wohl beschlossen, etwas dagegen zu unternehmen. Vielleicht hatte er sich mit den anderen Lehrern darüber unterhalten. Keine Ahnung.

Wir hatten so einen Aufsatz auf, wissen Sie – ich glaube, es ging um einen Abschnitt aus Macbeth –, den wir eigentlich schon vor Wochen hatten abgeben sollen, doch von mir hatte er bisher nur alle möglichen verschlungenen Ausreden und Versprechungen gehört, die ich nie einhielt. Darum rief er mich eines Tages nach der Englischstunde zurück und sagte, er wolle mir etwas sagen. Ich sehe ihn noch vor mir, wie er da auf der Ecke seines Pultes halb saß und halb lehnte, auf einem Fuß stand und den anderen sanft gegen das Pult baumeln ließ. Die krausen Haare, die Fliege, die freundliche Anteilnahme in seinem Gesicht und in seinen Augen irgendeine andere Emotion, die ich erst ein paar Augenblicke später verstand.

‚Simon‘, sagte er ganz leise und überhaupt nicht böse, ‚du hast mir immer noch nicht den Shakespeare gemacht, stimmt's?‘

Traurigkeit – das war die andere Sache, die ich in seinen Augen gesehen hatte. Jetzt kapierte ich es. Aber ich konnte mir keinen Reim darauf machen. Worüber sollte er traurig sein? Ich war doch derjenige, der in Schwierigkeiten steckte. Ich fiel automatisch in meine Taktik mit den Ausreden und Versprechungen, aber er hob die Hand und brachte mich zum Schweigen.

‚Dies ist einer der traurigsten Tage meines Lebens, Simon‘, fuhr er fort, immer noch mit dieser ganz leisen, gleichmäßigen Stimme. ‚Ich bin jetzt seit über zwanzig Jahren Lehrer und in all dieser Zeit habe ich noch nie einen Jungen wegen irgendeines Vergehens zum Nachsitzen verdonnern müssen. Du bist der Erste, bei dem ich so sehr versagt habe, dass mir keine andere Wahl mehr bleibt. Ich fürchte, ich *muss* dich mit Arrest bestrafen. Das macht mich sehr unzufrieden und, wie gesagt, sehr traurig.‘

Dann schaute er mich ein paar Sekunden lang an und sagte: ‚Möchtest du mir irgendetwas dazu sagen?‘

Ich glaube, ich habe den Kopf geschüttelt. Wahrscheinlich bin ich auch ein bisschen blass geworden. Äußerlich hatte ich nichts zu sagen. Aber in mir drin steckte ein atemloser, weinender kleiner Junge, der geborsten wäre wie ein Damm, wenn ihm nur je jemand gesagt hätte, wie man seine tiefsten, dunkelsten Gefühle in Worte fassen kann.

Ich glaube, dieser kleine Junge hätte vielleicht mit einem ängstlichen Zittern in der Stimme gesagt: ‚Äh, nein, Sir, einen Moment, entschuldigen Sie, aber das können Sie nicht machen. Ich weiß, ich sollte jetzt eigentlich sagen, dass es mir Leid tut, aber wissen Sie, Sie verstehen das nicht. Ehrlich nicht. Sie verstehen nicht, wie schwer es ist, einfach nur herzukommen und hier zu bleiben und weiterzumachen, wenn zu Hause dauernd alles zusammenbricht. Es macht mir nichts aus, wenn Sie mich nachsitzen lassen, Sir. Sie können mich auch drei Stunden nachsitzen lassen oder sechs Stunden, das mache ich gern, aber bitte, bitte sagen Sie mir nicht, dass ich irgendwie an einer der traurigsten Sachen schuld bin, die Ihnen je passiert sind. Bitte – wie kann ich daran schuld sein, wenn ich mich doch jeden Tag mächtig anstrengen muss, damit nicht alles in ein großes schwarzes Loch fällt, das voll ist von den schlimmsten Dingen, die man sich vorstellen kann und die nicht bloß Albträume sind? Die Sache ist die – es ist so schon nicht genug Platz in meinem Kopf für all die miesen Gefühle, weil ich meine Eltern nicht vom Streiten abhalten kann, Sir. Das ist alles meine Schuld. Ich habe keinen Platz mehr dafür, auch noch die Person zu sein, die diesen Tag zu einem der traurigsten in Ihrem Leben macht. Wirklich nicht, Sir, und es macht mir richtig Angst. Bitte, können Sie mich nicht einfach mein ganzes Leben lang nachsitzen lassen und mir sagen, dass es Ihnen gut geht?‘“

Simon sah Gerald beschwörend an. In seinen Augen standen Tränen.

„Das hätte er nicht tun sollen, oder? Ich meine – ich bin jetzt erwachsen und weiß, warum er es getan hat. Natürlich weiß ich das. Er dachte, es würde vielleicht helfen. Er war ein guter Mensch. Er kann ja keine Ahnung gehabt haben, was seine Worte in mir angerichtet haben, aber – na ja, er hätte es einfach nicht tun sollen, oder?

Tut mir wirklich Leid, dass ich Ihnen Ihre kostbare Zeit damit raube. So eine alberne Kleinigkeit."

Simon ließ den Kopf wieder sinken und verbarg sein Schluchzen hinter den Ärmeln seiner Jacke.

„Paps, geh du nur und schau, wie weit die anderen sind", flüsterte Gerald, während er mit seinem Stuhl näher an den des anderen Mannes rückte. „Ich bleibe noch und bete mit Simon."

Nickte und stand leise auf, um seinem Vorschlag zu folgen. Manchmal bin ich sehr stolz auf meinen Sohn.

♦ ♦ ♦

Ein paar von den Helfern sprachen mich an, als ich heute Abend mit den anderen aus dem Saal kam, um mir einen freundlichen Verweis zu erteilen, weil ich einen oder zwei Witze über die Hölle gemacht hatte. Eine seltsame Sache bei manchen Christen fiel mir auf. Sie scheinen eher Angst davor zu haben, den Teufel zu verärgern, indem sie spöttisch über die Hölle reden, als sie das Zutrauen haben, Gott zu gefallen, indem sie optimistisch über den Himmel reden.

Fragte heute Abend Gerald und die anderen, ob sie fänden, dass ich falsch liege.

Thynn sagte: „Nun, schon möglich, Adrian. Du *hast* dich schon einmal geirrt. Ich erinnere mich noch genau daran. Es war 1995. Nachdem du gedacht hattest, du hättest dich in einem Punkt geirrt, stellte sich heraus, dass du eigentlich Recht hattest, womit du also Unrecht hattest, wenn du verstehst, was ich meine."

Das Problem mit Thynns Versuchen, witzig zu sein, ist, dass es alles immer so kompliziert endet.

Ich sagte: „Leonard, es gibt eine Sache, die du und ich ganz sicher gemeinsam haben."

„Ja? Was denn?"

„Keiner von uns beiden hat die leiseste Ahnung, wovon du redest."

Ziemlich gute Diskussion über die Hölle daraufhin. Gerald wies darauf hin, dass ein bekannter Christ in England kürzlich erklärt hatte, dass ein barmherziger Gott niemals jemanden zu ewigen Qualen verurteilen würde. Stattdessen, so meinte er, würde er die Seelen der Verlorenen einfach auslöschen.

„Ach, dann ist ja alles in bester Ordnung, was?“, sagte Angels bitter. „Was für ein Trost für die Leute, zu denken, dass ihre Seelen von diesem barmherzigen Gott vielleicht ausgelöscht werden.“

Anne meinte, sie halte nichts von „dieser heiteren kleinen Schriftverdrehung“, wie sie es nannte, und finde, dass jeder vernünftige Mensch ebenso denken müsse. Gefährlicher Unsinn, so nannte sie es.

„Was ich glaube“, sagte sie, „ist, dass wir einfach akzeptieren müssen, dass Menschen, die Jesus nicht kennen – und das zu beurteilen, steht nur ihm allein zu –, sich in der Trennung von Gott wiederfinden werden, und das – nun, das wird die Hölle sein, nicht wahr?“

Gerald überlegte, ob die Hölle vielleicht auf jeden Einzelnen zugeschnitten sein würde. Eine Art Höllenqual nach Maß.

„Zum Beispiel“, sagte er, „wie sieht wohl das ewige Schicksal der Leute aus, die ihr Leben damit zubringen, diese langen, komplizierten Formulare zu entwerfen, die ich schon mein ganzes Leben lang hasse und auch furchtbar schlecht ausfüllen kann. Schon der Gedanke an diese bösen, unerbittlichen Dokumente lässt Wellen pessimistischer Raserei durch mein ganzes Sein rollen. Wisst ihr, was ich meine?“

Wir nickten voller Mitgefühl. Es kann wohl nicht viele Leute geben, die Spaß daran haben, Formulare auszufüllen.

„Wie kommt es eigentlich“, sagte Anne, „dass immer, wenn ich ein Formular mit schwarzer Tinte ausfüllen muss, alle schwarzen Stifte, die ich je besessen habe, genau im selben Moment aufhören zu existieren? Wie kann das sein? Und wie kommt es, dass Adrian immer, wirklich *immer* dann, wenn er irgendwelche wichtigen Formulare binnen zwei Stunden ausfüllen muss, weil es sonst zu spät ist, seine Brille nicht finden kann? Und Schatz, warum bestehst du dann immer darauf, es ohne Brille zu versuchen, obwohl du weißt, dass du hinterher wahrscheinlich entdecken wirst, dass du ‚Bin mir nicht sicher' in das Feld geschrieben hast, wo du dein Geschlecht hättest eintragen sollen?"

„Ich habe noch nie ..."

„Und noch etwas", unterbrach Gerald. „Wie kommt es, dass da immer eine Frage dabei ist, für deren Beantwortung man entscheidende Informationen braucht, die man nur von jemandem bekommen könnte, der vor dreizehn Jahren in Samoa gestorben ist? Und wo wir schon beim Thema sind, warum sind meine Antworten meistens ein halbes Wort länger als der Platz, der dafür zur Verfügung steht?"

„Was mir am meisten auf die Nerven geht", warf Angels ein, „ist, wenn ich feststelle, dass das wichtigste Dokument, das ich beilegen muss, wie immer ganz unten im untersten Karton des letzten Gerümpelhaufens im hintersten Winkel des am schwersten zugänglichen Teils meines Dachbodens liegt. Die machen das mit Absicht – die *wissen* das!"

„Ich habe nie Probleme mit Formularen", sagte Thynn leichthin. „Ich habe immer Mutter gebeten, sie für mich auszufüllen, als sie noch lebte, und jetzt macht das Anne für mich – auch wenn sie manchmal einige Zeit braucht, um einen Stift zu finden."

„Also, Gerald, welches maßgeschneiderte Grauen stellst du dir denn für diese abscheulichen Formularschöpfer vor?", fragte Anne, nachdem sie Leonard einen Rippenstoß versetzt hatte.

„Lasst uns mal überlegen. Wir wissen ja eigentlich nicht, wer für diese scheußlichen Dinger verantwortlich ist, stimmt's? Aber wer immer es ist, falls er nicht gerettet ist, kann ich mir ungefähr vorstellen, was passieren wird, wenn er in den infernalischen Gefilden ankommt. Nach einem von Grauen erfüllten Blick auf den Feuersee voller Seelen, die vor Qualen schreien, wird er sich an das nächste Teufelchen wenden und sagen: ‚Gibt es denn keinen Weg, das zu umgehen?'

Und das Teufelchen, das sich vor Vorfreude auf diese köstliche Frage schon die Lippen geleckt hat, wird grinsen, so fies es kann, ihm einen beängstigend dicken Stapel bedruckten Papiers reichen und antworten: ‚Selbstverständlich, Sir, den gibt es. Zuvor jedoch ein paar kleine, äh, Formalitäten. Wenn Sie bitte hier Platz nehmen und dieses Formular ausfüllen würden ...‘

Die Möglichkeiten sind unerschöpflich, nicht wahr? Denkt zum Beispiel an einen ungläubigen Verkehrspolizisten. Er wird genau dieselbe Frage stellen, aber eine völlig andere Antwort bekommen.

‚Meine Güte, aber natürlich, Sir. Selbstverständlich dürfen Sie uns verlassen und in den Himmel übersiedeln. Wir stellen Ihnen sogar ein Auto zur Verfügung, damit Sie selbst dorthin fahren können. Sie finden es gleich vor dem Haupttor; der Zündschlüssel steckt.‘

Voller Erleichterung stürmt der Verkehrspolizist zum Höllentor hinaus, nur um zu entdecken, dass sein Auto festgeklammert wurde – mit ewigen Reifenklammern!“

Ein unbehagliches Kichern, ein kurzes Schweigen; dann sagte ich: „Manchmal bin ich Gott wirklich sehr dankbar dafür, dass ich durch Jesus gerettet bin. Ich meine, stellt euch vor, was in Geralds maßgeschneiderter Hölle wohl aus mir werden würde. Ich habe das schreckliche Gefühl, das wäre noch schlimmer als das, was die Formularerfinder und die Verkehrspolizisten ertragen müssten.“

„Oh ja, die hätten da unten einen Riesenspaß mit dir, Paps“, grinste Gerald. „Dein persönliches Teufelchen würde auf die Leidenden im Feuersee deuten und sagen: ‚Sie können hier weg und geradewegs in den Himmel, sobald Sie es schaffen, einem einzigen unserer Gäste einen Anflug eines Lachens über eine Ihrer lustigen kleinen Bemerkungen über das Wesen von Himmel und Hölle zu entlocken ...‘“

„Wie auch immer, das Lachen geht auf Kosten Satans“, sagte Anne abschließend. „Jesus hat die Welt überwunden und ich habe vor, ihm in den Himmel zu folgen. Hoffen wir, dass viele andere Leute sich entschließen, mit uns zu kommen. Darum geht es ja bei dieser Tournee. Auf jeden Fall habe ich jetzt genug von diesem Gerede über die Hölle. Komm, Adrian, gehen wir schlafen."

♦ ♦ ♦

Im Bett erzählte ich Anne von dem Gespräch, das ich heute Morgen mit Gerald hatte. Fragte sie, wie sie es fände, dass er all diese Schwierigkeiten und Probleme durchgemacht hatte, ohne uns wissen zu lassen, was los war.

Sie lächelte und sagte: „Um ehrlich zu sein, mich überrascht das nicht im Geringsten. Wenn es je jemanden gab, der immer in der Nähe irgendwelcher interessanter Katastrophen war, dann Gerald."

„Ja, aber ..."

„Gleichzeitig muss ich sagen, da wirst du mir wohl zustimmen, wenn es je jemanden gab, dem immer ein origineller Weg aus der Klemme einfiel – nun, das wäre auch Gerald. Also ..."

„Ja, aber all diese Dinge, die hinter den Kulissen abliefen, ohne dass wir etwas davon ahnten." Ich schüttelte den Kopf. „Das gibt einem doch zu denken, oder?"

„Ach", sagte Anne, „es lief schon immer allerhand hinter den Kulissen ab. Das hast du selbst schon gemacht. Weißt du noch, wie Gerald auf der Uni war und sein ganzes Bargeld verloren hatte – eine der Katastrophen, von denen wir erfahren haben – und du ihm Geld überwiesen hast, worauf er dann ganz aufgeregt anrief und sagte, er müsse sich irgendwie verrechnet haben, auf seinem Konto sei noch viel mehr Geld, als er gedacht hatte. Du hast ihm nie gesagt, was du getan hattest, stimmt's?"

Schüttelte den Kopf und verlor mich für einen Augenblick schweigend in der Erinnerung.

Ich sagte: „Glaubst du, Gott macht auch solche Sachen?"

„Wie ausgerechnet du diese Frage stellen kannst, ist mir schleierhaft", erwiderte Anne schläfrig. „Warum liest du nicht mal Psalm hundertvierundzwanzig, bevor du einschläfst. Ich glaube mich zu erinnern, dass die Antwort da drinsteht." Sie gähnte. „Du kannst ihn auch gerne laut vorlesen. Mit etwas Glück schlafen wir dann beide ein."

Griff nach meiner Bibel und fand, was ich suchte, am Ende des Buches der Psalmen. Las die Verse laut vor.

„Wäre der Herr nicht bei uns – so sage Israel –, wäre der Herr nicht bei uns, wenn Menschen wider uns aufstehen, so verschlängen sie uns lebendig, wenn ihr Zorn über uns entbrennt; so ersäufte uns Wasser, Ströme gingen über unsre Seele, es gingen Wasser hoch über uns hinweg.

Gelobt sei der Herr, dass er uns nicht gibt zum Raub in ihre Zähne! Unsre Seele ist entronnen wie ein Vogel dem Netze des Vogelfängers; das Netz ist zerrissen und wir sind frei. Unsre Hilfe steht im Namen des Herrn, der Himmel und Erde gemacht hat."

Klappte meine Bibel zu und beugte mich hinüber, um mein Nachtlicht auszuschalten.

„Gute Nacht, Anne", sagte ich, aber sie schlief schon fest.

Donnerstag, 22. September

Beschloss heute Morgen, ein letztes Mal Harry Waits-Round zu kontaktieren, um herauszufinden, wie viele Exemplare meines neuen Buches verkauft wurden. Fasste einen listenreichen Plan. Ich würde mich mit seiner Sekretärin verbinden lassen und so tun, als wäre ich ein Buchhändler, der wissen will, wie es läuft, um zu entscheiden, wie viele Exemplare ich bestellen soll. Rief den Verlag an und verlangte die Sekretärin von Mr. Waits-Round. Das Telefon wurde fast augenblicklich abgenommen. Zu meiner Überraschung hörte sich die Stimme nach Harry selbst an.

„Zu spät!", knurrte er drohend. „Sie sind zu spät. Jetzt können Sie mich nicht mehr kriegen und es ist mein größter Wunsch, dass Sie, wenn Sie der sind, für den ich Sie halte, für alle Ewigkeit verfaulen in der..."

„Harry, ich bin's, Adrian – Adrian Plass. Wie meinen Sie das, es ist zu spät?"

„Adrian!" Die helle Sonne der guten Laune schien wieder einmal aufzugehen. „Wie geht es Ihnen? Wie schön, von Ihnen zu hören! Hören Sie, ich kann nicht lange sprechen. Dachte, Sie wären ein Kollege, mit dem ich mir immer mal ein Scherzchen erlaube. Die Sache ist die, dass ich mich beruflich etwas verändert habe. Ich hole mir gerade nur noch ein paar Sachen aus dem Büro und dann geht es nächste Woche ins sonnige Oxford, wo ich meinen neuen Posten bei Napolean Weird International antrete. Wo wir gerade davon sprechen – ich weiß zufällig, dass die Leute dort alle große Fans von Ihnen sind. Es wäre uns eine Freude, wenn Sie für uns schreiben würden, wenn Sie eine Idee für ein neues Buch haben. Melden Sie sich einfach und ..."

„Harry, heißt das, Sie gehen weg?"

„Volltreffer!"

Etwas beunruhigende Neuigkeit. Beschloss jedoch, ihm noch eine Information zu entlocken, bevor er ging.

„Harry, das ist großartig, ich wünsche Ihnen alles Gute, wirklich. Wäre es vielleicht möglich, dass Sie mir, wo Sie gerade noch im Büro sind, schnell sagen, nun ja, wie viele Exemplare meines neuen Buches verkauft worden sind? Könnten Sie mir das noch sagen, bevor Sie gehen?"

„Nichts, was ich lieber täte, mein Freund, aber das kann ich leider nicht", sagte Harry scheinbar bekümmert. „Die Sache ist die, dass ich keinen Zugang mehr zu den Akten habe. Wissen Sie was, ich verbinde Sie mit dem neuen Mann; er heißt Stanley Morgan. Der kann Ihnen sicher helfen. Und vergessen Sie nicht, melden Sie sich! Napolean Weird International braucht Autoren wie Sie. Aber sagen Sie Morgan nicht, dass ich das gesagt habe, ja? Haha! Wir sehen uns hoffentlich bald!"

„Aber Harry ..."

Wurde von einem infernalischen Klicken und Summen unterbrochen, das schließlich in eine süßliche Chormusik von der gruseligsten Sorte überging. So speiübelkeitserregend schrecklich, dass ich schon auflegen wollte, als am anderen Ende jemand abnahm und in wütendem Tonfall und rauem australischen Akzent sagte: „Okay, damit das klar ist, Sie angeschwemmter Sohn einer giftigen Qualle. Ich mache lieber einen Ringkampf mit einem Fünfmeterkrokodil in einem Fluss in Queensland, als dass ich den ganzen Tag mit Ihnen Beleidigungen austausche, also hauen Sie ab und schlucken Sie eine Aga-Krötenblase, und wenn Sie damit fertig sind, können Sie sich Ihren eigenen ..."

„Äh, ich bin's – Adrian Plass."

Kurzes Schweigen. Die Sonne musste wohl heute schon zum dritten Mal aufgegangen sein.

„Ach, ri-i-ichtig! Einer unserer führenden Autoren! Hallo! Hier ist Stanley Morgan. Nennen Sie mich Stan. Habe gerade die Geschäfte von dem letzten Trot–, äh, dem letzten Mann hier übernommen. Ich kann Ihnen gar nicht sagen, wie sehr ich mich darauf gefreut habe, Sie kennen zu lernen, mein Lieber! Wie geht's, wie steht's?"

„Bestens, danke. Ich rufe eigentlich nur an, weil ich Ihnen eine Frage zu meinem neuen Buch stellen wollte."

„Kein Problem, mein Lieber! Absolut kein Problem. Fragen Sie nur."

„Also, ich dachte, Sie können mir vielleicht sagen, wie viele Exemplare davon bisher verkauft wurden."

Als Stan antwortete, sprach er langsam und ernsthaft. Noch bevor die ersten zwei oder drei Worte heraus waren, beschlich mich das schreckliche Gefühl, dass ich genau wusste, was er sagen würde.

„Adrian", fing er an, „wir sind *sehr* ermutigt. Nicht nur das, wir sind stolz darauf, es in unserem Sortiment haben zu dürfen. Und wie ich höre, verkauft es sich sehr gut aus ..."

Keine Zeit für eine richtige Mittagspause heute. Entdeckten ein McDonald's Drive-in und beschlossen, uns dort etwas zu holen. Als wir uns der Autoschlange anschlossen, sagte Gerald: „Ich schätze, so ungefähr sieht die Zukunft der Kirche aus."

„Wie meinst du das?“, fragte Anne.

„Na ja, heute sind doch alle so beschäftigt damit, beschäftigt zu sein, dass wir wahrscheinlich bald ein Drive-in-Abendmahl brauchen, für Christen, die sonntags keine ganze Stunde für den Gottesdienst erübrigen können.“

Angels schauderte und sagte: „Uh! Grauenhafter Gedanke!“

„Könnte passieren“, sagte Gerald. „Stellt es euch mal vor – ein Auto mit einer Familie fährt vor. Papa, Mama, Oma, die Abstinenzlerin, und zwei kleine Kinder.

‚Ja bitte, was kann ich für Sie tun?‘, fragt die Person, die die Bestellung entgegennimmt.

‚Also‘, sagt Papa, der sich aus dem Seitenfenster lehnt, ‚wir hätten gern zwei große Wein, einen zuckerfreien Traubensaft mit Extraservietten, drei Brote und zwei kleine Segnungen, bitte.“

‚Geweiht oder nicht geweiht?‘

‚Äh, oh, geweiht, glaube ich, bitte.‘

‚Die Segnungen mit Handauflegung oder einfach?‘

‚Einfach reicht, danke.‘

‚Vertraut auch niemand von Ihnen auf eigene Gerechtigkeit?‘

‚Nein, das maßt sich keiner von uns an.‘

‚Gut, Sir, das wären dann zwei Familie-Gottes-Menüs, geweiht, ohne Hände, und ein Schwächerer-Bruder-Spezial mit Extraservietten. Die Segnungen sind heute im Angebot – kaufen Sie eine und Sie bekommen die zweite umsonst. Alles zusammen wäre das dann ein Opfer von zweihundertfünfzig Pfund und fünfzig Pence. Bezahlen Sie bitte am Teller am Ausgang. Fahren Sie bitte vor bis zu dem Priester am nächsten Schalter. Einen schönen Tag noch!‘“

♦ ♦ ♦

Ziemlich erschüttert, als wir am heutigen Veranstaltungsort ankamen und entdeckten, dass jemand, entweder derjenige, der die Plakate entworfen hat, oder die Druckerei, einen, wie ich finde, sehr bedeutsamen Zeichensetzungsfehler begangen hat. Zeigt wieder einmal, dass schon ein kleines fehlendes Komma einen Riesenunterschied machen kann. Oben auf allen Plakaten erschienen die folgenden Worte:

ADRIAN PLASS
REDNER, SCHRIFTSTELLER UND
CHRIST FÜR NUR EINEN ABEND

Sagte zu Anne, ich wäre erst ein wenig verschnupft gewesen, fände die Idee bei näherem Nachdenken aber eigentlich gar nicht so schlecht.

„Weißt du", sagte ich, „ich könnte doch, sagen wir, jeden Donnerstagabend Christ sein, am Freitag und Samstag dann richtig böse und gottlos leben, dann von Sonntag bis Mittwoch einfach so herumhängen und mich erholen, damit ich dann am Donnerstag wieder mit ganzer Kraft gut sein kann."

„Verstehe", sagte sie. „Nur so aus Interesse, was sind das denn für böse, gottlose Dinge in deiner Fantasie, die du freitags und samstags tust?"

Spürte mein Gesicht rot anlaufen.

„Ach, na ja, du weißt schon, böse Dinge, und, äh, gottlose Dinge ..."

„Zum Beispiel?"

„Ach – na ja, weißt du, nichts Bestimmtes. Am Spielautomaten spielen und solche Sachen."

„Ah, richtig! Tödlich! Sehr beeindruckend. Du würdest es also so richtig wild treiben, ja?"

„Äh – ja. Ich meine, nein. Ich meine – ich glaube, ich setze das Komma lieber wieder dahin, wo es hingehört, Anne."

„Ja", sagte Anne ziemlich schnippisch. „Setz du dein Komma lieber wieder dahin, wo es hingehört ..."

♦ ♦ ♦

Wunderschöner Abschlussabend in einer freundlichen anglikanischen Gemeinde, die mit zwei- bis dreihundert Leuten fast gefüllt war.

Frage-Antwort-Runde als Teil der zweiten Hälfte der Veranstaltung. Da es unser letzter Abend war, versuchte ich Angels und Leonard dazu zu überreden, sich unserem „Podium" anzuschließen. Angels weigerte sich rundheraus, aber Leonard meinte, er würde mitmachen, auch wenn er nichts wisse, niemandem etwas zu sagen habe und sowieso zu nervös sei, um den Mund aufzumachen. Meine Erfahrung ist, dass man nie wissen kann, wie Gott durch Leute redet, wer immer sie auch sind. Im Großen und Ganzen scheint er zu tun, was ihm beliebt. (Gott, meine ich, nicht Thynn – obwohl, wenn ich es recht bedenke, Thynn auch meistens tut, was ihm beliebt. In seinem Fall allerdings ist es – ach was, vergessen Sie's!) Jedenfalls hat Thynn eine theatralische Ader, die man ihm überhaupt nicht zutraut.

Die eine oder andere von Geralds Antworten sind es wert, aufgezeichnet zu werden.

Die erste Frage kam von einer Dame, die wissen wollte, wie wir über den Einfluss der Medien und insbesondere des Fernsehens auf Leute dachten, die versuchen, von Dingen, die eine verderbliche Wirkung haben könnten, rein und unberührt zu bleiben.

Gerald sagte: „Sie haben natürlich völlig Recht, das ist sehr schwierig. Und die Art und Weise, wie die Sendungen angekündigt werden, macht es auch nicht leichter. Ich meine, stellen Sie sich das nur mal vor. Da sitzt Otto Normalverbraucher vor dem Fernseher, weiß nicht recht, was er sich anschauen soll, und da kommt plötzlich eine Stimme aus dem Apparat, so eine besonders erwachsene, verantwortungsbewusste, sehr ernsthafte Stimme, und sagt ungefähr Folgendes:

‚Zuschauer, die zur Nervosität neigen, möchten wir darauf hinweisen, dass der nun folgende Film für Jugendliche nicht geeignete Szenen enthält, die eine schockierende, verstörende, tief traumatisierende, emotional schädigende Wirkung haben oder bleibende psychische Schäden und Erkrankungen hervorrufen sowie Zuschauer dazu veranlassen können, schreiend hinaus in die Nacht zu rennen, sich spontan zu erbrechen, alle Hoffnung fahren zu lassen, dass ihnen je wieder etwas Gutes widerfährt, hemmungslos zu weinen, mit einer Axt herumzulaufen und wahllos alles niederzumetzeln, was ihren Weg kreuzt, und schließlich ihr Leben auf so schmerzhafte und unangenehme Weise wie möglich zu beenden.'

Kaum hört er das, leuchten Otto Normalverbrauchers Augen auch schon auf, er reibt sich voller Vorfreude die Hände und ruft seiner Frau zu: ,Schatz, bring doch mal was zu trinken und ein paar Sandwiches, gleich kommt ein guter Film!'

Ich weiß, das ist ein bisschen übertrieben, aber wir sind doch alle in Versuchung, unserem Appetit auf Dinge nachzugeben, die eigentlich nicht sehr gut für uns sind, nicht wahr? Seien wir ehrlich, die meisten von uns wissen, was wir vertragen können und was nicht. Wenn Sie einen starken Glauben haben, können Sie so ziemlich alles tun, ohne dass es irgendeine Wirkung auf Sie hat – darum konnte auch Jesus seinen Spaß daran haben, auf Partys zu gehen und mit Sündern zu essen und zu trinken. Er hatte sich im Griff. Aber wenn Ihr Glaube schwach ist, tun Sie gut daran, nicht zu viele Risiken einzugehen. Ich denke, es ist eine Frage des Gehorsams, meinen Sie nicht? Gott wird den Fernseher nicht einfach wegzaubern, nur damit Sie nicht in Versuchung geraten. Deshalb bin ich immer ein bisschen skeptisch gegenüber Gemeinden, die ihre Schäfchen von allem abhalten, was auch nur im Entferntesten nach Vergnügen aussieht. Das führt dazu, dass die Leute schwach bleiben, und bedeutet, dass sie nur in einem winzigen sozialen Raum existieren können. Das ist meine Meinung."

Eine andere Frage bezog sich auf das ganze Harry-Potter-Phänomen und die Gefahren, die es für junge Leute mit sich bringt, wenn sie sich mit Büchern und Filmen befassen, in denen es um Zauberei und okkulte Dinge geht. Jeder, der das Gesicht meines Sohnes so gut kennt wie ich, hätte seine Antwort darauf nicht nur mit einem Körnchen, sondern mit einer kräftigen Prise Salz aufgenommen.

„Nun“, sagte Gerald in einem Tonfall, der auf das gründliche und tiefe Nachdenken schließen ließ, das er dieser Frage in der Vergangenheit gewidmet hatte, „ich habe noch keine eigenen Kinder, aber wenn ich welche hätte, würde ich ganz gewiss äußerst sorgfältig darauf achten, dass sie nie mit Leuten in Berührung kommen, die Harry Potter missbilligen. Das Leben ist schwierig genug für unsere Jüngsten, ohne dass wir ihnen noch zusätzliche Probleme aufladen. Also ja, das wäre mir sehr wichtig.“

Als jemand anderes an die Frage anknüpfte, wie riskant es ist, mit dem Okkulten zu experimentieren, ertappte ich mich zu meiner eigenen Überraschung dabei, dass ich mich ziemlich über dieses Thema erhitzte.

„Wir reden immer davon, mit dem Okkulten zu experimentieren“, sagte ich. „Woran liegt es eigentlich, dass wir uns über Experimente mit dem Okkulten so aufregen, während wir von Experimenten mit Gleichgültigkeit oder Selbstsucht oder Habgier kaum jemals reden? Manche von uns stecken bis zum Hals in diesen Dingen. Aber sie sind viel langweiliger, nicht wahr? Die andere Sache macht uns viel mehr Spaß, weil wir uns direkt an den Rand der Finsternis und der Dramatik stellen und uns einreden können, wir müssten aus den besten und frömmsten Gründen dort sein. Ich schätze allerdings, dass diese anderen Dinge nur für uns langweilig sind. Gott hingegen dürfte sie ziemlich interessant finden. Die ganze Bibel scheint mir davon zu handeln, wie Gott immer und immer wieder versucht, sein Volk wieder dahin zu bringen, dass es begreift, dass es am Ende Liebe und Gerechtigkeit und Barmherzigkeit sind, worauf er eigentlich Wert legt, nicht nur eine fieberhafte Faszination von etwas, wovon wir wissen, dass wir es nicht anrühren sollten – wie Kinder, die dem Reiz nachgeben, mit den Fingern möglichst nahe an die Herdplatte zu kommen.“

An dieser Stelle ging mit plötzlich völlig der Dampf aus. Ich lehnte mich zurück und kam mir unbeholfen und hitzig und dämlich vor. Es war mir peinlich, den Nachdruck in meiner eigenen Stimme zu hören. Zum Glück hob in diesem Moment ein gelehrt wirkender älterer Mann mit einem Haarschopf wie Stahlwolle die Hand und stellte die folgende Frage.

„Um zu einem anderen Thema zu kommen: Sicher würden Sie mir zustimmen, dass die mithraische Philosophie im weitesten Sinne jene Elemente der modernen Ideologie reflektiert, die sich der theologischen Interpretation entziehen. Und interessanterweise vollzieht sich, wie Sie sicher wissen, das Aufkommen dieser Perspektive mit der Entwicklung retrospektiver Studien in verschiedenen Institutionen und wirkt prägend auf die meisten dialektischen Forschungsansätze in der Hebraistik ein. Wie uns allen bewusst ist, ist sie darum besonders relevant für laufende Untersuchungen stilistischer Variationen bei prä-ikonoklastischen Beispielen biblischer Exegese – manchmal relevant auf selektiv homogene Weise, wenn Sie mir den kleinen Scherz nachsehen wollen. Meine Frage ist also, ob Sie mir im Licht Ihrer eigenen Studien zustimmen würden, dass eine schematische und rein kontextuelle Betrachtung neutestamentlicher Texte einen solchen Trend letzten Endes untermauern würde?"

Gerald und ich schauten uns ratlos an; dann räusperte sich Gerald und sagte: „Nun, eine gute Frage, und ganz sicher eine, die in Leonards Fachgebiet fällt, finde ich."

Thynn, der eben noch beteuert hatte, furchtbar nervös zu sein und nichts zu wissen, starrte zur Decke empor und rieb sich mit Finger und Daumen einer Hand das Kind, als müsse er sich erst einmal die breite Auswahl möglicher Antworten durch den Kopf gehen lassen, die ihm zur Verfügung standen.

„Hm", sagte er schließlich, „mein Kollege hat völlig Recht, dies ist eine äußerst interessante Frage. Ob Sie sie wohl für diejenigen, die beim ersten Mal nicht alles mitbekommen haben, noch einmal wiederholen könnten?"

Nachdem er sich den ganzen völlig unverständlichen Sermon noch einmal angehört hatte, legte er seine Fingerspitzen unter dem Kinn zusammen und sagte im Brustton stiller, aber unwiderstehlicher Autorität: „Nein, da würde ich Ihnen nicht zustimmen."

„Ah", sagte der Fragesteller, „hochinteressant! Demnach halten Sie eine antithetische Herangehensweise für unvereinbar mit einer diskursiven forensischen Analyse?"

„Ja", nickte Thynn feierlich, „das ist meine Meinung. Ausgenommen natürlich im Falle der – nun, das wissen Sie wohl so gut wie ich."

„Ah ja, Sie meinen natürlich ausgenommen im Fall der verbalen und arhythmischen Katalysatoren."

„Selbstredend", sagte Thynn mit einem Anflug von Spott darüber in der Stimme, dass der gelehrte Fragesteller es für nötig erachtete, dergleichen Offensichtliches so ausführlich darzulegen.

„Und würden Sie nicht die unvermeidliche Dissonanz der atavistischen Phänomenologie von Ihrer Aussage ausnehmen?"

„N-n-nein, nein, nein", erwiderte Thynn nachdenklich, als wäre er nahezu überzeugt davon, dass er die unvermeidliche Dissonanz der atavistischen Phänomenologie nicht von seiner Aussage ausnehmen würde, wollte sich aber noch nicht hundertprozentig darauf festlegen, „nein, ehrlich gesagt, ich glaube nicht, dass ich diese Einschränkung machen würde. Nein, das würde ich bestimmt nicht. Nein! Nein, dazu wäre ich niemals bereit."

Der Fragesteller staunte Bauklötze.

„Nicht einmal, wenn ein negativ disproportionaler Reduktionismus ins Spiel käme?"

„Dann schon gar nicht!", sagte Thynn nachdrücklich, aber mit einer gewissen emotionalen Tiefe und einem Tonfall, der anzudeuten schien, dass ein negativ disproportionaler Reduktionismus schon früh aufstehen müsste, um seine Ansicht darüber zu ändern, was er von seiner Aussage ausnahm und was nicht.

„Nun", sagte der gelehrt wirkende Herr, nahm sich die Brille ab und polierte sie aufgeregt mit einem Taschentuch, „ich muss sagen, dass sich diese höchst originellen Einsichten wahrscheinlich radikal auf meine eigene Sichtweise zu diesem Thema auswirken werden. Ich danke Ihnen sehr, dass Sie uns an den Früchten Ihrer Studien teilhaben lassen. Dafür bin ich Ihnen wirklich äußerst dankbar."

„Aber mit Vergnügen", sagte Thynn, „das war doch nichts – absolut gar nichts."

Stimmt. Eine weitere Episode dieses Abends, die es sich lohnt aufzuzeichnen, kam etwas später, als wir alle gefragt wurden, wie wir dazu kämen, Christen zu sein, und was uns das bedeutete. Nachdem Gerald und ich uns dazu geäußert hatten, war Leonard an der Reihe. Diesmal schien er wirklich nicht zu wissen, was er sagen sollte. Erst murmelte er etwas Unverständliches vor sich hin; dann sagte er: „Na ja, ich schätze, ich bin einer geworden, weil Adrian und Anne welche waren. Ich meine, ich habe sie kennen gelernt und mir halt einfach irgendwie gedacht, ich höre mal besser auf das, was sie mir sagen, und das war dann auch irgendwie ganz in Ordnung so, schätze ich – wissen Sie ..."

Als Zeugnis fehlte diesen Worten ein gewisses Etwas und ich merkte schon, dass der eine oder andere unter den Anwesenden nicht sonderlich beeindruckt war. Dann begann Leonard, so als wäre ihm das nachträglich noch eingefallen, mit sparsamen Worten eine Liste aufzuzählen, die die Atmosphäre komplett veränderte.

„Es brachte mich von der Trinkerei weg, das war schon mal eine gute Sache. Inzwischen hab ich schon lange nichts mehr getrunken. Hoffentlich nie wieder. Und ich hab jetzt einen Platz, wo ich hingehöre. Hab 'ne Menge neuer Freunde in der Gemeinde gefunden; die scheint es nicht zu stören, dass ich so bin, wie ich bin – die meisten jedenfalls nicht. Fühle mich sicherer. Hab nicht mehr so viel Angst. Brauche nicht mehr so viel zu schwindeln wie früher." Er blickte auf zu dem gelehrt wirkenden Herrn und wurde ein bisschen rot. „Obwohl ich's manchmal immer noch tue. Mit Gott bin ich mir nicht so sicher. Aber solange sich nicht herausstellt, dass er so ist wie mein eigener Vater, ist es schon okay. Jesus ist mein Freund. Das haben sie mir gesagt. Ich glaube, sie haben Recht. Mehr fällt mir nicht ein."

Völlige Stille, gefolgt von einem unerwarteten Applaus. Leonard dachte, es wäre jemand anderes hereingekommen; ich musste es ihm hinterher erklären.

Die letzte Frage des Abends kam von einer Dame, die wissen wollte, was wir von der „Gesundheits- und Wohlstandsbewegung" hielten. Musste erst einmal einigen Leuten erklären, dass die Anhänger dieser Bewegung glauben, Gott wolle allen, die ihm nachfolgen, eine gute körperliche Gesundheit und materiellen Wohlstand schenken und der einzige Grund, warum wir dies nicht bekommen, sei, dass wir nicht daran glauben, dass er die Macht hat, das zu tun.

Wusste genau, was ich von dieser lächerlichen Philosophie hielt, und war absolut sicher, dass Gerald mir zustimmen würde. Deshalb hatte ich solche Schwierigkeiten, die ersten Worte zu verstehen, die er sagte. Als er zu sprechen begann, schlug er den Ordner auf, den er auf dem Schoß liegen hatte.

„Ich möchte gern sagen", fing er an, „dass ich sehr gut verstehe, wie diese Leute zu dieser Ansicht kommen. Ihre religiöse Philosophie ist vollkommen schlüssig, wenn man die Bibel liest, insbesondere einen kurzen Abschnitt bei Lukas und einen etwas längeren bei Matthäus, wo Jesus seinen Jüngern Anweisungen gibt, bevor er sie aussendet, um zu predigen, zu lehren und zu heilen. Ich habe sogar", und dabei klopfte er mit der flachen Hand auf die Papiere auf seinem Schoß, „eine Abschrift dieser Abschnitte mitgebracht für den Fall, dass jemand genau diese Frage stellt. Zuerst kommt die kurze Stelle aus Lukas. Es geht los mit Lukas, Kapitel neun, Vers achtundfünfzig. Dort sagt Jesus:

‚Die Füchse haben Gruben, und die Vögel unter dem Himmel haben Nester; darum erscheinet es mir völlig angemessen, dass der Menschensohn und seine Nachfolger mindestens in Drei-Sterne-Hotels Unterkunft finden, während sie auf diesen langen, anstrengenden Verkündigungsreisen unterwegs sind.'

Sodann kommen wir zu Matthäus, Kapitel zehn, Verse neun und zehn, wo Jesus Folgendes zu seinen Jüngern sagt:

‚Achtet darauf, dass ihr jede Menge Bargeld bei euch habet, reichlich Gold, Silber, Erz und so. Eine neue Koffergarnitur wäre auch nicht schlecht, die brauchet ihr sowieso für die ganzen Klamotten. Ihr müsset regelmäßig die Tunika wechseln, und wenn ich euch einen Tipp geben darf, nichts geht über eine ordentliche Auswahl an Sandalen. Ihr wisset schon, Tanzsandalen, Freizeitsandalen, schicke Abendsandalen, Sportsandalen, Trekkingsandalen, irgendwann kann man sie alle gut gebrauchen. Ach, und gehet noch schnell im Laden vorbei, wo sie Stecken verkaufen, und suchet euch jeder zwei Stück aus, aber achtet auf die Qualität; gut und stabil müssen sie sein. Man will sich ja nicht wegen so einer Kleinigkeit die ganze Reise verderben. Okay, holet euch auf dem Weg nach draußen eure Kreditkarten bei mir ab und – euch allen eine gesunde und wohlhabende Reise!'

Sie wissen alle, dass ich Unsinn rede", fuhr Gerald fort, „zumindest hoffe ich das. Tatsache ist, dass die Nachfolger Jesu im Lauf der Jahre gelernt haben, dass es für sie mit das Wichtigste ist, dass sie Gott vertrauen, wie auch immer ihre Lebensumstände aussehen. Ob wir krank sind oder gesund, ob wir reich sind oder arm, wir vertrauen darauf, dass für uns das Allerbeste geschieht, und wir danken Gott dafür, dass unsere Seelen sicher in seiner Hand geborgen sind."

Er hob die Bibel auf, die neben seinem Stuhl auf dem Boden lag.

„Und um Ihre Frage abschließend zu beantworten, hier noch ein echtes Bibelzitat. Paulus schreibt an die Korinther. Also, wenn es je jemanden gab, der in der Lage gewesen sein müsste, diese Sache mit Gesundheit und Wohlstand für sich zu nutzen, dann Paulus. Aber hören Sie sich an, was er schreibt:

‚Sie sind Hebräer – ich auch! Sie sind Abrahams Kinder – ich auch! Sie sind Diener Christi – ich rede töricht: ich bin's weit mehr! Ich habe mehr gearbeitet, ich bin öfter gefangen gewesen, ich habe mehr Schläge erlitten, ich bin oft in Todesnöten gewesen. Von den Juden habe ich fünfmal erhalten vierzig Geißelhiebe weniger einen; ich bin dreimal mit Stöcken geschlagen, einmal gesteinigt worden; dreimal habe ich Schiffbruch erlitten, einen Tag und eine Nacht trieb ich auf dem tiefen Meer. Ich bin oft gereist, ich bin in Gefahr gewesen durch Flüsse, in Gefahr unter Räubern, in Gefahr unter

Juden, in Gefahr unter Heiden, in Gefahr in Städten, in Gefahr in Wüsten, in Gefahr auf dem Meer, in Gefahr unter falschen Brüdern; in Mühe und Arbeit, in viel Wachen, in Hunger und Durst, in viel Fasten, in Frost und Blöße; und außer all dem noch das, was täglich auf mich einstürmt, und die Sorge für alle Gemeinden. Wer ist schwach, und ich werde nicht schwach? Wer wird zu Fall gebracht, und ich brenne nicht? Wenn ich mich denn rühmen soll, will ich mich meiner Schwachheit rühmen.'

Ich hoffe, das ist Ihnen eine Hilfe, um Ihre Frage zu beantworten", sagte Gerald.

Ich hatte den deutlichen Eindruck, dass es so war.

♦ ♦ ♦

Verkauften noch zwei von Zaks Aquarellen heute Abend; eines ging schon gestern Abend weg, sodass es während der zweiten Hälfte der Tournee insgesamt vier waren. Freue mich schon auf Bernadettes Gesicht, wenn ich sie das nächste Mal besuche.

Gerald erlöste Barry heute Abend auf dem Rückweg im Auto von seinen Qualen über die Sache mit der bewusst unwahren Aussage, die Jesus gemacht habe. Es fing damit an, dass Barry mit jämmerlich misslungenem Bemühen um einen beiläufigen und unbekümmerten Tonfall sagte: „Ach, Gerald, ich wollte noch sagen, dass mir jetzt klar ist, dass diese ganze Sache, dass der Herr einmal nicht die Wahrheit gesagt habe, einfach nur – ein Scherz auf meine Kosten war. Jetzt verstehe ich, wie lustig das war. Haha! Ich Dummkopf. Ich hätte gleich wissen müssen, dass es so einen Vers nicht gibt."

Barry starrte beschwörend auf Geralds Hinterkopf, aber Gerald, der neben mir auf dem Beifahrersitz saß, schüttelte nur den Kopf, drehte sich um und sah unseren Bibelexperten ernsthaft an.

„Kein Scherz, Barry", sagte er. „ Sie haben es also immer noch nicht heraus?"

Barry wimmerte fast.

Anne, die hinter mir saß, beugte sich nach vorn und verpasste Gerald eine leichte Kopfnuss.

„Nun erlöse uns schon alle von unseren Qualen, mein Sohn! Ich denke allmählich auch schon, dass Barry Recht hat und du dir alles nur ausgedacht hast."

„Ach, na gut, Mamutschka, wenn du es sagst. Okay! Barry, wer ist der größte Mensch, der je geboren wurde?"

„Äh, der Herr Jesus natürlich. Ja, gar kein Zweifel."

„Und er wurde ja definitiv von einer Frau geboren, nicht wahr?"

„Ja, ja, sein Vater war Gott, aber seine Mutter war Maria."

„Gut. Kommen wir nun zu Johannes dem Täufer."

„Johannes der Täufer?"

„Ja, der Vetter Jesu. Sagen Sie mir, Barry, was sagte nach Matthäus Jesus zu den Leuten über Johannes, nachdem er die Frage beantwortet hatte, ob er der Messias sei oder nicht?"

„Na ja, er fragte sie, was sie, wenn sie in die Wüste hinausziehen, dort sehen wollen, und dann sagte er ..."

„Nein, noch ein bisschen später, im elften Vers des elften Kapitels, um genau zu sein. Lesen Sie vor, was da steht."

Barry blätterte fieberhaft in seiner Bibel und begann zu lesen.

„‚Wahrlich, ich sage euch: Unter allen, die von einer Frau geboren sind, ist keiner aufgetreten, der größer ist als Johannes der Täufer ...' Ah, jetzt verstehe ich, was Sie meinen."

„Da haben Sie es", sagte Gerald. „Das war sehr nett von Jesus und er hatte sicherlich auch seinen guten Grund, das zu sagen, aber es stimmte nicht ganz, oder?"

Der arme Barry hatte sichtlich Mühe, seine Niederlage hinzunehmen.

„Hm, ja, ich, äh – ich muss doch mal die Übersetzungen vergleichen ..."

♦ ♦ ♦

Für die anderen mag meine Schlangenhenne ein Schock gewesen sein, aber niemand hätte überraschter sein können, als wir alle es waren, als wir ins Hotel zurückkehrten und Barry fand, nun sei er an der Reihe, einmal einen „Jemand-an-der-Tür"-Witz zu machen. Obwohl er in einem völlig anderen religiösen Universum lebt als wir anderen, überkam ihn unübersehbar eine gewisse Wehmut, als wir uns dem Ende unserer Tournee näherten. Anne meint, wir seien zwar vielleicht als Menschen oder als Christen nicht besonders beeindruckend, aber in unserer kleinen Gruppe herrsche eine warmherzige Gemeinschaft, wie sie Barry wahrscheinlich noch nie erlebt habe. Vielleicht, sagt sie, sehnt er sich innerlich danach, mit dazuzugehören. Typisch Anne, so viel Verständnis für jemanden aufzubringen, der sie so sehr in Rage gebracht hat.

Bisher haben Geralds Humor und ganz allgemein die Dinge, über die wir lachen, bei Barry nur Verwirrung und eine gewisse Besorgnis ausgelöst. Abgesehen von allem anderen vermute ich, dass er noch keinen Vers in der Bibel gefunden hat, der den Wert des Humors unterstreicht, oder jedenfalls nicht, soweit er sehen kann. Wenn man das bedenkt, muss es für ihn fast so etwas wie ein Indiana-Jones-Abenteuer gewesen sein, sich einen dieser Witze auszudenken und sogar auszuführen. Zuerst merkten wir gar nicht, dass es ein Witz sein sollte. Wir saßen alle in dem kleinen Aufenthaltsraum mit Bar in unserem letzten Hotel, sonnten uns darin, dass die Tour gelaufen und relativ erfolgreich gewesen war, und entspannten uns vor dem Schlafengehen noch mit ein paar Getränken und einer Tüte köstlicher, weicher, schwerer Marmeladenkräppel, die Angels zuvor gekauft hatte, als Barry hereinkam und in der Tür stehen blieb. Er trat von einem Fuß auf den anderen und sah ziemlich nervös aus.

Gerald sagte: „Kommen Sie und setzen Sie sich, Barry, wir lassen gerade die Luft heraus, betrinken uns, lassen ein paar schmutzige Ausdrücke ab, planen ein paar saftige Sünden und dergleichen."

Barrys Lippen verzogen sich zuckend zu einem kleinen Lächeln, als ihm bewusst wurde, dass er allmählich verstanden hatte, dass derartige Bemerkungen meines Sohnes bewusste Veralberungen waren.

„Äh, ich komme gleich und setze mich zu Ihnen", sagte er, „aber zuvor wollte ich Ihnen noch sagen, dass da ein – ein sehr bekümmerter Herr an der Rezeption ist, der heute Abend in der Veranstaltung war. Er fragt, ob er wohl eine wichtige Frage stellen dürfe."

„Herr, hier bin ich, sende Gerald", war mein erster, unedelmütiger Gedanke. Das Letzte, worauf ich jetzt Lust hatte, war, mich mit jemandem hinzusetzen, der das Bedürfnis hatte, bis in die frühen Morgenstunden unentwegt über seine Seelenverfassung zu sprechen, während ich stattdessen noch etwas trinken und, wenn ich meine Karten richtig ausspielte, mindestens die zweite Hälfte von Annes zweitem Kräppel einheimsen konnte, bevor ich müde in die Federn kroch. Bereute fast sofort, seufzte und schickte mich an, mich aus meinem Sessel hochzuhieven.

„Die Sache ist die", fuhr Barry fort, „er hat keinen Platz zum Übernachten und wollte sich erkundigen, ob wir ihm vielleicht helfen können. Sein Name ist übrigens Mr. Binding."

Selbst jetzt schnallte es noch keiner von uns. Ich dachte, es sei jemand, der hoffte, wir würden ihm das Geld für eine Übernachtung spendieren. Keine Ahnung, was die anderen dachten. Es war Angels, die plötzlich kapierte, was da lief.

„Ich glaube, das ist vielleicht ein Witz", sagte sie und spähte nachdenklich in Barrys Richtung. „Ja, ich denke, das ist es."

Ich ließ mich wieder in den Sessel sinken. Was für eine Erleichterung! Was für eine Überraschung! Wir waren alle erstaunt.

„Nun", sagte Gerald, verschränkte die Hände und legte das Kinn auf die Spitzen seiner Zeigefinger, „was für eine Unterkunft hat er sich denn vorgestellt, dieser Mr. Binding?"

Barry räusperte sich unbehaglich.

„Ach, er hätte nur gern ein Lager", sagte er heiser.

Barry muss äußerst zufrieden mit der Reaktion gewesen sein, die sein Witz hervorrief. Vielleicht übertrieben wir es ein wenig mit unserem lautstarken Beifall. Für Thynn gilt das auf jeden Fall. Er produzierte ein lächerlich lautes, wenig überzeugendes Gelächter wilder Heiterkeit. Aber er meinte es gut und Barry schien sich zu freuen. Insgeheim dachte ich, dass sein Binding meinem Huhn nicht das Wasser reichen konnte, aber wir wollten ihn ermutigen und es schien ihm großen Spaß zu machen, einmal auf ganz andere Art akzeptiert zu werden. Es war eigentlich sehr nett.

Danach eine lange, schläfrige, kräppelerfüllte Diskussion über so banale Themen wie das Sterben und den Himmel und wie wir alle ihn uns vorstellen.

Stellte zu meiner Freude fest, dass meine persönliche Vision vom Himmel – ich komme spätabends nach einem Vortrag in einem indischen Restaurant an und hebe das erste Glas Kingfisher-Bier an meine Lippen – von der Gruppe mit genau dem richtigen nickenden, ehrfürchtigen Schweigen aufgenommen wurde. Der Himmel würde sich schon ins Zeug legen müssen, um es damit aufzunehmen, schienen sie zu denken.

Gerald sagte, wenn wir Recht damit hätten, dass die Hölle auf jeden Einzelnen zugeschnitten sei, dann wäre es vielleicht im Himmel genauso.

„Und wenn dem so ist", sagte er, „wird es dort einen eigenen Garten für die Pharisäer geben müssen, oder?"

Überlegte kurz, ob ich mich auf ein Ratespiel einlassen sollte, fand es aber dann doch zu mühsam.

„Also schön, na los, Gerald", lächelte Anne. „Du willst es uns doch offensichtlich sagen. Wozu brauchen die Pharisäer einen eigenen Garten?"

„Zum Schaubeten."

Stöhnen ringsum.

„Und Sie, Barry?", fragte Angels. „Wie würde der maßgeschneiderte Himmel für Sie aussehen?"

Barry schien in einer ungewöhnlich entspannten, milden Stimmung zu sein, nachdem ihm sein erster Vorstoß in die Welt des Humors gelungen war. Er lehnte sich auf seinem Stuhl zurück, starrte an die Decke und überlegte.

„Nun“, sagte er endlich, „wenn wir Gott einmal für einen Moment aus dem Bild herauslassen, fände ich es schön, wenn der Himmel so wäre wie einer dieser herrlichen Sommermorgen, wo ich vor allen anderen aufstehe und mit den Hunden hinausgehe und es einfach genieße, ganz allein mitten in der Natur zu sein.“

Ein Ausdruck grenzenlosen Entzückens trat auf sein Gesicht, als er fortfuhr.

„Diese Farben, diese Frische, dieses Gefühl des Friedens. Wenn es so sein könnte, nur ohne dass es jemals wieder aufhören müsste – nun, das wäre wunderbar.“

Dann, ganz abrupt, vielleicht, weil er sich plötzlich seiner eigenen Stimme bewusst wurde, änderte sich seine Miene. Kein Entzücken mehr. Keine Entspannung. Er war wie ein Kind am Freitag kurz vor Schulschluss, das sich kerzengerade auf seinem Stuhl aufrichtet und seine Aufmerksamkeit dem Lehrer zuwendet, anstatt verträumt aus dem Fenster zu schauen.

„Natürlich“, fuhr er in pflichtbewusstem Ton fort, „wissen wir, dass es in Wirklichkeit die Liebe Gottes ist, die uns zieht, und aufgrund dieser vollkommenen Liebe können wir gar nicht anders, als wegen seiner Verheißungen an uns seliges Glück zu empfinden.“

Danach sagte eine Weile keiner etwas. Irgendwann schaute ich zufällig hinüber zu Gerald. Zu meiner Überraschung schien er sich gerade mit einem Taschentuch die Tränen aus den Augen zu wischen. Anne muss es wohl im gleichen Moment bemerkt haben.

„Alles in Ordnung, Gerald?“, fragte sie.

Er brauchte eine oder zwei Sekunden, bis er antworte.

„Ach, ich glaube, ich war plötzlich – keine Ahnung – irgendwie traurig und verstört über das, was Barry gesagt hat. Habt ihr gemerkt, was da passiert ist? Solange er ‚Gott aus dem Bild herausließ‘, war alles am Leuchten. Sobald er Gott wieder hereinließ, war die ganze Freude weg. Es war, als wäre ihm plötzlich eingefallen, dass er beinahe die falsche Antwort auf eine göttliche Examensfrage gegeben hätte, und als hätte er Angst, seine ‚Eintrittskarte‘ verspielt zu haben, wenn das Gericht kommt.“

Er wandte sich an Barry und sprach ihn direkt an, überhaupt nicht aggressiv, aber in einem leidenschaftlich beschwörenden Ton.

„Barry, sehen Sie nicht", sagte er, „dass Sie Gott gegenüber nicht fair sind? Glauben Sie denn wirklich, dass er nicht ebenso viel Freude daran hat, durch einen frühen Sommermorgen zu wandern, wie Sie? Kommt Ihnen gar nicht der Gedanke, dass er vielleicht wirklich verletzt sein könnte darüber, dass Sie ihn nicht bei sich haben wollen, wenn Sie in all diesen Farben und der Frische schwelgen? Warum in aller Welt oder im Himmel oder sonst wo wollen Sie ihn bei den wenigen Gelegenheiten, bei denen Sie echte Freude erleben, nicht an Ihrer Seite haben? Er hat doch all diese Dinge gemacht, die Sie so lieben, oder etwa nicht? Was ist denn nur mit uns Christen los, dass wir eine ganze Ladung wunderbarer Dinge in den Teil unseres Lebens schieben, der mit ‚nicht Gott' überschrieben ist, und den armseligen Rest in so einen seltsamen, abstrakten kleinen Pferch aus Worten und Angst und Mangel an Vertrauen in den Wert wirklicher Dinge sperren? Gott hat alles gemacht, was schön und vorzüglich ist, und diese Dinge verlieren nicht ihren Wert, nur weil sie sich nicht in irgendwelche Worte oder Rituale zwängen lassen, denen wir viel zu viel Gewicht beimessen."

Ich fing einen Blick von Anne auf. Dies war ein Gerald, wie ihn keiner von uns bisher kennen gelernt hatte. Und er war noch nicht fertig. Jetzt sprach er zu uns allen.

„Denkt nur einmal dran – ein pummeliger kleiner walisischer Dichter, ein Frauenheld und Alkoholiker, bringt Wortkompositionen von so herzergreifender Schönheit hervor, wie sie die Welt kaum je wieder hören oder sehen wird, und wir machen uns Sorgen, weil seine Moral hinter seiner Kreativität zurückblieb. Tja, dumm gelaufen, kann ich nur sagen. Die Schönheit und der Einfallsreichtum kommen von Gott, was immer irgendeiner von uns über den Kanal denkt. Und wer sind wir überhaupt, dass wir uns ein Urteil anmaßen? Ich nenne mich einen Christen, aber ich bezweifle stark, dass ich je etwas hervorbringen werde, was auch nur ein Zwanzigstel so schön ist wie die Dinge, die aus der Feder dieses Mannes flossen."

Er hielt einen Moment inne und schaute durchs Fenster hinauf zu den vereinzelten Sternen. Dann fuhr mit leiserer Stimme fort.

„Habt ihr schon einmal einen weltlichen Sonnenuntergang gesehen? Bei weitem nicht so dramatisch und farbenfroh wie ein christlicher, stimmt's? Oder einen schwulen Regenbogen? Die Farben sind dieselben, aber die Reihenfolge ist anders, als wir sie gewohnt sind. Oder wie wär's mit einer ehebrecherischen Sonnenfinsternis? Vielleicht eingefärbt mit Verrat und Enttäuschung? Nein, alles Unsinn, oder? Von wo aus man auch schaut, wer man auch ist, diese Dinge sind immer dieselben. Seien wir nicht albern. Nehmen Sie doch Gott einfach mit, wenn Sie morgens mit Ihren Hunden spazieren gehen, Barry. Ich habe das Gefühl, dass Sie dann sogar noch mehr Freude daran haben. Schließlich wollte Jesus immer da sein, wo die Menschen sind, nicht da, wo andere meinten, dass sie oder er sein sollten." Plötzlich blinzelte er, als ob er gerade zu Bewusstsein käme. „Tut mir Leid, dass ich so viel schwafele."

„Ich schätze", sagte Anne, „dass wir heutzutage in gewisser Hinsicht genauso viele falsche Götter haben wie die alten Israeliten in der Bibel. Aber wenn ich es recht bedenke, sind unsere womöglich noch heimtückischer und gefährlicher, weil sie sich als der wahre Gott tarnen. Manche von ihnen tragen sogar seinen Namen." Sie schauderte plötzlich. „Ein grauenhafter Gedanke. Es ist, wie Gerald sagt. Was sie am meisten wollen, ist, uns fernzuhalten von Orten, wo man Dinge findet wie Leben, und Liebe, Lachen und Schönheit, Tränen und Katastrophen. Das alles sind wirkliche, vulgäre, menschliche Dinge, aber ich schätze, wo immer man sie findet, da wird man Gott finden." Ein Anflug von Überraschung lag in ihrem Gesicht, als sie in die Runde blickte, als wäre ihr etwas, was sie schon vor langer Zeit verstanden hatte, plötzlich noch tiefer bewusst geworden. „Er ist wirklich Mensch geworden, nicht wahr?"

„Sie haben Recht, wissen Sie, Barry", sagte Angels, die tief in ihrem Sessel versunken war. „Ich verstehe ja nichts davon, aber mir wird allmählich klar, dass man Gott nicht aus dem Bild herauslassen kann – nicht einmal für einen Moment."

Barry zeigte kaum eine Reaktion auf das alles. Er saß nur ganz still da und sah etwas benommen aus. Hin und wieder nickte er ganz leicht vor sich hin.

Kompletter Stimmungswechsel ein paar Minuten später, als Anne mich fragte, ob ich schon darüber nachgedacht hätte, ob ich lieber beerdigt oder verbrannt werden möchte. Als ich sagte, dass ich alles in allem wohl eine Verbrennung vorziehen würde, erbot sich Gerald, die Jacke anzuziehen und mich gleich hinzubringen, um Zeit zu sparen.

Fragte schließlich Angels, wie sie über das Sterben und den Himmel und all das dachte.

Sie sagte: „Also, um ehrlich zu sein, im Moment bin ich so aus dem Häuschen, dass ich etwas und jemanden gefunden habe, wofür ich leben kann, dass ich eigentlich noch gar nicht so viel über den Himmel nachgedacht habe."

„Was für eine Inschrift hättest du gern auf deinem Grabstein?", fragte Gerald.

Sie sagte: „Also, ich denke, Leonard und ich werden im selben Grab liegen, wenn alles klappt und wir – na ja – heiraten und so, aber na gut, lass mich mal überlegen."

Sie sah mich an und lächelte dieses neue, entspannte Lächeln, das uns allen allmählich sehr ans Herz wuchs.

„Ja, ich glaube, ich hab's. Wenn ich allein begraben würde, was ich ehrlich nicht hoffen will, dann möchte ich, dass mein Grab einfach nur mit Moos bewachsen ist, und auf dem Grabstein soll ungefähr stehen – wartet mal ..."

Sie holte ein Blatt Papier aus ihrer Handtasche, schrieb ein paar Zeilen darauf und hielt es dann hoch, sodass wir es alle sehen konnten. Darauf stand:

ICH WARTE AUF DAS PARADIES
HIER UNTER DIESEM FLECKCHEN MOOS
DIE ORTE, WO MAN MICH TANZEN LIESS
WAREN NUR HALB SO GROSS

Unser Gelächter wurde von Thynn unterbrochen, der wieder einmal eine jener Äußerungen von sich gab, die einem das Gefühl geben, irgendwo im Universum falsch abgebogen zu sein.

Er sagte: „Falls ich allein begraben werden sollte, möchte ich, dass auf dem Grabstein steht: ‚Menschen liefen unter seinen riesigen Beinen herum und spähten umher nach einem Ort, um begraben zu werden.' Das wollte ich schon immer, seit ich ungefähr dreizehn war."

Tiefes Schweigen.

Schließlich sagte Gerald: „Leonard, ich werde dir jetzt eine Frage stellen, nicht, weil ich ernsthaft erwarte, eine rationale Erklärung zu bekommen, sondern weil es ein gewisses – ja, fast rauschhaftes Vergnügen ist, empor und hinaus in die schockierend surreale Welt deiner Gedankengänge gehoben zu werden."

„Das ist aber nett, wie du das gesagt hast", sagte Thynn. „Bitte, frag mich nur frei heraus, was immer du willst."

„Danke, Leonard."

„Nicht der Rede wert, Gerald."

„Also, angesichts der Tatsache, dass deine Beine, so viel ich weiß, von mehr oder weniger durchschnittlicher Größe sind, warum sollte jemand unter ihnen herumlaufen und warum suchen diese Leute, die darunter herumlaufen, nach einem Ort, um begraben zu werden, und, was das Seltsamste ist, warum willst du überhaupt riesige Beine haben und was hat dich überhaupt ursprünglich dazu gebracht, das alles zu sagen?"

„Erster Akt, zweite Szene", sagte Angels unvermittelt. „Berichtige mich, wenn ich mich irre, Leonard, aber ich glaube, du hast wahrscheinlich mit dreizehn eine Aufführung von *Julius Cäsar* gesehen. Habe ich Recht?"

Leonard staunte.

„Ja, ich glaube, das stimmt. Also, auf jeden Fall stimmt es, dass ich in einem Theaterstück war, obwohl ich mich hinterher nie erinnern konnte, wie das Stück hieß. Ich weiß nur noch, dass da diese Stelle über eine berühmte Persönlichkeit vorkam, und da war die

Rede davon, was für ein großer Mann das war. Das ist mir immer in Erinnerung geblieben und das brachte mich auf den Gedanken, dass ich es gerne hätte, wenn man nach meinem Tod über mich sagen würde, dass ich riesige Beine hätte und so. Ist ja irre, dass du das weißt, Angels."

„Ich fand Shakespeare schon immer toll", sagte Angels. Dann rezitierte sie leise: „‚Ja, er beschreitet, Freund, die enge Welt / wie ein Colossus, und wir kleinen Leute, / wir wandeln unter seinen Riesenbeinen / und schaun umher nach einem schnöden Grab.' Wir schlagen es nach, wenn wir nach Hause kommen, Leonard, und dann kannst du es selbst nachlesen."

Wenn Leonard seiner neuen Freundin schon vorher völlig verfallen war, lag er ihr von nun an noch mehr zu Füßen.

♦ ♦ ♦

Als wir endlich ins Bett kamen, brachte ich mein Tagebuch auf den neuesten Stand und zeigte Anne den Eintrag für heute, bis zu der Stelle über Angels und Leonard und ihre Grabsteine.

Sie las es, schmunzelte hin und wieder und sagte schließlich: „Das ist wirklich gut, Schatz. Du hast dir viel Mühe damit gegeben, stimmt's?"

„Hab's versucht", sagte ich bescheiden.

„Wäre es nicht sehr verwirrend für künftige Generationen", fuhr sie fort und neigte den Kopf etwas zur Seite, „wenn der ganze heutige Eintrag durch ein Feuer oder so zerstört würde, bis auf den einen Satz, auf den sich niemand jemals einen Reim würde machen können?"

„Welcher wäre das denn? Ist doch alles ziemlich klar, soweit ich mich erinnere."

Sie lächelte.

„Ich lese ihn dir vor. Moment – ja, da haben wir ihn, das ist die Stelle: ‚Insgeheim dachte ich, dass sein Binding meinem Huhn nicht das Wasser reichen konnte.'"

„Weißt du, so vollkommen sinnlos diese Worte auch für jemanden wären, der den Rest der Geschichte nicht kennt ..."

„Ja?"

„... so sehr passen sie zu dir, Schatz."

Wir lachten beide.

„Hat dir die Tournee Spaß gemacht, Anne?"

„Oh ja", sagte sie. „Es war einfach herrlich, Gerald mal wieder eine Weile bei uns zu haben. Ganz wie in alten Zeiten, auch wenn er in vieler Hinsicht so viel erwachsener geworden ist. Und ich habe wirklich große Hoffnung für Leonard und Angels. Sie ist ein Schatz, voller Schmerz, aber ein richtiger Schatz. Ich glaube, Gott hat sie zusammengebracht, um ihnen gegenseitig zur Heilung zu verhelfen. Sogar der stocksteife alte Barry kommt mir inzwischen nicht mehr so gruselig vor wie am Anfang. Aber vor allem, Liebling, hat es dir und mir gut getan, zusammen zu sein und etwas halbwegs Nützliches zu tun, oder? Ich fand es herrlich. Du auch?"

„Oh ja", sagte ich. „Ich fand es auch herrlich.

• *NACH DER TOURNEE* •

Das waren also die Höhepunkte aus meinem Tournee-Tagebuch und ich hoffe, Anne hatte Recht damit, dass auch andere Leute etwas Interessantes daran finden werden, was in diesen sieben Tagen passiert ist.

Am Tag nach unserem letzten Abend kamen wir alle mit sehr gemischten Gefühlen zurück. Es ist immer schön, nach Hause zu kommen, wo alles gemütlich und vertraut ist, aber wenn man in einer Gruppe unterwegs ist wie wir, entsteht dabei eine ganz eigene kleine Welt, und es ist irgendwie schade, dass es vielleicht nie wieder ganz genauso sein wird wie während dieser Zeit. Anne und ich verbrachten am Samstag des folgenden Wochenendes den Vormittag mit Zaks Witwe. Bernadette bestand darauf, jede Einzelheit von der Tournee zu hören, fast so, als wäre Zak tatsächlich leibhaftig bei uns gewesen und sie bekäme nun zu hören, was er alles erlebt hatte. Als wir ihr das Geld für die restlichen verkauften Bilder gaben, gab sie uns sofort alles zurück und sagte, sie möchte, dass es für die Kinderarbeit in der Gemeinde eingesetzt wird. So eine kluge und gute Frau, und so traurig ohne ihren Zak. Wir müssen in Kontakt bleiben.

Übrigens, die Gesamtkosten der ganzen Sache beliefen sich auf dreißig oder vierzig Pfund mehr, als wir zusammenbekamen, wenn wir das Geld von den Eintrittskarten mit der einen oder anderen großen, gänzlich unerwarteten und hochwillkommenen Spende von diversen Leuten in der Gemeinde addierten.

Thynn machte den idiotischen Vorschlag, das Defizit aus unseren eigenen Taschen auszugleichen, um dann überall erzählen zu können, wie wunderbar genau der Herr für unsere Bedürfnisse gesorgt hätte. Anne war deswegen ein bisschen sauer auf ihn und sagte, Gott hätte uns in aller erdenklichen Hinsicht durchaus gut genug versorgt, ohne dass wir die Bücher frisieren müssten, um ihn besser dastehen zu lassen. Leonard tat Buße und sagte, er sei ja derselben Meinung, aber ich weiß, dass er es insgeheim immer noch für eine geniale Idee hielt.

Barry schien es jedenfalls überhaupt nichts auszumachen, die Differenz auszugleichen. Wie er selbst sagte, hatte er damit gerechnet, dass sein Beitrag in die Hunderte gehen würde. Als ich ihn fragte, wie ihm unsere Tournee insgesamt gefallen hatte, machte er ein nachdenkliches Gesicht und sagte dann: „Ich fange allmählich tatsächlich an zu glauben, dass es seine Berechtigung hat, gewissermaßen den gefühlsmäßigen Aspekten des Lebens gleichen Raum neben handfesteren theologischen Betrachtungen zu gewähren."

Was er damit meinte, glaube ich, war, dass er allmählich entdeckte, dass Gefühle erlaubt sind. Ich hoffe jedenfalls, dass er das meinte. Ich glaube, das würde ihn wohl viel glücklicher machen. Übrigens, eine interessante Folge unserer Tournee ist, dass Barry uns seit unserer Rückkehr mindestens zweimal besucht hat, um Anne um Rat zu fragen. Erstaunlich! Wenn ich daran denke, wie kräftig sie ihm ein- oder zweimal unterwegs die Leviten gelesen hatte, finde ich das ziemlich bemerkenswert. Vielleicht liegt es daran, dass er weiß, dass Anne immer genau das sagen wird, was sie denkt, und nett zu ihm sein wird, sobald das tatsächlich möglich ist.

Leonard und Angels sind immer noch ein Herz und eine Seele und die gute Neuigkeit ist, dass beide einen Job in demselben Supermarkt bekommen haben, in den sie gegangen sind, um sich Videos anzuschauen. Angels sitzt an der Kasse, begrüßt jeden Kunden mit einem fröhlichen „Hallo!" und hält ihren Vorgesetzten mittels einer kleinen Glocke aus einer verwirrenden Vielzahl von Gründen auf Trab. Angels erzählt sehr lustig von ihrem Job. Sie wirkt jetzt schon viel entspannter, macht ganze Sache mit ihrem neu gefundenen Glauben und ist begierig, alles zu lernen, was es über die Nachfolge Jesu zu lernen gibt. Hin und wieder tanzt sie immer noch für die alten Leutchen im Clay House und sie sagt, wenn es gewünscht wird, könnte sie vielleicht auch einmal etwas in unserer Gemeinde machen, wenn die Zeit reif ist. Wir sehen sie oft abends und an den Wochenenden und schließen sie immer mehr ins Herz. Es ist ein bisschen so, als hätte man eine Tochter – stelle ich mir vor.

Leonards Job ist ganz anders. Er ist einer von diesen ganz besonderen und unverzichtbaren Leuten, die bei jedem Wetter auf den Parkplätzen und in der unmittelbaren Nachbarschaft auf Streife gehen, die herumstehenden Einkaufswagen einsammeln und zu langen Ketten zusammenstellen, um sie zurück zum Laden zu schieben. Er habe schon immer Lokomotivführer werden wollen, sagt er, und das sei so nahe daran, wie er wohl jemals kommen werde. Als Gerald neulich übers Wochenende kam und hörte, dass die beiden „jungen Liebenden" im Supermarkt arbeiten, fragte er Leonard biererernst, ob denn der Supermarkt auch eine spezielle Kasse für anglikanische Pfarrer und Vikare habe.

„Nein", sagte Leonard, „ich glaube nicht."

Gerald machte ein überraschtes Gesicht.

„Bei uns im Supermarkt gibt es das", sagte er. „Ich gehe immer an dieses Kasse. Über dem Laufband hängt ein Schild: ‚NUR FÜR ANGLIKANISCHE GEISTLICHE: NEUNUNDDREISSIG ARTIKEL ODER WENIGER.'"

„Ach so", erwiderte Thynn achselzuckend, als wäre das ein durchaus praktischer Vorschlag, „nein, so eine haben wir nicht, aber wir haben eine Kasse, wo manchmal Leute geheilt werden."

Gerald zog die Augenbrauen in die Höhe.

„Wirklich?"

„Ja, der Gang ist da besonders breit, und es hängt ein Schild dort, auf dem steht, diese Kasse sei nur für behinderte Kunden gedacht. Deshalb ist dort nie so viel los wie an den anderen Kassen. Ich habe schon oft gesehen, wie Leute furchtbar humpeln, wenn sie ankommen, um ihre Einkäufe zu bezahlen, und dann, sobald sie an der Kasse vorbei und um die Ecke bei den Zeitungen sind, sind sie plötzlich geheilt."

„Ach so“, sagte Gerald. „Ja, ich glaube, ich verstehe ...“

Leonard und Angels sparen kräftig für ihre Hochzeit. Das Haus, in dem er wohnt, hat Leonard von seiner Mutter geerbt, sodass das schon einmal geregelt ist, aber abgesehen davon haben die beiden keine zwei Pennies, die sie aneinander reiben können. Aber irgendwie wird sich schon alles regeln. Meine einzige nagende Sorge war, ob Angels Leonard noch wird haben wollen, wenn ihr Leben allmählich wieder in die Reihe kommt und der erwachsene Mensch, der sich so lange in ihr versteckt gehalten hat, wieder zum Vorschein kommt. Sie zu verlieren könnte Leonards Ende sein. Fragte Anne, wie sie darüber denkt.

Sie sagte: „Erstens, Schatz, ist das eigentlich gar nicht unser Bier. Das müssen Gott und Leonard und Angels unter sich ausmachen, und wenn wir dabei irgendwie helfen können, werden wir natürlich wie der Blitz zur Stelle sein, oder? Aber wenn du meine Meinung hören willst – also, ich glaube, sie bleiben zusammen. Es ist ein langer Weg zurück für Angels und ich glaube, sie hat entschieden, dass Leonard derjenige ist, mit dem sie die Reise machen will. Sie braucht Geborgenheit. Ich schätze, die beiden werden miteinander klarkommen.“

Ich bete, dass Anne Recht behält.

Soweit wir es beurteilen können, scheint Gerald in seiner Gemeinde einen Treffer nach dem anderen zu landen, obwohl er uns auch von einem Missgeschick berichtet hat.

Eines Nachmittags besuchte er ein älteres Ehepaar namens Mr. und Mrs. Jenkins, und nachdem er etwa eine halbe Stunde dort gewesen war, lud ihn die Dame des Hauses ein, noch auf ein wenig Schinken und Salat zu bleiben.

„Oh nein“, sagte Gerald höflich, „ganz herzlichen Dank, aber Sie haben mich ja nicht erwartet und werden wahrscheinlich nicht genug da haben. Ich esse gern zu Hause.“

Doch Mrs. Jenkins, eine Frau von der Sorte, die sagt, sie könne am Mittwoch nicht kommen, weil „ich da meine ehrenamtliche

Arbeit mache“, hörte nicht auf, ihn zu nötigen und zu versichern, es sei reichlich Schinken da, bis Geralds Widerstand schließlich erlahmte und er die Einladung annahm. Mr. Jenkins schaute nur trübsinnig zu und sagte nichts. So wurde Gerald am Esszimmertisch ein Teller mit Schinken und Salat serviert und er hatte gerade angefangen, sich darüber herzumachen, als er merkte, dass weder Mr. noch Mrs. Jenkins selbst etwas aßen. Beide saßen sich am Tisch gegenüber und starrten ihn ausdruckslos an, während er sich den Schinken schmecken ließ.

Gerald erstarrte mitten im Kauen.

„Äh, essen Sie nicht mit mir?“, erkundigte er sich nervös.

„Nein“, sagte Mrs. Jenkins mit einer fast genussvollen Melancholie, „das ist unser Abendessen, was Sie da essen.“

Gerald fehlen selten die Worte, aber dieses haarsträubende Erlebnis, sagt er, machte ihn sprachlos, besonders, da er den Mund noch halb voll mit dem Schinken hatte, denn seine Gastgeber so großzügig geopfert hatten, damit der junge Herr Vikar etwas zu essen bekam.

Wir vermissen Gerald sehr, aber immerhin kommt er ja jede zweite Woche oder so vorbei und kürzlich ließ er nebenbei die faszinierende Neuigkeit durchblicken, dass da möglicherweise eine Person weiblichen Geschlechts sich seiner besonderen Aufmerksamkeit erfreut. Kann gar nicht erwarten, sie kennen zu lernen, wer immer sie ist. Ich hoffe nur, sie wird sich als eine Spur weniger energisch und aggressiv entpuppen als Elsie Burlesford, die eine Zeitlang Geralds Freundin war, als er noch hier zu Hause wohnte. Aber das werden wir wohl abwarten müssen.

Gestern Abend sagte ich zu Anne: „Wäre es nicht toll, nächstes Jahr noch eine Tournee zu machen, zusammen mit Gerald und, äh ...“

„Der Person weiblichen Geschlechts?“, half Anne mir aus.

„Ja. Wäre das nicht famos, alle zusammen auf Tour zu gehen? Leonard und Angels und du und ich und Gerald und ...“

„Dingsbums.“

„Gerald und Dingsbums und Barry, falls er wieder das Geld locker macht."

„Adrian!"

„Aber es wäre doch herrlich, es noch einmal zu machen, oder, Anne?"

„Ja", sagte Anne, „das wäre es."

Adrian Plass

Tagebuch eines frommen Chaoten
Paperback, 160 Seiten, ISBN 3-87067-391-5
Mit diesem Buch wurde Adrian zum christlichen Bestsellerautor. Inhaltsbeschreibungen sind zwecklos – das muss man gelesen haben ...

Die rastlosen Reisen des frommen Chaoten
Paperback, 192 Seiten, ISBN 3-87067-634-5
Das garantiert letzte Tagebuch eines begnadeten, internationalen, christlichen Redners. Fortsetzung soeben erschienen ...

Die gesammelten Chaoten
Taschenbuch, 480 Seiten, ISBN 3-87067-733-3
Drei Plass-Klassiker in einem Band vereint: Adrians Tagebuch / Andromedas Briefe und Leonards Tonbänder. Ein echter Lesespaß!

Alle meine Robinsons
Taschenbuch, 464 Seiten, ISBN 3-87067-917-4
Kennen Sie schon die Robinsons? Nein? Dann wird es aber Zeit für die etwas andere Familiensaga voller Witz, Ironie und mit einer großen Portion Gefühl.

Warum ich Jesus folge
Taschenbuch, 192 Seiten, ISBN 3-87067-829-7
Adrians persönliches und ungewöhnliches Glaubensbekenntnis. Im wahrsten Sinne „frohe Botschaft"!

Adrian Plass

Das Wiedersehen
Hardcover, 230 Seiten, ISBN 3-87067-946-8
Ein herausfordernder und mutiger Roman über die Themen, die uns alle umtreiben: Glauben, Liebe, Leid, Angst – und den Mut, der die Angst überwindet.

Der Besuch
Hardcover, 80 Seiten, ISBN 3-87067-892-5
Jesus kommt nach 2000 Jahren zu Besuch und wieder hält er sich nicht an das vorgesehene Besuchsprogramm. Eine aufwühlende Geschichte, die das Herz eines Menschen und ganzer Kirchen erschüttern kann.

Stürmische Zeiten
Hardcover, 574 Seiten, ISBN 3-87067-741-4
Wenn Adrian auf seine unnachahmliche Weise die Botschaften der Bibel auf den Punkt bringt, kommt frischer Wind in die „Stille Zeit". Er gewinnt erstaunliche Einsichten und versorgt seine Leser mit kraftvollen, hilfreichen und befreienden Impulsen für den neuen Tag.

„Lasst die Enten doch rückwärts fliegen ..."
Hardcover, 272 Seiten, ISBN 3-87067-966-2
Eine ungewöhnliche Entdeckungsreise ins Markusevangelium. Ein Buch, das Lust macht, die Bibel neu für sich zu entdecken: Mut machend, einfühlsam, unkonventionell und voller Humor. Adrians Begeisterung für Jesus lässt niemanden kalt ...